リースの会計と税務

LEASES

吉田博文
安達俊夫 [著]
青山伸一

税務経理協会

まえがき

「リース取引に関する会計基準」が改訂され，平成20年4月1日以後開始する連結会計年度及び事業年度から適用された。わが国のリース会計も世界標準に到達したことになる。また，これに伴い，リース取引に係る租税法等も改訂された。

リース取引の会計と税務は難解である。しかし，難解さを理由に適正な会計処理や税務処理を実務上回避することは許容されない。

本書は，多忙な実務家や学生である読者の皆様に，リース取引に関する会計基準と租税法を迅速かつ効率的に理解していただくことを目的としている。

我々は，すでに『やさしくわかるリース会計』（税務経理協会，平成19年）を出版し，権威ある団体や多数の読者の皆様から高い評価を受けており，この目的はすでに達成していると自負しているが，本書では，前著の長所を継承しつつ，さらに改善を施し，読者の利便性に配慮した。すなわち，本書では，読者の理解促進目的の他に，現実の実務で本書を辞書的に活用していただくために，実務指向的実践書の特質を堅持するよう編集方針を定めた。

本書の特異性－差別化要因

本書の目的や特質に配慮して，以下のような工夫や差別化を試みた。

(1) 構　　成

まず，本書の構成に配慮した。第Ⅰ編ではリース取引に関する基礎知識とリース取引に関する会計基準および租税法の概要とを習得していただくこととした。

第Ⅱ編と第Ⅲ編では，それぞれの立場にある読者が実務上必要と思われる部分のみを解読すれば，今回の制度改革に迅速に対応できるように配慮してある。

たとえば，第Ⅱ編では，借手の会計処理と租税法について解説した。第Ⅲ編では，貸手の会計処理と租税法に関する重要論点を解説した。借手の立場にある読者は，読破する必要はない。

第Ⅳ編では，リース会計の特殊論点や関連領域の解説を行い，実務上看過できない留意事項やより深い研究への端緒を明らかにした。

第Ⅰ編を理解すれば，第Ⅱ編から第Ⅳ編までは，読者諸賢がそれぞれ実務上直面する項目のみ読破していただければ，実務上対処できる。

(2) 根拠条文の明示

論述を進める際には，極力根拠条文を明らかにした。

本書の目的は「リース取引に関する会計基準」と「租税法」の効率的な理解を促進することにあるから，会計基準，適用指針及び租税法の構造分析表を用意し，各条文を体系的に整理した。さらに，本書の解説部分とその根拠条文との関連性も追跡できるように工夫してある。

本書を活用すれば，会議用資料，会計報告，税務調査，裁判等における各種資料の作成時，報告事項ないしは主要論点の根拠を容易に明示できる。

(3) 視覚と反復学習による理解促進

主要論点については必ず図表化し，視覚によって理解が促進されるよう配慮してある。また，第Ⅰ編で解説した重要項目について，第Ⅱ編，第Ⅲ編で，重複的かつ具体的に解説することとした。これらは，本文中相互に関連部分を示してあるから，関連部分を再度読み直すことによって，結果的に反復的学習が行われ，一層深い理解が促進されるように工夫してある。

(4) 実務即応性への配慮

リースの会計と税務を理念的に理解しただけでは，実務上全く役に立たない。このため，リースの会計処理と税務処理について，具体例を用いて解説するとともに，エクセルの使い方まで紹介することとした。

まえがき

すなわち，各読者の直面する実務現場において，本書の設例にある具体的数値や条件を変更するだけで，「リース取引に関する会計基準」および「租税法」に準拠した具体的な実務処理が実践可能となる。

文　責

基本的に，吉田が第Ⅰ編と第Ⅳ編第1章，第3章，第4章を，青山が第Ⅱ編第1章，第Ⅲ編第1章，第Ⅳ編第2章を，安達が第Ⅱ編第2章，第3章，第Ⅲ編第2章を執筆した。

このため，文責については，各執筆者が担当部分に基本責任を負うことになる。

しかし，本書全体の論理的整合性と首尾一貫性の確保のために数次の企画編集会議を行った。結果的に，吉田，安達，青山が本書全体に共同責任を負うこととなる。

海外の動向と今後の対応

第Ⅳ編でも指摘しておいたが，国際会計基準審議会（IASB）等は，リース取引に関する会計基準の改訂作業を開始し，ディスカッションペーパーが公表され，新しいリース会計に関する公開草案が2010年8月に公表された。

本公開草案に対するパブリックコメントの提出期限は2010年12月15日とされており，この後，新リース会計基準が公表される予定である。

新しいリース会計の基準が公表されれば，早期に新リース会計基準解説書の公刊をする予定である。

謝　辞

本書の企画から完成に至るまで，大石和礼税理士に，数度の会議に参加していただき，資料整理や本書全体の整合性確保，校正のためにご尽力いただいた。執筆者一同感謝するとともに，大石税理士の職業会計人としてのますますの飛

躍を期待する。

　税務経理協会，新堀博子課長には，前著の企画開始から本書完成に至るまで，資料提供も含めて多大なご支援をいただいた。税務経理協会と新堀課長のますますのご発展を祈念する。

平成22年8月20日

吉田　博文

目　　次

まえがき

第 I 編　会計処理編

第1章　概　　説 …………………………………………… 3

1　リース取引の意義，特質 …………………………………… 3
- (1) リース取引の定義 …………………………………………… 3
- (2) リース取引の当事者とその関係 …………………………… 3
- (3) リース取引の手順 …………………………………………… 4
- (4) リース契約の特徴 …………………………………………… 5
- (5) リース料の構成要素 ………………………………………… 6
- (6) リース料の算定 ……………………………………………… 8
- (7) リース取引の類似形態 ……………………………………… 8

2　リース取引に関する会計基準 ……………………………… 8
- (1) リース取引に関する会計基準と改訂の経緯 ……………… 8
- (2) 改訂理由 ……………………………………………………… 9
- (3) 適用時期 ……………………………………………………… 9

3　リース取引に関する会計基準等主要変更点 ………………10

4　リース取引会計基準の構造分析 ……………………………13
- (1) リース取引に関する会計基準等の構造 ……………………13
- (2) 本書の構成 ……………………………………………………13

5	リース取引租税法の構造分析 ……………………23
6	リース取引の種類 ……………………27
(1)	基本的分類 ……………………27
(2)	その他の分類 ……………………29
7	リース会計の必要性 ……………………31
(1)	経済的実質 ……………………31
(2)	企業間比較 ……………………33
8	リース取引の分類と判定基準 ……………………33
(1)	現在価値基準 ……………………34
(2)	経済的耐用年数基準 ……………………36
9	ファイナンス・リース取引の分類と判定基準 ……………37
(1)	所有権移転条項の存在 ……………………37
(2)	割安購入選択権の存在 ……………………38
(3)	特別仕様物件 ……………………38
10	リース取引の基本的会計処理 ……………………39
(1)	会計処理の考え方 ……………………39
(2)	リース取引会計基準の規定 ……………………41
11	重要性の判断基準 ……………………42
(1)	ファイナンス・リース取引借手関連判断基準 ……………42
(2)	ファイナンス・リース取引貸手関連判断基準 ……………45
(3)	ファイナンス・リース取引における少額リース資産及び短期のリース資産 ……………………46
(4)	オペレーティング・リース取引関連判定基準 ……………46
12	リース取引の会計処理と表示 ……………………48
(1)	会計処理と開示 ……………………48
(2)	判定基準 ……………………50

目　次

第2章　借手の会計処理 ……………………52
1　リース取引の判定 ……………………52
2　ファイナンス・リース取引におけるリース資産（リース債務）の計上 ……………………53
(1) リース資産（リース債務）の計上 ……………………53
(2) リース資産（リース債務）の計上価額の考え方 ……………………54
(3) 所有権移転ファイナンス・リース取引の場合 ……………………54
(4) 所有権移転外ファイナンス・リース取引の場合 ……………………55
(5) まとめ ……………………55
3　ファイナンス・リース取引における支払リース料の処理と利息法－リース債務の処理(1)－ ……………………56
(1) 利息相当額の算定（支払リース料の処理） ……………………56
(2) 利息法による利息相当額の各期への配分 ……………………56
(3) 利息法で適用される利率 ……………………57
(4) 「現在価値算定のための割引率」と「利息法で適用される利率」の関係 ……………………57
4　リース債務の返済スケジュール表の作成と仕訳－リース債務の処理(2)－ ……………………58
5　リース資産の減価償却－リース資産の処理－ ……………………59
(1) 減価償却 ……………………59
(2) 所有権移転ファイナンス・リースにおける減価償却（適用指針第42項） ……………………60
(3) 所有権移転外ファイナンス・リースにおける減価償却（適用指針第27項） ……………………61
(4) まとめ ……………………61

6 オペレーティング・リース取引 ……………………… 62
(1) オペレーティング・リース取引の意義 …………… 62
(2) オペレーティング・リース取引の会計処理 ……… 63

7 借手のリース取引における重要性 …………………… 64
(1) ファイナンス・リース取引における重要性 ……… 64
(2) オペレーティング・リース取引における重要性 …… 65

8 リース取引の開示 ……………………………………… 65
(1) ファイナンス・リース取引の開示 ………………… 65
(2) オペレーティング・リース取引の開示 …………… 66

第3章　貸手の会計処理 ………………………………… 68

1 所有権移転ファイナンス・リース取引の会計処理 …………………………………………………… 68
(1) 会計処理の基本 ……………………………………… 68
(2) 会 計 処 理 ………………………………………… 69

2 所有権移転外ファイナンス・リース取引の会計処理（原則法）………………………………………… 71
(1) 会計処理の基本 ……………………………………… 71
(2) 会 計 処 理 ………………………………………… 73

3 所有権移転外ファイナンス・リース取引の会計処理（簡便法）………………………………………… 74
(1) 会計処理の基本 ……………………………………… 74

4 リース資産処分損失引当金 …………………………… 75

5 ファイナンス・リース取引に係る注記 ……………… 76
(1) 重要な会計方針 ……………………………………… 76
(2) リース投資資産の注記 ……………………………… 76

目　次

　　(3) リース債権及びリース投資資産に係るリース料債権
　　　　部分…………………………………………………………77
　6　オペレーティング・リース取引 ………………………78
　　(1) 会計処理………………………………………………78
　　(2) 注　　記………………………………………………78
　7　重要性の判断基準 …………………………………………79
　　(1) ファイナンス・リース取引…………………………79
　　(2) オペレーティング・リース取引……………………79
　8　適用初年度の取扱い ………………………………………80
　　(1) リース取引を主たる事業としていない企業………80
　　(2) リース取引を主たる事業としている企業…………81
　　(3) 四半期財務諸表における取扱い……………………82

第4章　租　税　法 …………………………………………83

　1　借手の税務処理 ……………………………………………83
　　(1) 借手のリース取引の意義と処理……………………83
　　(2) 税務上のリース取引…………………………………84
　　(3) 所有権移転外リース取引……………………………84
　　(4) 消　費　税……………………………………………85
　　(5) その他の論点…………………………………………87
　　(6) 会計基準との異同……………………………………88
　　(7) 税効果会計……………………………………………90
　2　貸手の税務処理 ……………………………………………91
　　(1) 貸手の税務処理－受取リース料……………………91
　　(2) 消　費　税……………………………………………92
　　(3) その他の論点…………………………………………92

第Ⅱ編 借手編

第1章 会 計 …95

1 リース取引の分類と借手の会計処理 …95
(1) リース取引の分類 …95
(2) オペレーティング・リース取引 …97

2 リース取引の判定 …97
(1) リース取引の判定 …97
(2) 借手が行うリース取引の判定の特徴 …100

3 ファイナンス・リース取引におけるリース資産（リース債務）の計上 …102
(1) リース資産とリース債務の計上 …102

4 ファイナンス・リース取引における支払リース料の処理と利息法 …102
(1) 利息相当額の算定（支払リース料の処理）…102
(2) 利息法による利息相当額の各期への配分 …103
(3) 利息法で適用される利率 …104
(4) 返済スケジュール表の作成 …105

5 所有権移転ファイナンス・リース取引の設例 …106
(1) 条　件 …106
(2) リース取引の判定 …107
(3) リース資産及びリース債務の計上 …109
(4) 利息相当額の算定 …109

(5)　利息法で適用される利率の計算 ……………………110
　　　(6)　リース資産の減価償却 ……………………………110
　　　(7)　リース債務の返済スケジュール表及び減価償却表の
　　　　　作成 …………………………………………………111
　　　(8)　仕　　　訳 …………………………………………113
6　所有権移転外ファイナンス・リース取引の設例
　　（その１）（借手が，「貸手の購入価額」を知らない場
　　合）………………………………………………………114
　　　(1)　条　　　件 …………………………………………114
　　　(2)　リース取引の判定 …………………………………115
　　　(3)　リース資産及びリース債務の計上 ………………115
　　　(4)　利息相当額の算定 …………………………………115
　　　(5)　利息法で適用される利率の計算 …………………116
　　　(6)　リース資産の減価償却 ……………………………116
　　　(7)　リース債務の返済スケジュール表及び減価償却表の
　　　　　作成 …………………………………………………117
　　　(8)　仕　　　訳 …………………………………………119
7　所有権移転外ファイナンス・リース取引の設例
　　（その２）（支払条件の違い）…………………………120
　　　(1)　四半期ごとに支払う場合 …………………………120
　　　(2)　半期ごとに支払う場合 ……………………………122
　　　(3)　年度ごとに支払う場合 ……………………………124
8　所有権移転外ファイナンス・リース取引の設例
　　（その３）（借手が，「貸手の購入価額」を知っている
　　場合）……………………………………………………126
　　　(1)　条　　　件 …………………………………………126

(2) リース取引の判定 ……………………………………127
　　(3) リース資産及びリース債務の計上 …………………129
　　(4) 利息相当額の算定 ……………………………………129
　　(5) 利息法で適用される利率の計算 ……………………130
　　(6) リース資産の減価償却 ………………………………130
　　(7) リース債務の返済スケジュール表及び減価償却表の
　　　　作成 ……………………………………………………131
　　(8) 仕　　　訳 ……………………………………………133
9　計算ソフト（Excel）を利用してのリース取引
　　の処理 ………………………………………………………134
　　(1) 借手におけるリース取引の判定 ……………………134
　　(2) 現在価値の計算 ………………………………………138
　　(3) リース債務の返済スケジュール表の作成 …………142
10　残 価 保 証 ………………………………………………144
　　(1) リース料総額の調整について ………………………144
　　(2) 残価保証とは …………………………………………145
　　(3) 残価保証がある場合の現在価値の算定 ……………145
　　(4) 残価保証がある場合のリース資産の償却 …………146
　　(5) リース期間終了時の処理 ……………………………146
　　(6) 残価保証の設例 ………………………………………147
　　(7) 割安購入選択権について ……………………………151
11　維持管理費用相当額，通常の保守等の役務提供
　　相当額の処理 ………………………………………………152
　　(1) リース料の構成要素 …………………………………152
　　(2) 維持管理費用相当額等の原則的な会計処理 ………152
　　(3) 維持管理費用相当額等の簡便的な会計処理 ………153

	⑷ 維持管理費用相当額等の設例	154
12	中途解約の処理	158
	⑴ 概　　　要	158
	⑵ 中途解約の会計処理（売買処理）	158
	⑶ 中途解約の設例	159
13	リース料の前払い	161
	⑴ 概　　　要	161
	⑵ 前払いの設例	162
14	セール・アンド・リースバック取引における借手の会計処理	166
	⑴ 概　　　要	166
	⑵ セール・アンド・リースバック取引の設例	167
15	リース会計と重要性	172
	⑴ 重要性の原則とリース会計	172
	⑵ 少額リース資産及び短期リース取引の取扱い	172
	⑶ リース資産総額に重要性がない場合	174
16	会計基準適用開始前からのファイナンス・リース取引の取扱い	181
	⑴ 概　　　要	181
	⑵ 設　　　例	183

第2章　租　税　法 …187

1	リース取引の意義	187
2	リース取引の種類	190
	⑴ ファイナンス・リース取引	190
	⑵ オペレーティング・リース取引	196

(3)　金銭の貸借とされるリース取引 …………………………… 196
3　ファイナンス・リース取引におけるリース
　　資産の計上 …………………………………………………… 197
　　(1)　リース資産の取得価額 ………………………………………… 197
　　(2)　リース期間終了後にそのリース資産を購入した場合
　　　　の取得価額 …………………………………………………… 198
4　減 価 償 却 …………………………………………………… 198
　　(1)　所有権移転外リース取引の場合 ……………………………… 198
　　(2)　所有権移転リース取引の場合 ………………………………… 200
　　(3)　賃貸処理をしている場合 ……………………………………… 200
5　消費税の取扱い ……………………………………………… 201
　　(1)　所有権移転外リース取引 ……………………………………… 201
　　(2)　所有権移転リース取引 ………………………………………… 209
　　(3)　転リース取引 …………………………………………………… 210
　　(4)　維持管理費用相当額，通常の保守等の役務提供相当
　　　　額の処理 ……………………………………………………… 212
　　(5)　残存リース料の取扱い ………………………………………… 213
　　(6)　残価保証等の取扱い …………………………………………… 216
　　(7)　リース料の前払い ……………………………………………… 219
　　(8)　会計基準適用開始前からのファイナンス・リース
　　　　取引の取扱い ………………………………………………… 220
　　(9)　セール・アンド・リースバック取引 ………………………… 223
　　(10)　ファイナンス・リース取引における利息等 ………………… 224
　　(11)　オペレーティング・リース取引 ……………………………… 224
6　圧 縮 記 帳 …………………………………………………… 225
7　少額減価償却資産等 ………………………………………… 225

目　次

8　中小企業者等の少額減価償却資産の取得価額
　　の損金算入の特例 ……………………………………225
9　特別償却等 ……………………………………………226
10　そ　の　他 ……………………………………………226
　⑴　受取配当等の益金不算入 ……………………………226
　⑵　事業税の外形標準課税 ………………………………227

第3章　税効果会計 ……………………………………228

1　税効果会計の意義 ……………………………………228
2　既契約取引の所有権移転外ファイナンス・
　　リース取引 ……………………………………………228
3　所有権移転外ファイナンス・リース取引の
　　減価償却方法 …………………………………………230

第Ⅲ編　貸手編

第1章　会　　　　計 …………………………………241

1　リース取引の判定と会計処理の流れ ………………241
　⑴　貸手が行うリース取引の判定 ………………………241
　⑵　所有権移転ファイナンス・リース取引の会計処理の
　　　基本 ……………………………………………………241
　⑶　所有権移転外ファイナンス・リース取引の会計処理
　　　の基本 …………………………………………………243
　⑷　減　価　償　却 ………………………………………244

2　所有権移転ファイナンス・リース取引の設例 …… 245
- (1)　条　　　件 …………………………………… 246
- (2)　リース取引の判定 ……………………………… 246
- (3)　回収予定表の作成 ……………………………… 248
- (4)　会 計 処 理 …………………………………… 250

3　所有権移転外ファイナンス・リース取引の設例（原則法） ………………………………… 253
- (1)　条　　　件 …………………………………… 253
- (2)　リース取引の判定 ……………………………… 254
- (3)　回収予定表の作成 ……………………………… 255
- (4)　会 計 処 理 …………………………………… 257

4　所有権移転外ファイナンス・リース取引の会計処理（原則法） ………………………… 259
- (1)　四半期ごとに受け取る場合 …………………… 259
- (2)　半期ごとに受け取る場合 ……………………… 261
- (3)　年度ごとに受け取る場合 ……………………… 263

5　所有権移転外ファイナンス・リース取引の会計処理（簡便法） ………………………… 264
- (1)　条　　　件 …………………………………… 264
- (2)　回収予定表の作成 ……………………………… 264

6　貸手の見積残存価額がある場合 ………… 268
- (1)　基本となる会計処理 …………………………… 268
- (2)　条　　　件 …………………………………… 269
- (3)　リース取引の判定 ……………………………… 269
- (4)　回収予定表の作成 ……………………………… 271
- (5)　会 計 処 理 …………………………………… 273

7	中途解約の処理	276
	(1) 基本となる会計処理	276
	(2) 条　　件	277
	(3) 回収予定表の作成	277
	(4) 会 計 処 理	279
8	借手または第三者による残価保証のある場合	280
	(1) 残価保証のある場合の会計処理	280
	(2) 条　　件	280
	(3) リース取引の判定	281
	(4) 回収予定表の作成	282
	(5) 会 計 処 理	283
9	維持管理費用相当額，通常の保守等の役務提供相当額の処理	285
	(1) 会 計 処 理	285
	(2) 条　　件	286
	(3) リース取引の判定	286
	(4) 回収予定表の作成	287
	(5) 会 計 処 理	288
10	貸手が製造業者又または卸売業者の場合	289
	(1) 概　　要	289
	(2) 会 計 処 理	290
	(3) 条　　件	290
	(4) リース取引の判定	290
	(5) 回収予定表の作成	291
	(6) 会 計 処 理	292

- 11 セール・アンド・リースバック取引における
  貸手の会計処理 ……………………………294
  - (1) 会計処理 ……………………………294
  - (2) 条件 ……………………………295
  - (3) リース取引の判定 ……………………295
  - (4) 回収予定表の作成 ……………………296
  - (5) 会計処理 ……………………………296
  - (6) 特別目的会社を活用したセール・アンド・リース
    バック取引 ……………………………297

第2章 租税法 ……………………………298

- 1 延払基準 ……………………………298
  - (1) 収益の額（①＋②）……………………299
  - (2) 費用の額 ……………………………299
  - (3) 具体例 ……………………………299
  - (4) 仕訳 ……………………………301
- 2 延払基準の特例計算 ……………………302
  - (1) 収益の額（①＋②）……………………302
  - (2) 費用の額 ……………………………303
  - (3) 具体例 ……………………………303
  - (4) 仕訳 ……………………………305
  - (5) 特例計算の適用要件 ……………………306
  - (6) 他勘定で収益計上した場合 ……………306
- 3 会計処理との関係 ……………………307
- 4 消費税の取扱い ……………………307
  - (1) 所有権移転ファイナンス・リース取引 ……308

　　　　　　　　　　　　　　　　　　　　　目　　次

　　(2)　所有権移転外ファイナンス・リース取引 …………………311
　　(3)　貸手の見積残存価額がある場合 ………………………………314
　　(4)　中途解約の処理 ………………………………………………316
　　(5)　借手または第三者による残価保証がある場合 ……………319
　　(6)　維持管理費用相当額，通常の保守等の役務提供相当
　　　　額の処理 …………………………………………………………322
　　(7)　貸手が製造業者または卸売業者の場合 ……………………324
　　(8)　セール・アンド・リースバック取引の場合 ………………325
5　そ の 他 …………………………………………………………………326
　　(1)　リース期間の終了によるリース資産の返還 ………………326
　　(2)　減価償却費 ……………………………………………………326
　　(3)　賃借人の倒産，リース料の支払遅延等の契約違反が
　　　　あった場合 ………………………………………………………327
　　(4)　リース物件が滅失・毀損し，修復不能となった場合 ……327
　　(5)　リース物件の陳腐化による買換え等により，賃借人
　　　　と賃貸人との合意により契約を解約するとき ………………328

第Ⅳ編　特　殊　編

第1章　特殊リース …………………………………………………331

1　戦略経営とリース取引関連会計基準 ………………………331
　　(1)　資源戦略論と会計基準 ………………………………………331
　　(2)　戦略経営とリース取引 ………………………………………332
　　(3)　リース取引会計基準と関連する会計基準 …………………332

(4)　本節の構成 ……………………………………………… 333
2　リース取引と減損会計基準 ………………………………… 334
　　(1)　減損会計 ………………………………………………… 334
　　(2)　リース会計と減損会計の関係 ………………………… 334
　　(3)　借手の減損処理 ………………………………………… 335
　　(4)　貸手の減損処理 ………………………………………… 336
　　(5)　減損会計基準改訂 ……………………………………… 336
3　リース物件の修繕費及び改良費の処理 …………………… 336
　　(1)　資本的支出 ……………………………………………… 336
　　(2)　減価償却 ………………………………………………… 337
　　(3)　収益的支出 ……………………………………………… 337
　　(4)　中途解約による返還 …………………………………… 337
4　不動産リース ………………………………………………… 337
　　(1)　不動産に係るリース取引の判定 ……………………… 337
　　(2)　土地リース取引 ………………………………………… 338
　　(3)　土地・建物等一括リース取引 ………………………… 338
5　不動産流動化とセール・アンド・リースバック
　　取引 …………………………………………………………… 340
　　(1)　不動産流動化の意義・目的・手法 …………………… 340
　　(2)　売却処理の考え方 ……………………………………… 340
　　(3)　特定目的会社を活用した不動産の流動化に関する
　　　　会計処理 ………………………………………………… 341
　　(4)　セール・アンド・リースバック取引による不動産
　　　　流動化の条件 …………………………………………… 342
6　ソフトウェア・リース ……………………………………… 343
　　(1)　ソフトウェアと環境変化 ……………………………… 343

(2)　ソフトウェア・リースの特徴 ……………………344
　　　(3)　会　計　処　理 ……………………………………344
　　　(4)　基準と租税法 ………………………………………345
　7　債権流動化の会計処理 …………………………………345
　　　(1)　リース債権の流動化 ………………………………345
　　　(2)　債権流動化に伴う借手の会計処理 ………………346
　　　(3)　債権流動化に伴う貸手の会計処理 ………………346
　8　転リース取引 ……………………………………………347
　9　レバレッジド・リース …………………………………350
　　　(1)　匿名組合方式 ………………………………………351
　　　(2)　任意組合方式 ………………………………………353
　10　リース業ヘッジ会計 ……………………………………355
　　　(1)　長期固定リース料債権を対象とする公正価値
　　　　　（フェア・バリュー）ヘッジ ……………………355
　　　(2)　変動金利の借入金を対象としたキャッシュ・フロー・
　　　　　ヘッジ ………………………………………………356
　11　外貨建リース ……………………………………………357
　　　(1)　売買処理の場合 ……………………………………358
　　　(2)　賃貸借処理 …………………………………………359

第2章　公　的　組　織 ……………………………………360

　1　概　　　要 ………………………………………………360
　2　学　校　法　人 …………………………………………362
　　　(1)　概　　　要 …………………………………………362
　　　(2)　学校法人におけるリース取引の会計処理 ………363
　　　(3)　重要性の判断の具体例 ……………………………365

(4) 補助金への影響 …………………………………366
　3　公 益 法 人 ………………………………………367
　　(1) 概　　　要 ……………………………………367
　　(2) 公益法人におけるリース取引の会計処理 ………367
　4　国立大学法人及び独立行政法人における
　　リース取引の会計処理 ……………………………368
　　(1) 概　　　要 ……………………………………368
　　(2) 国立大学法人及び独立行政法人におけるリース取引
　　　特有の検討事項 …………………………………369

第3章　連結財務諸表 …………………………………371

　1　売 買 処 理 ………………………………………371
　　(1) アップストリーム（親会社；借手，子会社；貸手）………372
　2　賃貸借処理 …………………………………………376
　　(1) アップストリーム（親会社；借手，子会社；貸手）………376

第4章　海 外 基 準 …………………………………380

　1　国際会計基準とリース会計 ………………………380
　　(1) リース取引の分類 ……………………………380
　　(2) 借手の会計処理 ………………………………381
　　(3) 貸手の会計処理 ………………………………381
　2　米国財務会計基準とリース会計 …………………383
　　(1) リース取引の定義 ……………………………383
　　(2) リース取引の分類 ……………………………383
　　(3) 借手の会計処理 ………………………………385
　　(4) 貸手の会計処理 ………………………………386

目　次

　　3　リース会計基準の今後の動向 ……………………………387
　　　(1)　リース会計の国際比較 ……………………………………387
　　　(2)　国際会計基準審議会（IASB）と米国財務会計基準
　　　　　審議会（FASB）の動向 ……………………………389
　　4　IASB予備的見解 ……………………………………390
　　5　IASB／FASB公開草案－リース ……………………393

あ と が き ………………………………………………………395
索　　　引 ………………………………………………………397

第 I 編
会計処理編

第1章

概　　　　説

1　リース取引の意義，特質

(1)　リース取引の定義

　リース取引とは，特定の物件の所有者である貸手（レッサー）が，当該物件の借手（レッシー）に対し，合意された期間（リース期間）にわたりこれを使用収益する権利を与え，借手は合意された使用料（リース料）を貸手に支払う取引をいう（会計基準第4項）。

(2)　リース取引の当事者とその関係

　具体的に，リース取引の仕組みを理解しておこう。後に，リース取引の種類でも解説するが，代表的リース取引には，メーカー（又はディーラー），リース会社，ユーザーの三者が介在する。これら三者間の関係は，次のように整理できる。

①　法形式的関係－複合的性格
  ・　リース会社――ユーザー間：リース契約
  ・　リース会社――メーカー等間：売買契約

第Ⅰ編　会計処理編

② **経済的関係**

リース物件の融資

(3) リース取引の手順

リース取引の手順は，図表Ⅰ－1－1の通りである。

図表Ⅰ－1－1

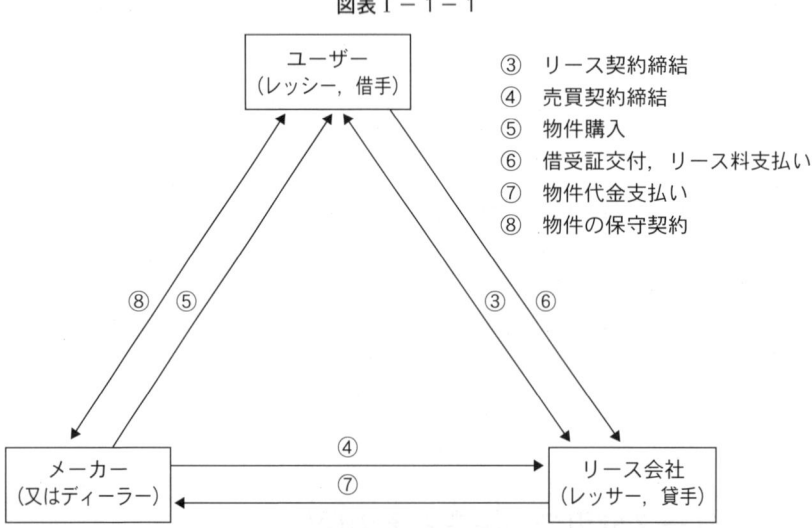

③　リース契約締結
④　売買契約締結
⑤　物件購入
⑥　借受証交付，リース料支払い
⑦　物件代金支払い
⑧　物件の保守契約

出所：秋山，1992，26頁の図1－2一部改変

① ユーザー（レッシー）は，導入希望物件をメーカー等と交渉し，機種，価格，納期その他の条件を決定する。
② ユーザー（レッシー）は，リース会社（レッサー）とリース条件（リース期間，リース料等）を折衝の上，リース契約の申し込みを行う。
③ リース契約の締結。
④ リース会社（レッサー）は，ユーザー（レッシー）が当初メーカー等と決めた売買条件に従って，物件の売買契約を締結する。
⑤ リース会社（レッサー）がメーカー等から購入した物件は，ユーザー

(レッシー)に直接納入される。
⑥　ユーザー(レッシー)は物件の検収を行う。検収完了とともに，リース会社(レッサー)に対し，支払義務が発生する。
⑦　物件の購入代金は，リース会社(レッサー)がメーカー等に支払う。
⑧　物件の保守管理は，メーカー等が直接ユーザー(レッシー)に対し行う。

(4)　リース契約の特徴

①　所　有　権
リース物件の所有権は，リース会社にある。ユーザーは，リース物件の占有と使用収益権を有する。リース会社は，ユーザーに契約不履行があれば，物件の返還請求権を行使できる。

②　解　約　禁　止
リース契約は，原則解除できない。例外的に解除できるのは，リース契約書において，ユーザーの債務不履行，信用悪化によるリース会社からの契約の解除が定められている場合である。

③　リース物件の選定
リース物件を選定するのは，ユーザーが行う。

④　売　買　契　約
リース取引においては，物件の売買に関する交渉はメーカー等とユーザー間でほとんどすべて決定されており，リース会社はメーカー等とユーザー間で決定された売買条件に従って，メーカー等と売買契約を締結する。

⑤　損害賠償金
リース物件が滅失してもユーザーは損害金を支払わねばならない。リース会

社はこの損害金によって，投下資金の回収を行う。

⑥ 保守・修繕
ユーザーは，リース物件に対し善良な管理者の注意義務を求められ，当該リース物件に関する，保守義務・修繕義務と損害危険負担を課せられる。

(5) リース料の構成要素

① リース物件の取得価額
取得価額とは，リース会社がメーカー等に支払うリース物件の購入代金と購入のための直接付随費用（例えば，輸送費，等である）を合計した金額である。

② リース物件の見積残存価額
リース契約時点におけるリース期間終了時点のリース物件の残存価額を見積った金額である。

一般的には，リース物件の見積残存価額はゼロとしてリース料を計算する。中古市場が整備されている場合のように，残存価額の見積が可能な場合には，見積残存価額を見積ってリース料の計算をする。

見積残存価額をゼロとしてリース料を計算する方式をフル・ペイアウト方式，見積残存価額を求めリース料を計算する方式を，ノン・フルペイアウト方式という。

③ 金　　利
リースの性格として「物融」という金融的性格を説明したが，リース会社はこの信用供与の源泉は，ほとんど借入金等により調達されているから，借入金等の金利を信用供与期間にわたり負担することとなる。このため，リース料の算定基礎に，リース期間にわたり負担すべき金利を加算する必要がある。

④ 固定資産税

リース物件の所有権は，リース会社にあるから，固定資産税はリース会社に賦課される。

固定資産税は，固定資産に対し，その固定資産所在の都・市町村において課税される（地方税法第342条）。課税対象となる固定資産とは土地，建物，償却資産をいう（地方税法第342条）。納税義務者は，固定資産の所有者とされている（地方税法第343条）。

このため，リース会社は，所有リース物件にかかる固定資産税を申告・納付しなければならないから，固定資産税納付額もリース料の算定基礎となる。

⑤ 損害保険料

リース会社は，リース物件の損害リスク処理手段として，損害保険会社と動産総合保険を契約する。リース期間中，当該保険料はリース会社が負担するから，リース会社は損害保険料をリース料算定基礎とする。

⑥ その他諸費用

リース会社が，リース業務を遂行するためには上記以外にも，諸経費が支出される。これら諸経費もリース料算定の基礎となる。

⑦ 利　　　益

上記①～⑥はいわばリース料の原価部分である。このほかに，リース会社の利益部分を，リース料算定基礎に加える必要がある。

⑧ リース期間

リースの開始日からリース期間満了の日までをいう。

第Ⅰ編　会計処理編

(6) リース料の算定

リース料は，下記の算式のように，投下資本等の金額とリース期間によって算定される。

$$\text{リース料} = \frac{(\text{取得価額} - \text{見積残存価額}) + \text{金利} + \text{固定資産税} + \text{損害保険料} + \text{その他費用} + \text{利益}}{\text{リース期間（月数）}}$$

(7) リース取引の類似形態

① 割賦販売（所有権を使用者に取得させる）……その他に動産信託がある。
② レンタル（所有権を使用者が取得しない）……その他にチャーターがある。

2　リース取引に関する会計基準

(1) リース取引に関する会計基準と改訂の経緯

　平成19年3月30日，企業会計基準委員会は，企業会計基準第13号「リース取引に関する会計基準」と企業会計基準適用指針第16号「リース取引に関する会計基準適用指針」を公表した。

　わが国のリース取引に関する会計基準としては，平成5年6月に企業会計審議会第一部会から改正前「リース取引に係る会計基準」が公表されている。

　この改正前会計基準では，ファイナンス・リース取引のうち所有権移転外ファイナンス・リース取引については，一定の注記を要件として通常の賃貸借取引に係る方法に準じた会計処理（以下「例外処理」という。）を採用することを認めてきた。大半の企業において，この例外処理が採用されてきた。

　企業会計基準委員会では，この例外処理の再検討について，平成13年11月にテーマ協議会から提言を受け，平成14年7月より審議を開始した。以後，4年

にわたりこのテーマを審議し，その間，平成16年3月に「所有権移転外ファイナンス・リース取引の会計処理に関する検討の中間報告」，平成18年7月に試案「リース取引に関する会計基準(案)」，平成18年12月に企業会計基準公開草案第17号「リース取引に関する会計基準(案)」を公表し，関係各方面からの意見聴取も行ってきた。これら一連の意見聴取と審議を重ねた結果，今般，改正前会計基準において認められていた例外処理を廃止するとの結論に至り，基準を改正した。

(2) 改訂理由

企業会計基準委員会は，改正前会計基準に対し，主として次の問題意識を有していたとされる（会計基準第31項）。

(ⅰ) 会計上の情報開示の観点からは，ファイナンス・リース取引については，借手において資産及び負債を認識する必要性がある。特に，いわゆるレンタルと異なり，使用の有無にかかわらず借手はリース料の支払義務を負い，キャッシュ・フローは固定されているため，借手は債務を計上すべきである。

(ⅱ) 本来，代替的な処理が認められるのは，異なった経済的実態に異なる会計処理を適用することで，事実をより適切に伝えられる場合であるが，例外処理がほぼすべてを占める現状は，会計基準の趣旨を否定するような特異な状況であり，早急に是正される必要がある。

(3) 適用時期

① 本会計基準

本会計基準は，平成20年4月1日以後開始する連結会計年度及び事業年度から適用する（会計基準第23項）。

第Ⅰ編 会計処理編

② 財務諸表に係る早期適用

平成19年4月1日以後開始する連結会計年度及び事業年度から適用することができる（会計基準第23項但書）。

財務諸表に係る早期適用を行う場合の留意事項は次の通りである（会計基準第25項）。

（ⅰ） 中間連結財務諸表及び中間財務諸表への早期適用

中間連結会計期間及び中間会計期間に係る中間連結財務諸表及び中間財務諸表には適用しないことができる。なお，この場合であっても，年度の連結財務諸表及び財務諸表では，年度の期首から本会計基準を適用する。

（ⅱ） 中間・年度の会計処理の首尾一貫性の注記

早期適用を行う連結会計年度及び事業年度に係る年度の連結財務諸表及び財務諸表においては，中間・年度の会計処理の首尾一貫性の注記は要しない。

中間連結財務諸表及び中間財務諸表には，本会計基準が適用されておらず，改正前会計基準で必要とされていた注記がなされている旨を記載する。

③ 四半期財務諸表

本会計基準は，平成21年4月1日以後開始する連結会計年度及び事業年度に係る四半期財務諸表から適用する（会計基準第24項但書）。

④ 四半期財務諸表に係る早期適用

平成20年4月1日以後開始する連結会計年度及び事業年度に係る四半期財務諸表から適用することができる（会計基準第24項但書）。

3　リース取引に関する会計基準等主要変更点

企業会計基準委員会は，企業会計基準第13号「リース取引に関する会計基準」と企業会計基準適用指針第16号「リース取引に関する会計基準適用指針」の公

第 1 章 概　　説

表にあたって，リース取引に関する会計基準等主要変更点として，次の比較表を提示している。主要改正点は，所有権移転外ファイナンス・リース取引に係る通常の賃貸借処理の廃止である。

主要変更点は，図表Ⅰ－1－2の通りである。

図表Ⅰ－1－2　従来の取扱いからの主な変更点

	従来の取扱い	本会計基準等
① 所有権移転外ファイナンス・リース取引に係る通常の賃貸借処理の廃止	所有権移転外ファイナンス・リース取引は，原則として通常の売買取引に係る方法に準じて会計処理を行う。ただし，一定の注記を条件に，通常の賃貸借取引に係る方法に準じて会計処理を行うことができる。	左記の通常の賃貸借取引に係る方法に準じた会計処理は，廃止する。
② 利息相当額の各期への配分	ファイナンス・リース取引に関して，通常の売買取引に係る方法に準じて会計処理を行う場合，利息相当額は，原則として利息法により各期に配分する。	（借手側） 原則は，従来の取扱いと同じである。ただし，所有権移転外ファイナンス・リース取引のリース資産総額に重要性が乏しいと認められる場合には，次のいずれかの方法を適用することができる。 ・リース料総額から利息相当額の合理的な見積額を控除しない方法 この場合，リース資産及びリース債務は，リース料総額で計上され，支払利息は計上されず，減価償却費のみが計上される。 ・利息相当額の総額を定額でリース期間にわたり配分する方法 （貸手側） 原則は，従来の取扱いと同じである。ただし，所有権移転外ファイナンス・リース取引のリース取引に重要性が乏しいと認められる場合には，利息相当額の総額を定額でリース期間にわたり配分する方法を適用する

第Ⅰ編　会計処理編

		ことができる。
③　通常の保守等の役務提供相当額の処理	―	維持管理費用相当額の処理に準じて，原則として，リース料総額から区分する。
④　不動産に係るリース取引の取扱い	―	土地，建物等の不動産のリース取引（契約上，賃貸借となっているものも含む。）についても，ファイナンス・リース取引に該当するか，オペレーティング・リース取引に該当するかを判定する。 ただし，土地については，所有権の移転条項又は割安購入選択権の条項がある場合を除き，オペレーティング・リース取引に該当するものと推定する。
⑤　ファイナンス・リース取引の貸借対照表の表示	（借手側） リース資産は，有形固定資産に属する各科目に含めて表示する。 （貸手側） リース債権として表示する。	（借手側） リース資産については，原則として有形固定資産，無形固定資産に別に，一括してリース資産として表示する。ただし，有形固定資産又は無形固定資産に属する各科目に含めることもできる。 （貸手側） 所有権移転ファイナンス・リース取引に係るものはリース債権，所有権移転外ファイナンス・リース取引に係るものはリース投資資産として表示する。
⑥　ファイナンス・リース取引の注記	所有権移転外ファイナンス・リース取引について，通常の賃貸借取引に係る方法に準じた会計処理を採用した場合，一定の注記を要する。	（借手側） リース資産について，重要性が乏しい場合を除き，その内容（主な資産の種類等）及び減価償却の方法を注記する。 （貸手側） ・リース投資資産について，重要性が乏しい場合を除き，リース料債権部分及び見積残存価額部分の金

第 1 章 概　　説

		額並びに受取利息相当額を注記する。 ・リース債権及びリース投資資産に係るリース料債権部分について，重要性が乏しい場合を除き，貸借対照表日後 5 年以内における 1 年ごとの回収予定額及び 5 年超の回収予定額を注記する。

4　リース取引会計基準の構造分析

(1)　リース取引に関する会計基準等の構造

　企業会計基準第13号「リース取引に関する会計基準」と企業会計基準適用指針第16号「リース取引に関する会計基準適用指針」は，リース取引に関する会計処理を体系的に規定している。

　図表Ⅰ－1－3の会計基準，適用指針構造分析表を参照されたい。会計基準と適用指針，会計基準と結論の背景，適用指針と結論の背景が大きな枠組みとなっており，それぞれの枠の中で用語の定義，個別的会計処理や開示に関連した事項が規定されている。また，これら個別の事項が，会計基準と適用指針，会計基準と結論の背景，適用指針と結論の背景で関連付けられており，体系的解読が可能なように配慮されている。

　読者諸賢におかれては，まず，会計基準の迅速かつ効率的な理解を促進するためには，それぞれの会計基準の構造を体系的に理解されることをお勧めする。

(2)　本書の構成

　第Ⅰ編第 1 章では，改訂されたリース取引に関する会計基準の基礎であるリースの定義や分類基準を解説し，リース会計の概要と基礎知識を習得してい

第Ⅰ編　会計処理編

ただくことを目的としている。第Ⅰ編第2章は借手の会計処理，第Ⅰ編第3章は貸手の会計処理を概説し，さらに第Ⅰ編第4章でリース取引に関連する租税法を概説している。第Ⅱ編は，借手のリース取引の会計基準および租税法を詳述し，第Ⅲ編では，貸手のリース取引会計基準と租税法について具体例も設けて詳述している。第Ⅳ編では，リースの特殊個別論点，公会計への適用，連結財務諸表，さらに海外の会計基準の現状と動向について解説し，より深い研究への道筋を明らかにした。

　図表Ⅰ－1－3の基準・適用指針及び本書の構成と本書を活用していただければ，「リース取引に関する会計基準」と「リース取引に関する会計基準適用指針」の効率的理解が可能となるであろう。

第1章 概　説

図表 I－1－3　会計基準・適用指針及び本書の構成

会計基準		本　書	
項	内　容	編ー章ー節	ページ
1	目的		
2	適用指針の目的		
	範　囲		
3	適用範囲		
	用語の定義		
4	リース取引	I－1－1	3
5	ファイナンス・リース取引	I－1－6, I－1－8	27, 33
6	オペレーティング・リース取引	I－1－6	29
7	リース取引開始日		
	会計処理		
8	ファイナンス・リース取引の分類	II－1－1	96
9	ファイナンス・リース取引の会計処理	I－1－8, II－1－1	34, 96
10	借手の会計処理	II－1－3	102
11	借手の資産・負債の計上額	II－1－4	103
12	借手の減価償却		
13	借手の会計処理	I－1－10, I－3－2 III－1－1	41, 72, 243
14	貸手の利息相当額の取扱い	I－3－2, III－1－1	71, 242
15	オペレーティング・リース取引の会計処理	I－2－6, I－3－6 II－1－1	63, 78, 97
	開示（ファイナンス・リース取引の表示）		
16	借手の表示方法	I－2－8	65
17	借手のリース債務	I－2－8	66
18	貸手の表示方法		
	開示（ファイナンス・リース取引の注記）		
19	借手の注記	I－2－8	66
20	貸手のリース投資資産についての注記	I－1－11, I－3－5	45, 76
21	貸手のリース債権についての注記	I－1－11, I－3－5	45, 77
	開示（オペレーティング・リース取引の注記）		
22	借手及び貸手の注記	I－1－11, I－2－8 I－3－6, II－1－1	47, 67 78, 97

第Ⅰ編　会計処理編

	適用時期等		
23	適用日	Ⅰ-1-2, Ⅱ-1-16	9, 10, 181
24	四半期財務諸表での取扱い	Ⅰ-1-2, Ⅰ-3-8	10, 82
25	早期適用	Ⅰ-1-2	10
26	会計士協会実務指針の取扱い		
	議　　決		
27	出席委員		
	会　計　基　準		
	結論の背景		
	経　　緯		
28	改正前会計基準		
29	国際会計基準・米国会計基準との整合性		
30	例外処理		
31	改正前会計基準に対する当委員会の問題意識	Ⅰ-1-2	9
32	審議の動向		
33	例外処理の廃止	Ⅳ-2-4	369
34	国際会計基準の動向		
	用語の定義及びリース取引の分類		
35	用語の定義・リースの分類		
36	リース契約の解約	Ⅰ-1-6, Ⅱ-1-2	28, 29, 98
37	リース資産・債務,債権・投資資産の計上基準		
	ファイナンス・リース取引の会計処理		
38	基本的な考え方		
39	借手におけるリース資産の償却		
40	貸手における会計処理	Ⅰ-3-2	72
41	貸手の将来のリース料を収受する権利	Ⅰ-3-1, Ⅲ-1-1	68, 242
	開示（ファイナンス・リース取引の表示および注記）		
42	借手側の表示及び注記（一括表示）	Ⅰ-2-8	65
43	借手における注記		
44	貸手側の表示		
45	貸手における注記	Ⅰ-3-5	76, 77

第 1 章　概　　説

	適用時期等		
46	適用開始日		
47	早期適用		

適用指針		本　書	
項	内　　容	編―章―節	ページ
1	目的		
	範　囲		
2	適用範囲		
3	ファイナンス・リース取引の取扱い		
	用語の定義		
4	用語の定義		
	ファイナンス・リース取引の判定規準		
5	ファイナンス・リース取引に該当するリース取引	Ⅱ－1－2	98
6	解約不能のリース取引の取扱い	Ⅰ－3－6	78
7	用語の定義		
8	具体的判定基準		
9	具体的判定基準	Ⅰ－1－8，Ⅱ－1－2	34, 98
10	具体的判定基準	Ⅰ－1－9	37
11	再リース	Ⅰ－1－8	34, 37
12	経済的耐用年数基準の適用	Ⅰ－1－8，Ⅰ－2－5	37, 60
13	例外規定	Ⅰ－1－8	37
	現在価値基準の判定における留意事項		
14	維持管理費用相当額の取扱い	Ⅰ－1－8，Ⅱ－1－11，Ⅲ－1－9	35, 152, 285
15	残価保証の取扱い	Ⅰ－1－8，Ⅱ－1－10	35, 145
16	製造業者又は卸売業者の場合の取扱い	Ⅰ－1－8	35
17	現在価値の算定に用いる割引率	Ⅰ－1－8，Ⅱ－1－2	35, 101
18	連結財務諸表における判定		
19	土地・建物等の不動産のリース取引	Ⅳ－1－4	337, 338
20	土地と建物等を一括したリース取引	Ⅳ－1－4	338

第Ⅰ編　会計処理編

	ファイナンス・リース取引に係る借手の会計処理		
21	所有権移転外ファイナンス・リース取引に係る借手の会計処理	Ⅱ－1－1	96
22	リース資産及びリース債務の計上額	Ⅰ－2－2，Ⅳ－2－2	55, 363
23	支払リース料の処理	Ⅰ－2－3，Ⅱ－1－4	56, 102
24	利息相当額の各期への配分	Ⅰ－2－3，Ⅱ－1－4	56, 57, 103
25	維持管理費用相当額の処理	Ⅱ－1－11	152, 153
26	通常の保守等の役務提供相当額の処理	Ⅱ－1－11	152, 153
27	リース資産の償却方法	Ⅰ－2－5，Ⅱ－1－10	61, 146
28	リース資産の償却年数	Ⅰ－2－5，Ⅰ－4－1	61, 91
29	リース期間終了時及び再リースの処理	Ⅱ－1－10	146
30	中途解約の処理	Ⅱ－1－12	159
31	リース資産総額に重要性が乏しいと認められる場合の取扱い	Ⅰ－1－11，Ⅱ－1－15	44, 174
32	リース資産総額に重要性が乏しいと認められる場合の取扱い	Ⅰ－1－11，Ⅱ－1－15	42, 175
33	リース資産総額に重要性が乏しいと認められる場合の取扱い		
34	少額リース資産及び短期のリース取引に関する簡便的な取扱い	Ⅰ－2－6，Ⅱ－1－1，Ⅱ－1－15	63, 97, 173
35	少額リース資産及び短期のリース取引に関する簡便的な取扱いが認められる場合	Ⅰ－1－11，Ⅰ－4－1，Ⅱ－1－15，Ⅳ－2－2，	44, 85, 173, 364
36	所有権移転ファイナンス・リース取引に係る借手の会計処理	Ⅱ－1－1	96
37	リース資産及びリース債務の計上価額	Ⅰ－2－2，Ⅱ－1－3	54, 102
38	支払リース料の処理	Ⅰ－2－3，Ⅱ－1－4	56, 102
39	利息相当額の各期への配分	Ⅰ－2－3，Ⅰ－2－5，Ⅱ－1－4，Ⅱ－1－10	56, 60, 103, 151
40	維持管理費用相当額の処理	Ⅱ－1－11	152, 153
41	通常の保守等の役務提供相当額の処理	Ⅱ－1－11	152, 153
42	リース資産の償却	Ⅰ－2－5	60
43	リース期間終了時等の処理		
44	中途解約の処理	Ⅱ－1－12	159
45	少額リース資産及び短期のリース取引に関する簡便的な取扱い	Ⅰ－2－6，Ⅱ－1－1，Ⅱ－1－15	63, 97, 173

第1章 概　　説

46	少額リース資産及び短期のリース取引に関する簡便的な取扱いが認められる場合	Ⅰ－1－11, Ⅰ－4－1, Ⅱ－1－15, Ⅳ－2－2	43, 85, 173, 364
47	転リース取引	Ⅳ－1－8	347, 348
48	セール・アンド・リースバック取引の定義	Ⅰ－1－6, Ⅱ－1－14	29, 166
49	セール・アンド・リースバック取引がファイナンス・リース取引に該当する場合	Ⅱ－1－14	166
50	セール・アンド・リースバック取引がファイナンス・リース取引に該当する場合の会計処理		
ファイナンス・リース取引に係る貸手の会計処理			
51	所有権移転外ファイナンス・リース取引に係る貸手の会計処理	Ⅰ－3－1, Ⅲ－1－1	69, 242
52	借手又は第三者による残価保証がある場合の処理	Ⅲ－1－8	280
53	利息相当額の各期への配分	Ⅰ－3－2, Ⅲ－1－1	71, 243
54	維持管理費用相当額の処理	Ⅲ－1－9	285
55	通常の保守等の役務提供相当額の処理	Ⅲ－1－9	285
56	貸手の製作価額又は現金購入価額と借手に対する現金販売価額にサプライチェーンがある場合の処理	Ⅲ－1－10	290
57	リース期間終了時及び再リースの処理	Ⅲ－1－6	268
58	中途解約の処理	Ⅲ－1－7	276
59	リース取引に重要性が乏しいと認められる場合の取扱い	Ⅰ－1－11, Ⅰ－3－3, Ⅲ－1－1	45, 74, 243
60	リース取引に重要性が乏しいと認められる場合	Ⅰ－1－11, Ⅰ－3－3, Ⅲ－1－1	45, 74, 243
61	所有権移転ファイナンス・リース取引に係る貸手の会計処理	Ⅰ－3－1, Ⅲ－1－1	68, 242
62	借手又は第三者による残価保証がある場合の処理	Ⅲ－1－8	280
63	利息相当額の各期への配分	Ⅰ－3－1, Ⅲ－1－1	68, 242
64	維持管理費用相当額の処理	Ⅲ－1－9	285
65	通常の保守等の役務提供相当額の処理	Ⅲ－1－9	285
66	貸手の製作価額又は現金購入価額と借手に対する現金販売価額に差がある場合の処理	Ⅲ－1－10	290

第Ⅰ編　会計処理編

67	再リースの処理	Ⅲ－1－6	268
68	中途解約の処理	Ⅲ－1－7	276
69	セール・アンド・リースバック取引の定義		
70	セール・アンド・リースバック取引の会計処理	Ⅲ－1－11	294
開　　示			
71	ファイナンス・リース取引に係る注記（借手・貸手）	Ⅰ－1－11, Ⅰ－2－8, Ⅰ－3－5	45, 66, 76,
72	ファイナンス・リース取引	Ⅰ－3－5	76
73	転リース取引に係る注記	Ⅳ－1－8	348
74	オペレーティング・リース取引の注記（解約不能のものに係る未経過リース料）	Ⅰ－3－6	78
75	オペレーティング・リース取引の注記（重要性が乏しい場合）	Ⅰ－1－11	47
適用時期等			
76	適用時期	Ⅱ－1－16	181
77	適用初年度開始前の所有権移転外ファイナンス・リース取引の取扱い（借手）	Ⅰ－4－1	90
78	適用初年度開始前の所有権移転外ファイナンス・リース取引の取扱い（借手）	Ⅰ－4－1	90
79	適用初年度開始前の所有権移転外ファイナンス・リース取引の取扱い（借手）	Ⅰ－4－1	90
80	適用初年度開始前の所有権移転外ファイナンス・リース取引の取扱い（貸手）	Ⅰ－3－8	80, 81
81	適用初年度開始前の所有権移転外ファイナンス・リース取引の取扱い（貸手）	Ⅰ－3－8	80, 81
82	適用初年度開始前の所有権移転外ファイナンス・リース取引の取扱い（貸手）	Ⅰ－3－8	80
83	適用初年度開始前の所有権移転外ファイナンス・リース取引の取扱い（貸手）	Ⅰ－3－8	81
84	四半期財務諸表における取扱い（借手）		
85	四半期財務諸表における取扱い（貸手）	Ⅰ－3－8	81
86	適用初年度のリース取引の取扱い		
議　　決			
87	出席委員		
88	経緯		

第 1 章 概　　説

	範　囲		
89	適用範囲		
90	除外項目（特殊なリース取引）		
91	リース取引の定義		
	ファイナンス・リース取引の判定規準		
92	ファイナンス・リース取引の条件（解約不能）	Ⅰ-1-6	28
93	ファイナンス・リース取引の条件（フルペイアウト）	Ⅰ-1-6	29
	具体的判定規準		
94	ファイナンス・リース取引の判定規準	Ⅰ-1-8	36
95	現在価値基準適用上の留意点	Ⅰ-1-8，Ⅱ-1-2	35, 101
96	経済的耐用年数基準適用上の留意点	Ⅰ-1-8，Ⅱ-1-2	37, 99
97	所有権移転ファイナンス・リース取引と所有権移転外ファイナンス・リース取引の分類		
98	土地についてのリース取引	Ⅳ-1-4	338
99	土地と建物等を一括したリース取引	Ⅳ-1-4	338
100	土地の賃料が明示されていない取引	Ⅳ-1-4	338
	ファイナンス・リース取引に係る借手の会計処理		
101	借手における費用配分の基本的な考え方		
102	借手における費用配分の基本的な考え方		
103	借手における費用配分の基本的な考え方		
104	借手における費用配分の基本的な考え方		
105	リース資産及びリース債務の計上価額		
106	支払リース料の処理，利息相当額の各期への配分		
107	支払リース料の処理，利息相当額の各期への配分		
108	支払リース料の処理，利息相当額の各期への配分		
109	維持管理相当額の処理	Ⅱ-1-11	152
110	維持管理相当額の処理		
111	通常の保守等の役務提供相当額の処理		
112	リース資産の償却		

第Ⅰ編　会計処理編

113	リース資産の償却	Ⅱ－1－10	146
114	再リースの処理		
115	リース資産総額に重要性が乏しいと認められる場合の取扱い		
116	リース資産総額に重要性が乏しいと認められる場合の取扱い		
117	少額リース資産及び短期のリース取引に関する簡便的な取扱い		
118	少額リース資産及び短期のリース取引に関する簡便的な取扱い		
ファイナンス・リース取引に係る貸手の会計処理			
119	貸手における収益配分の基本的な考え方		
120	貸手における収益配分の基本的な考え方		
121	貸手における収益配分の基本的な考え方		
122	基本となる会計処理	Ⅰ－3－1	69
123	基本となる会計処理	Ⅰ－3－1，Ⅲ－1－1	69, 242
124	基本となる会計処理	Ⅰ－3－2，Ⅲ－1－1	72, 243
125	利息相当額の各期への配分	Ⅲ－1－1	242
126	利息相当額の各期への配分	Ⅰ－3－2，Ⅲ－1－1	71, 243
127	利息相当額の各期への配分	Ⅰ－1－11，Ⅰ－3－3，Ⅲ－1－1	45, 74, 243
128	貸手の製作価額又は現金購入価額と借手に関する現金販売価額に差がある場合の処理	Ⅲ－1－10	290
129	貸手としてのリース取引に重要性が乏しいと認められる場合の取扱い	Ⅰ－1－11，Ⅰ－3－3，Ⅰ－3－7	45, 74, 79
適用時期等			
130	適用初年度開始前の所有権移転外ファイナンス・リース取引の取扱い	Ⅰ－3－8	80
131	適用初年度開始前の所有権移転外ファイナンス・リース取引の取扱い	Ⅰ－3－8	81
132	適用初年度開始前の所有権移転外ファイナンス・リース取引の取扱い	Ⅰ－3－8	80

5 リース取引租税法の構造分析

平成19年3月30日,所得税法等の一部を改正する法律(平成19年法律第6号)と法人税法施行令の一部を改正する政令(平成19年政令第83号)が公布され,平成19年4月1日より施行された(附則第1条)。

法人税法改正後は,リース取引は次のように取り扱われる。

① リース取引の定義(法人税法第64条の2第3項)
リース取引とは,以下の要件に該当する資産の賃貸借取引をいう。
(ⅰ) 解約不能であること
(ⅱ) 賃貸借資産からの経済的利益の実質的享受かつ資産使用による実質的費用負担

② リース取引の処理
(ⅰ) 借手(法人税法第64条の2第1項)
　　売買処理をする。
(ⅱ) 貸手(法人税法第64条の2第1項,第63条第2項,法人税法施行令第124条)
　　リース利益(リース料総額－リース譲渡原価)の20%に相当する利息相当額と元本相当額に区分し,それぞれ規定された方法で収益計上する。

③ 適用時期
平成20年4月1日以後,締結するリース取引に適用される(所得税法等の一部を改正する法律附則第43条,第44条)。

リース取引に関する租税法を整理すれば,図表Ⅰ－1－4のようになる。

第Ⅰ編　会計処理編

租税法			本書	
法	政令等	基通	編・章・節	ページ
第64条の2第3項 (リース取引)	施行令第131の2	基通12の5－1 ～3	Ⅰ－4－1 Ⅱ－2－1	83, 84 187, 188, 189
(所有権移転外リース取引)	施行令第48の2第5項 施行令第56条	基通7－6の2 －1～4 基通7－6の2 －6～8	Ⅱ－2－2	190, 191 192, 193
第64条の2第2項 (金銭の貸借とされるリース取引の判定)		基通12の5－2 －1	Ⅱ－2－2	196 197
第64条の2第1項 (リース資産の計上) (リース資産の取得価額)		基通7－6の2 －9 基通7－6の2 －10	Ⅱ－2－3 Ⅱ－2－4	197 198, 199
第31条 (減価償却資産の償却費の計算及びその償却方法)	施行令第48の2第1項, 5項, 6項 施行令第55条3項	基通7－6の2 －10	Ⅰ－4－1 Ⅱ－2－4	91 199, 200
(賃貸処理による場合)	施行令第131の2第3項	基通7－6の2 －16	Ⅱ－2－4	201
第63条第6項 (長期割賦販売等に含められるリース取引) 第63条第1項 (延払基準の適用)	施行令第124条第1項, 第2項		Ⅰ－4－2 Ⅲ－2－1	91, 92 298
(延払基準の特例計算)	施行令第124条第3項, 第4項		Ⅰ－4－2 Ⅲ－2－2	92 302
第63条第7項 (延払基準の特例計算の適用要件)			Ⅲ－2－2	306
(売上以外の勘定で収益計上した場合)		基通2－4－2 の2		
第63条第1項 (会計処理との関係)	施行令第124条第1項		Ⅲ－2－3	307

※ 左端の縦書き見出し：法人税法　借手／貸手

24

第1章 概　　説

		（リース期間の終了によるリース資産の返還）		基通7－6の2－1 基通9－3－6の4	Ⅲ－2－5	326
		（減価償却費）		基通7－6の2－12	Ⅲ－2－5	326
		（賃借人の倒産等契約違反があったとき）	施行令第125条第2項		Ⅲ－2－5	327
		（リース資産の滅失,毀損,修復不能等）	施行例題125条第2項		Ⅲ－2－5	327
		（リース資産の買換え等により契約を解除するとき）	施行例題125条第2項		Ⅲ－2－5	328
消費税法	借手	（リース取引の実質判定等）		基通5－1－9 基通11－3－2	Ⅱ－2－5	201 223
		第28条 （課税標準）		基通9－3－6の4	Ⅱ－2－5	217
		（金融取引及び保険料を対価とする役務の提供）		基通6－3－1(17)	Ⅱ－2－5	224
		（賃貸借契約に基づく使用料等を対価とする資産の譲渡等の時期）		基通9－1－20	Ⅱ－2－5	224
	貸手	（リース取引の実質判定等）	基通5－1－9	基通5－1－9	Ⅰ－4－2 Ⅲ－2－4	92 307
		（リース取引における譲渡対価の額）		基通5－1－9（注）	Ⅲ－2－4	307
		（賃借人の倒産等契約違反があった場合）	施行令第32条第1項 施行令第36条の2第3項 施行令第45条第2項1号	基通9－3－6の3	Ⅲ－2－5	327
		（リース資産の滅失,毀損修復不能等）	施行令第32条の2 施行令第36条の2		Ⅲ－2－5	327
		（リース資産の買換え等により契約を解除するとき）	施行令32条の2 施行令36条の2		Ⅲ－2－5	328

第Ⅰ編　会計処理編

そ の 他	借 手	（特別税額控除）	法人税租税特別措置法 第42条の5 第42条の6 第42条の7		Ⅰ－4－1 Ⅱ－2－9	87 226
		第47条 （圧縮記帳）	法人税租税特別措置法第65条の7		Ⅰ－4－1 Ⅱ－2－6	87 225
		（特別償却）	法人税租税特別措置法 第42条の5 第42条の6 第42条の7等		Ⅰ－4－1 Ⅱ－2－9	87 226
		（少額減価償却資産の損金算入）	法人税施行令第133条		Ⅰ－4－1 Ⅱ－2－7	87 225
		（一括償却資産の損金算入）	法人税施行令第133条の2		Ⅰ－4－1 Ⅱ－2－7	87 225
		匿名組合 任意組合	商法第535条 民法第667条		Ⅳ－1－4 Ⅳ－1－4	351 354
	貸 手	地方税法第342条 （固定資産税の課税客体等）			Ⅰ－1－1	7
		地方税法第343条 （固定資産税の納税義務者等）			Ⅰ－1－1	7

第1章 概　　説

6　リース取引の種類

リース取引には，分類基準次第でさまざまな種類があるが，本書では「基準」の分類を前提に解説する。

(1) 基本的分類

「基準」によれば，リース取引はファイナンス・リース取引とオペレーティング・リース取引に大別され，ファイナンス・リース取引はさらに所有権移転ファイナンス・リース取引と所有権移転外ファイナンス・リース取引に分類される（図表Ⅰ－1－5参照）。

ここでは，ファイナンス・リース取引とオペレーティング・リース取引の分類基準を最初に理解していただくことにする。所有権移転ファイナンス・リース取引と所有権移転外ファイナンス・リース取引の違いについては，37頁で解説する。

図表Ⅰ－1－5　リース取引

ファイナンス・リース取引	所有権移転ファイナンス・リース取引
	所有権移転外ファイナンス・リース取引
オペレーティング・リース取引	

①　ファイナンス・リース取引

ファイナンス・リース取引とは，リース契約に基づくリース期間の中途において当該契約を解除することができないリース取引又はこれに準ずるリース取引で借手が，当該契約に基づき使用する物件（以下「リース物件」という。）からもたらされる経済的利益を実質的に享受することができ，かつ，当該リース物件の使用に伴って生じるコストを実質的に負担することとなるリース取引をい

う（会計基準第5項）。

ファイナンス・リース取引に関するこの定義は，分解すると次の二つになる。

（i） 解約不能（ノンキャンセラブル）

リース契約に基づくリース期間の中途において当該契約を解除することができないリース取引又はこれに準ずるリース取引

「リース契約に基づくリース期間の中途において当該契約を解除することができないリース取引に準ずるリース取引」とは，法的形式上は解約可能であるとしても，解約に際し相当の違約金を支払わなければならない等の理由から，事実上解約不能と認められるリース取引をいう（会計基準第36項）。

このような取引に該当するものとしては，次のようなものが考えられる（適用指針第6項）。

ⅰ） 解約時に，未経過のリース期間に係るリース料の概ね全額を，規定損害金として支払うこととされているリース取引

ⅱ） 解約時に，未経過のリース期間に係るリース料から，借手の負担に帰属しない未経過のリース期間に係る利息等として，一定の算式により算出した額を差し引いたものの概ね全額を，規定損害金として支払うこととされているリース取引

しかし，上記取引はあくまで例示であり，解約可能であることが明記されていなければ解約不能として取り扱われるわけではなく，事実上解約不能であるかどうかは，契約条項の内容，商慣習等を勘案し契約の実態に応じ判断されることになる（会計基準第5項。適用指針第92項）。

このことは，オペレーティング・リース取引に係る注記の対象となる解約不能のリース取引の判断においても同様である。

（ⅱ） フル・ペイアウト

借手が，当該契約に基づき使用する物件からもたらされる経済的利益を実質的に享受することができ，かつ，当該リース物件の使用に伴って生じるコストを実質的に負担することとなるリース取引

「リース物件からもたらされる経済的利益を実質的に享受する」とは，当該

第1章 概　　説

リース物件を自己所有するとするならば得られると期待されるほとんどすべての経済的利益を享受することであり，また，「リース物件の使用に伴って生じるコストを実質的に負担する」とは，当該リース物件の取得価額相当額，維持管理等の費用，陳腐化によるリスク等のほとんどすべてのコストを負担することである（会計基準第36項）。

このフルペイアウトの条件については次のような考え方が前提となっている。

すなわち，借手がリース物件の使用に伴って生じるコスト（当該リース物件の取得価額相当額，維持管理等の費用，陳腐化によるリスク等）を実質的に負担する場合には，借手はリース物件からもたらされる経済的利益を実質的に享受することになると推定できる。同様に，借手がリース物件からもたらされる経済的利益を実質的に享受することができる場合には，通常，借手はリース物件の使用に伴って生じるコストを負担することになると推定できる（適用指針第93項）。

読者諸賢には，この解約不能（ノンキャンセラブル）とフル・ペイアウトの二つの識別要件を常に記憶していただき，本書を読み進めていただきたい。

なお，フル・ペイアウトの要件については，31頁で詳述する。

③　オペレーティング・リース取引

オペレーティング・リース取引とは，ファイナンス・リース取引以外のリース取引をいう（会計基準第6項）。

(2)　その他の分類

リースの分類方法はさまざまあるが，本書では，基準に示してある重要なリース取引であるセール・アンド・リースバック取引と実務上重要と思われるレバレッジド・リースのみを概説しておきたい。

①　セール・アンド・リースバック

セール・アンド・リースバック取引とは，借手がその所有する物件を貸手に売却し，貸手から当該物件のリースを受ける取引をいう（適用指針第48項）。

第Ⅰ編　会計処理編

　セール・アンド・リースバック取引がファイナンス・リース取引に該当するかどうかの判定は，すでに解説した「ファイナンス・リース取引の判定基準」による。

　もともとこのセール・アンド・リースバック取引は，わが国では所有資産の売却によって売却益を計上することや，リースの活用による経営合理化を目的としていたとされる（秋山，1999，244頁）。

　このセール・アンド・リースバック取引の仕組みは図表Ⅰ－1－6に示してある。売手は，自己保有資産を買手に売却する売買契約を締結するとともに，当該資産を借り受けるためのリース契約を締結する。このリース契約は，売手が借手，買手が貸手となるから，資産の移転はない。すなわち，売手は借手として引き続き資産を利用できる。借手（売主）は貸手（買手）から売却代金を受領するとともに，以後リース契約書に定められたリース期間にわたり，リース料を支払う。

図表Ⅰ－1－6　セール・アンド・リースバック取引の仕組み

借手 売手	交渉 売却及びリースの申込み 売買契約 リース契約 物件代金の支払い リース料の支払	貸手 買手

出所：秋山，1999，244頁を一部改変

② レバレッジド・リース

　レバレッジド・リースとは，航空機や船舶という大型リース物件に活用されるリース取引で，投資家が物件価額の一部（20％～40％とされる）を自己資金で，

第1章 概　　説

残りを金融機関等の第三者借入で資金調達し，物件を購入するとともに，法定耐用年数より長いリース期間を設定して借手にリースする取引をいう。

レバレッジ (leverage) とは，梃子（てこ）の意味である。このため，レバレッジド・リースとは，梃子の原理のように，少額投資資金で多くの税務上の恩典を受けながら，高い投資利回りを得るレバレッジ効果を期待するリースである。

7　リース会計の必要性

(1)　経済的実質

フル・ペイアウトのリース契約では，基本的に，
① 解約不能
② 借手によるリース物件の維持管理責任
③ 瑕疵担保責任は貸手にはなし
④ 陳腐化リスクは借手が負う
⑤ リース料は，借手が取得したと同じ取得原価や保険料，固定資産税まで負担させられるように算定される

このように，考えればファイナンス・リースは，企業が銀行から借入れを行い当該資金で資産を購入するか，割賦で設備支払手形を振出し資産を購入した場合と経済的実質は全く同じである。仮に，ファイナンス・リース取引を後述の賃貸借処理をしてしまうと，図表Ⅰ－1－7のように経済的実質は借入れや設備手形の振出しによる取得と同じでも異なった会計処理がされてしまう。この論理的不整合を排除しなければならない。

【設　例】
1．¥3,000,000の機械を借入れか設備手形でX1年期首に取得する，又は，ファイナンス・リースで調達する。
2．資産の耐用年数：3年

第Ⅰ編　会計処理編

> 3．減価償却方法：定額法
> 4．借入金や設備手形は，期間は3年で毎期末に決済する。
> 5．借入利率：年3.00％
> 6．割賦手形の利息：年10.00％
> 7．リースの場合，取得原価のほかに取得原価の10％の手数料や固定資産税等その他の実費を負担すると仮定する。

図表Ⅰ－1－7

	X1年 期首	X1年 期末	X2年	X3年
Ⅰ　借入れによる購入				
貸借対照表				
1　資　産				
機　械　装　置	3,000,000	3,000,000	3,000,000	3,000,000
減価償却累計額	0	−1,000,000	−2,000,000	−3,000,000
2　負　債				
長　期　借　入　金	3,000,000	2,000,000	1,000,000	0
損益計算書				
販売費・一般管理費				
減　価　償　却　費		1,000,000	1,000,000	1,000,000
営　業　外　費　用				
支　払　利　息		90,000	60,000	30,000
Ⅱ　設備手形による購入				
貸借対照表				
1　資　産				
機　械　装　置	3,000,000	3,000,000	3,000,000	3,000,000
減価償却累計額	0	−1,000,000	−2,000,000	−3,000,000
長期前払利息	600,000	300,000	100,000	0
2　負　債				
設　備　支　払　手　形	3,600,000	2,300,000	1,100,000	0

第1章 概　　説

損　益　計　算　書			
販売費・一般管理費			
減　価　償　却　費	1,000,000	1,000,000	1,000,000
営　業　外　費　用			
支　払　利　息	300,000	200,000	100,000
Ⅲ　リースによる調達			
損益計算書			
リ　ー　ス　料	1,100,000	1,100,000	1,100,000

(2) 企業間比較

ファイナンス・リースにつき，借入れや設備手形の振出しによる取得と同様の処理をすると，
① 負債額の増加
② 総資産の増加
③ リース期間の初期における費用の増加

があるとされている（Kieso, Weygandt and Warfield, 2006, p.1120）。

企業が，ファイナンス・リースを賃貸借処理し，資産負債をオフ・バランスにすると負債や総資産の増加を制御しつつ必要資産の調達が可能となるとともに，負債資本比率の上昇と総資産利益率の低下を制御することが可能となる。このため，制度的制約がなければ企業は好んで賃貸借処理を採用するであろう。

ファイナンス・リースのように経済的実質は，所有していると同様な場合において，賃貸借処理を認めてしまうと，企業間比較ができなくなる。

8　リース取引の分類と判定基準

リース取引がファイナンス・リース取引に該当するかどうかについては，解約不能とフル・ペイアウトの二つの要件（会計基準第5項）を満たす必要があり，

第Ⅰ編　会計処理編

その経済的実質に基づいて判断すべきものであるが，フル・ペイアウトの判定には，次の(1)又は(2)のいずれかに該当するかどうかのテストを行う。次の現在価値基準または経済的耐用年数基準のいずれかに該当する場合には，ファイナンス・リース取引と判定される（適用指針第9項）。

(1) 現在価値基準

解約不能のリース期間中のリース料総額の現在価値が，当該リース物件を借手が現金で購入するものと仮定した場合の合理的見積金額（「見積現金購入価額」）の概ね90％以上であること（図表Ⅰ－1－8）。

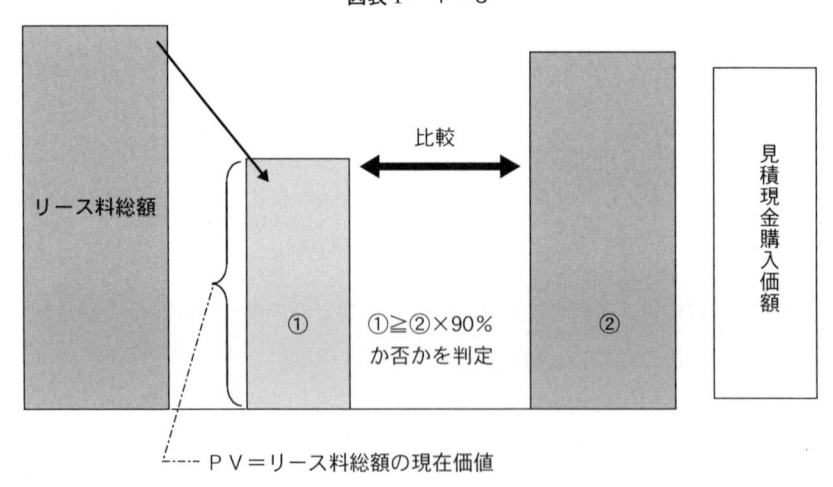

図表Ⅰ－1－8

（リース料総額）①　比較　②（見積現金購入価額）
①≧②×90％か否かを判定
ＰＶ＝リース料総額の現在価値

現在価値基準適用上の留意点は次のように整理できる。

① 再リース料（適用指針第11項）

借手が再リースを行う意思が明らかな場合を除き，再リースに係るリース期間（再リース期間）又はリース料は，解約不能のリース期間又はリース料総額に含めない。

② 維持管理費用相当額の取扱い（適用指針第14項）

借手が負担するリース料の中には，通常の場合，リース物件の維持管理に伴う固定資産税，保険料等の諸費用（維持管理費用相当額）が含まれる。維持管理費用相当額は，これをリース料総額から控除するのが原則であるが，その金額がリース料に占める割合に重要性が乏しい場合は，これをリース料総額から控除しないことができる。

③ 残価保証の取扱い（適用指針第15項）

リース契約において，リース期間終了時に，リース物件の処分価額が契約上取り決めた保証価額に満たない場合は，借手に対して，その不足額を貸手に支払う義務すなわち「残価保証」が課せられることがある。リース契約上に残価保証の取決めがある場合は，残価保証額をリース料総額に含める。なお，貸手においては，借手以外の第三者による保証がなされた場合についても，当該保証額をリース料総額に含める。

④ 製造業者又は販売業者の取扱い（適用指針第16項）

製品又は商品を販売することを主たる事業としている企業が，同時に貸手として同一製品又は商品をリース取引の対象物件としている場合には，その見積現金購入価額は貸手の製作価額や現金購入価額によらず，当該リース物件の借手に対する現金販売価額を用いる。

⑤ 現在価値の算定に用いる割引率（適用指針第17項，95項）

貸手が現在価値の算定を行うにあたっては，リース料総額（残価保証がある場合は，残価保証額を含む。）と見積残存価額すなわちリース期間終了時に見積られる残存価額で残価保証額以外の額の合計額の現在価値が，購入価額等すなわち当該リース物件の現金購入価額又は借手に対する現金販売価額と等しくなるような利率（貸手の計算利子率）を用いる。借手が現在価値の算定のために用いる割引率は，貸手の計算利子率を知り得る場合は当該利率とし，知り得ない場合

第Ⅰ編　会計処理編

は借手の追加借入に適用されると合理的に見積られる利率とする。

具体的には，次のような利率のなかからその企業にとって適当と認められるものを用いることになる。

（ⅰ）　リース期間と同一の期間におけるスワップレートに借手の信用スプレッドを加味した利率
（ⅱ）　新規長期借入金等の利率
　　　① 契約時点の利率
　　　② 契約が行われた月の月初又は月末の利率
　　　③ 契約が行われた月の平均利率
　　　④ 契約が行われた半期の平均利率

なお，(ⅱ)の新規長期借入金等の利率を用いる場合には，リース期間と同一の期間の借入れを行う場合に適用される利率を用いる。

また，一つのリース契約が多数のリース物件から構成されているような場合には，個々のリース物件ごとに現在価値基準の判定を行わずにリース契約全体で判定を行うことも認められる。

(2) 経済的耐用年数基準

解約不能のリース期間が，当該リース物件の経済的耐用年数の概ね75％以上であること（ただし，リース物件の特性，経済的耐用年数の長さ，リース物件の中古市場の存在等を勘案すると，上記(1)の判定結果が90％を大きく下回ることが明らかな場合を除く。）。

適用指針では，フルペイアウトの判定を行う原則的基準は現在価値基準と考えているが，現在価値の計算をすべてのリース取引について行うことは実務上極めて煩雑と考えられるところから，簡便法としての経済的耐用年数基準を設けている（適用指針第94項）。

経済的耐用年数基準の適用上の留意点は次の通りである。

① **再リース期間（適用指針第11項）**

借手が再リースを行う意思が明らかな場合を除き，再リース期間は解約不能のリース期間に含めない。

② **経済的耐用年数（適用指針第12項）**

経済的使用可能予測期間に見合った年数による。この経済的耐用年数として，経済的使用可能予測期間と著しい相違がある等の不合理と認められる事情のない限り，税法耐用年数を用いて判定を行うことも認められる。なお，一つのリース契約が多数のリース物件から構成されているような場合には，個々のリース物件ごとに経済的耐用年数基準の判定を行わずに全リース物件の加重平均耐用年数により判定を行うことも認められる（適用指針第96項）。

③ **現在価値基準による場合（適用指針第13項）**

リース期間が経済的耐用年数の概ね75％以上であっても借手がリース物件に係るほとんどすべてのコストを負担しないことが明らかな場合には現在価値基準のみにより判定を行う。

9 ファイナンス・リース取引の分類と判定基準

前節でファイナンス・リース取引と判定されたもののうち，次の(1)から(3)のいずれかに該当する場合には，所有権移転ファイナンス・リース取引に該当するものとし，それ以外のファイナンス・リース取引は，所有権移転外ファイナンス・リース取引に該当するものとする（適用指針第10項）。

(1) 所有権移転条項の存在

リース契約上，リース期間終了後又はリース期間の中途で，リース物件の所有権が借手に移転することとされているリース取引

(2) 割安購入選択権の存在

リース契約上，借手に対して，リース期間終了後又はリース期間の中途で，名目的価額又はその行使時点のリース物件の価額に比して著しく有利な価額で買い取る権利（「割安購入選択権」）が与えられており，その行使が確実に予想されるリース取引

(3) 特別仕様物件

リース物件が，借手の用途等に合わせて特別の仕様により製作又は建設されたものであって，当該リース物件の返還後，貸手が第三者に再びリース又は売却することが困難であるため，その使用可能期間を通じて借手によってのみ使用されることが明らかなリース取引

これまでの解説を，図表にして整理すると，図表Ⅰ－1－9のようになる。

第1章 概　　説

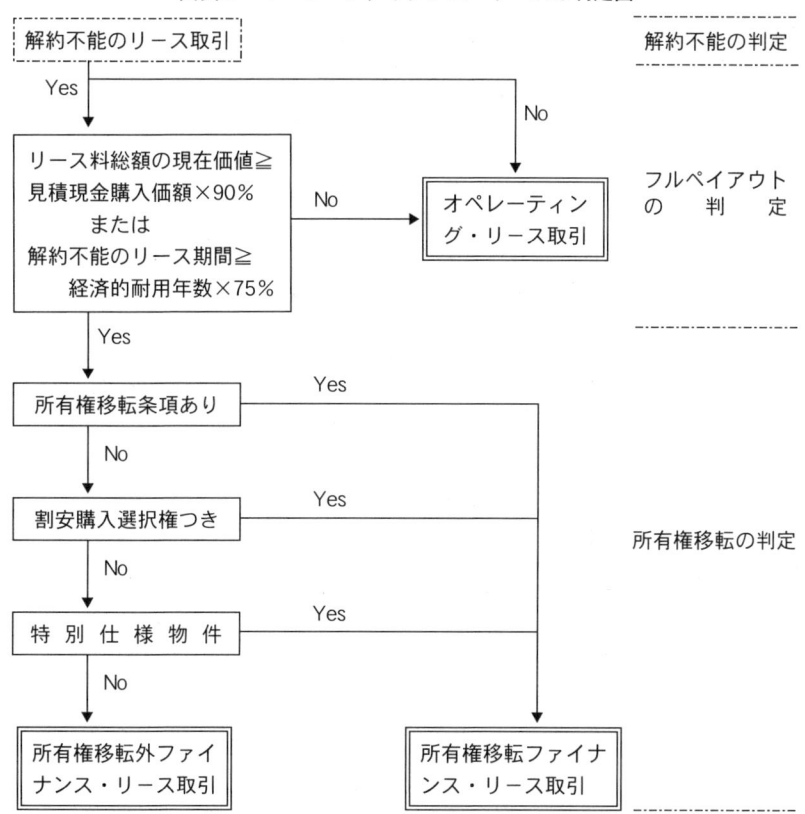

図表Ⅰ-1-9　ファイナンス・リースの判定図

```
┌─────────────────┐                    解約不能の判定
│ 解約不能のリース取引 │
└────────┬────────┘
        Yes
         │         No
         │    ┌─────────┐
         ▼    ▼         │
┌─────────────────┐         ┌──────────────┐    フルペイアウト
│ リース料総額の現在価値≧ │         │ オペレーティン │    の　判　定
│ 見積現金購入価額×90％  │  No →  │ グ・リース取引 │
│ 　　　または　　　　　　│         └──────────────┘
│ 解約不能のリース期間≧  │
│ 　経済的耐用年数×75％　│
└────────┬────────┘
        Yes
         ▼
┌─────────────────┐         Yes
│ 所有権移転条項あり　　　│ ─────────┐
└────────┬────────┘          │
         No                    │
         ▼                     │
┌─────────────────┐         Yes │
│ 割安購入選択権つき　　　│ ─────┤       所有権移転の判定
└────────┬────────┘          │
         No                    │
         ▼                     │
┌─────────────────┐         Yes │
│ 特 別 仕 様 物 件　　　│ ─────┤
└────────┬────────┘          │
         No                    │
         ▼                     ▼
┌─────────────────┐    ┌──────────────┐
│ 所有権移転外ファイ　　　│    │ 所有権移転ファイナ │
│ ナンス・リース取引　　　│    │ ンス・リース取引　 │
└─────────────────┘    └──────────────┘
```

10　リース取引の基本的会計処理

(1)　会計処理の考え方

リース取引の会計処理については，次の賃貸借処理と売買処理の二つがある。

39

第Ⅰ編　会計処理編

① 賃貸借処理（図表Ⅰ－1－10－1参照）

ⅰ）借　　手

リース料を支払時に支払リース料として費用計上する。このため，リース資産及びリース債務は貸借対照表上オフ・バランスとなる。

ⅱ）貸　　手

借手から受け取るリース料を受取リース料として，営業収益に計上するとともにリース資産の減価償却計算を行い，リース原価として計上する。

リース物件は，貸借対照表上リース資産として計上される。

図表Ⅰ－1－10－1　賃貸借処理

	借　　　　手	貸　　　　手
B/S	1．資　　産 　　リース資産：非計上 2．負　　債 　　リース負債：非計上	1．資　　産 　　リース資産　　　＊＊＊
P/L	製造原価又は販売費及び一般管理費の内訳 　　支払リース料　　　＊＊＊	1．営業収益 　　受取リース料　　　＊＊＊ 2．リース原価 　　減価償却費　　　　＊＊＊

② 売買処理（図表Ⅰ－1－10－2参照）

ⅰ）借　　手

貸借対照表上，リース物件を資産計上するとともに，リース期間にわたるリース料総額をリース債務として負債計上する。

支払リース料は，リース債務の元本返済と支払利息に分割され，リース資産については，減価償却計算が行われる。

ⅱ）貸　　手

リース債権を貸借対照表上計上し，受取リース料は受取利息とリース債権の回収として処理する。

第1章 概　　説

図表Ⅰ－1－10－2　売買処理

	借　　　手	貸　　　手
B/S	1. 資　産 　　リース資産　　＊＊＊ 2. 負　債 　　リース負債　　＊＊＊	1. 資　産 　　リース債権　　＊＊＊
P/L	製造原価又は販売費及び一般管理費 　減価償却費 営業外費用 　支払利息　　　＊＊＊	営業収益 　受取利息　　　＊＊＊

(2) リース取引会計基準の規定

リース取引会計基準は，原則的処理として，ファイナンス・リース取引については，売買処理，オペレーティング・リース取引については，賃貸借処理を規定している。

ただし，貸手の所有権移転外ファイナンス・リース取引については，リース債権ではなく「リース投資資産」を計上するよう規定している（会計基準第13項）。

ファイナンス・リース取引の会計処理と貸借対照表への表示については，図表Ⅰ－1－10－3のようにまとめられる。なお，オペレーティング・リース取引の会計処理については前項の通りである。

図表Ⅰ－1－10－3　ファイナンス・リース取引の会計処理と貸借対照表表示

所有権移転ファイナンス・リース取引

借　　　手	貸　　　手
有形固定資産 　リース資産　　　＊＊＊ 無形固定資産 　リース資産　　　＊＊＊ 　注1） 流動負債 　リース負債　　　＊＊＊	流動資産 　リース債権　　　＊＊＊ 固定資産 　リース債権　　　＊＊＊ 　注3）

41

第Ⅰ編　会計処理編

```
固定負債
　リース負債　　　＊＊＊
　注2）
```

(注1)　有形固定資産又は無形固定資産に属する各科目に含めることもできる。
(注2)　分類基準は1年基準（支払期限の到来日が，貸借対照表日後1年以内か1年超かによる分類）。
(注3)　主目的たる営業取引による場合には，流動資産とする。営業の主目的以外の取引により発生した場合には，1年基準により分類する。

所有権移転外ファイナンス・リース取引

借　手	貸　手
有形固定資産 　リース資産　　　＊＊＊ 無形固定資産 　リース資産　　　＊＊＊ 　注1） 流動負債 　リース負債　　　＊＊＊ 固定負債 　リース負債　　　＊＊＊ 　注2）	流動資産 　リース投資資産　＊＊＊ 固定資産 　リース投資資産　＊＊＊ 　注3）

(注1)　有形固定資産又は無形固定資産に属する各科目に含めることもできる。
(注2)　分類基準は1年基準（支払期限の到来日が，貸借対照表日後1年以内か1年超かによる分類）。
(注3)　主目的たる営業取引による場合には，流動資産とする。営業の主目的以外の取引により発生した場合には，1年基準により分類する。

11　重要性の判断基準

(1)　ファイナンス・リース取引借手関連判断基準

①　所有権移転ファイナンス・リース取引

(ⅰ)　個別資産基準

個々のリース資産に重要性がないと認められる場合とは，次のいずれかを満

たす場合とする（適用指針第46項）。

(a) 重要性の原則（一般原則）

重要性が乏しい減価償却資産について，購入時に費用処理する方法が採用されている場合で，リース料総額が当該基準額以下のリース取引。

ただし，リース料総額にはリース物件の取得価額のほかに利息相当額が含まれているため，その基準額は当該企業が減価償却資産の処理について採用している基準額より利息相当額だけ高めに設定することができる。また，この基準額は，通常取引される単位ごとに適用されるため，リース契約に複数の単位のリース物件が含まれる場合は，当該契約に含まれる物件の単位ごとに適用できる。

(b) リース期間が１年以内のリース取引

(ⅱ) 簡便処理

個々のリース資産に重要性がないと認められる場合は，オペレーティング・リース取引の会計処理に準じて，通常の賃貸借取引に係る方法に準じて会計処理を行うことができる。

② 所有権移転外ファイナンス・リース取引

(ⅰ) リース資産総額基準

(a) 数値基準

リース資産総額に重要性がないと認められる場合とは，未経過リース料の期末残高（通常の賃貸借取引に係る方法に準じて会計処理を行うこととしたものや，利息相当額を利息法により各期に配分しているリース資産に係るものを除く。）が当該期末残高，有形固定資産及び無形固定資産の期末残高の合計額に占める割合が10％未満である場合とする（適用指針第32項，下記算式参照）。

$$\frac{未経過リース料の期末残高}{（未経過リース料＋有形固定資産＋無形固定資産）の期末残高} < 10\%$$

第Ⅰ編　会計処理編

(b)　簡便処理

リース資産総額に重要性がないと認められる場合は，次のいずれかの方法を適用することができる（適用指針第31項）。

(イ)　支払リース料の区分計算省略

リース料総額から利息相当額の合理的な見積額を控除しない方法によることができる。この場合，リース資産及びリース債務は，リース料総額で計上され，支払利息は計上されず，減価償却費のみが計上される。

(ロ)　利息法の省略

利息相当額の総額をリース期間中の各期に配分する方法として，定額法を採用することができる。

(ⅱ)　個別リース資産基準

(a)　数値基準

個々のリース資産に重要性がないと認められる場合とは，次のいずれかを満たす場合とする（適用指針第35項）。

(イ)　重要性の原則（一般原則）

重要性が乏しい減価償却資産について，購入時に費用処理する方法が採用されている場合で，リース料総額が当該基準額以下のリース取引。ただし，リース料総額にはリース物件の取得価額のほかに利息相当額が含まれているため，その基準額は当該企業が減価償却資産の処理について採用している基準額より利息相当額だけ高めに設定することができる。また，この基準額は，通常取引される単位ごとに適用されるため，リース契約に複数の単位のリース物件が含まれる場合は，当該契約に含まれる物件の単位ごとに適用できる。

(ロ)　期間基準

リース期間が１年以内のリース取引

(ハ)　金額基準

企業の事業内容に照らして重要性の乏しいリース取引で，リース契約１件当たりのリース料総額（維持管理費用相当額又は通常の保守等の役務提供相当額のリース料総額に占める割合が重要な場合には，その合理的見積額を除くことができる。）が

300万円以下のリース取引

　(b)　簡便処理

　個々のリース資産に重要性がないと認められる場合は，オペレーティング・リース取引の会計処理に準じて，通常の賃貸借取引に係る方法に準じて会計処理を行うことができる。

(2)　ファイナンス・リース取引貸手関連判断基準

①　リース業を主たる事業としている企業

　リース取引を主たる事業としている企業は，以下の簡便的な取扱いは適用できない（適用指針第60項）。

②　その他の企業

(ⅰ)　利息相当額定額配分法の採用

　その他の企業は，以下の算式を満たす場合，利息相当額の総額を利息法（所有権移転外ファイナンス・リース取引の会計処理（原則法，71～74頁，259～264頁参照）によらず，各期に定額で配分する方法，所有権移転外ファイナンス・リース取引の会計処理（簡便法，74頁，264～268頁参照）を選択することができる（適用指針59項，第60項及び第127項，第129項）。

$$\frac{\text{未経過リース料及び見積残存価額の合計額の期末残高}}{\text{未経過リース料及び見積残存価額の合計額の期末残高}＋\text{営業債権の期末残高}} < 10\%$$

(ⅱ)　ファイナンス・リース取引の注記を一部要しない場合

　上記(ⅰ)の算式を満たす場合は，リース料債権等に関する注記（46頁，79頁参照）が省略できる（会計基準第20項，第21項，適用指針第71項）。

(3) ファイナンス・リース取引における少額リース資産及び短期のリース資産

借手はリース契約1件当たり300万円以下またはリース期間が1年以内の所有権移転外ファイナンス・リース取引を売買処理ではなく，賃貸借処理することができる（43頁参照）が，貸手には，借手において認められているこの重要性の判断基準はない。

その理由は，売買処理の事務処理の煩雑さは，特に借手において顕著であり，貸手の大手リース会社は契約・会計システムが整備されており，その事務処理の煩雑さは特に問題とならないから，と考えられる。

図表Ⅰ-1-11-1 重要性の判断基準（ファイナンス・リース取引）と会計処理

リースの分類	会計主体	総リース資産基準		個別リース資産基準	
		判定基準	簡便処理	判定基準	簡便処理
所有権移転ファイナンス・リース	借手	適用なし		1．少額資産基準 2．リース期間1年以下基準	賃貸借処理
	貸手	適用なし		適用なし	
所有権移転外ファイナンス・リース	借手	未経過リース料10％未満基準	利息相当額非控除法，利息法省略	1．少額資産基準 2．リース期間1年以下基準 3．1リース契約300万円以下基準	賃貸借処理
	貸手	未経過リース料等10％未満基準	利息配分定額法 注記省略	適用なし	

(4) オペレーティング・リース取引関連判断基準

① 原則的処理

オペレーティング・リース取引のうち解約不能のものに係る未経過リース料は，貸借対照表日後1年以内のリース期間に係るものと，貸借対照表日後1年

を超えるリース期間に係るものとに区分して注記する（会計基準第22項）。
　解約不能のリース取引として取り扱われるものは，本章6(1)－①－（ⅰ）と同様である。

② 注記省略

　オペレーティング・リース取引のうち，重要性が乏しい場合には上記①の注記は要しない（会計基準第22項）。
　注記を要しないとされる重要性が乏しい場合とは，次のいずれかに該当する場合をいう（適用指針第75項）。
（ⅰ）　個々のリース物件のリース料総額が，会社の費用化基準以内に該当するリース取引
（ⅱ）　リース取引開始日からのリース期間が1年以内のリース取引
（ⅲ）　契約上数か月程度の事前予告をもって解約できるものと定められているリース契約で，その予告した解約日以降のリース料の支払を要しないリース取引における事前解約予告期間（すなわち，解約不能期間）に係る部分
（ⅳ）　企業の事業内容に照らして重要性の乏しいリース取引でリース契約1件当たりのリース料総額（維持管理費用相当額又は通常の保守等の役務提供相当額のリース料総額に占める割合が重要な場合には，その合理的見積額を除くことができる。）が300万円以下のリース取引

③ 留意事項

　上記①と②の注記に関する取扱いは，借手も貸手も同一である（会計基準第22項）。

第Ⅰ編　会計処理編

図表Ⅰ－1－11－2　重要性の判断基準（オペレーティング・リース）と会計処理及び開示

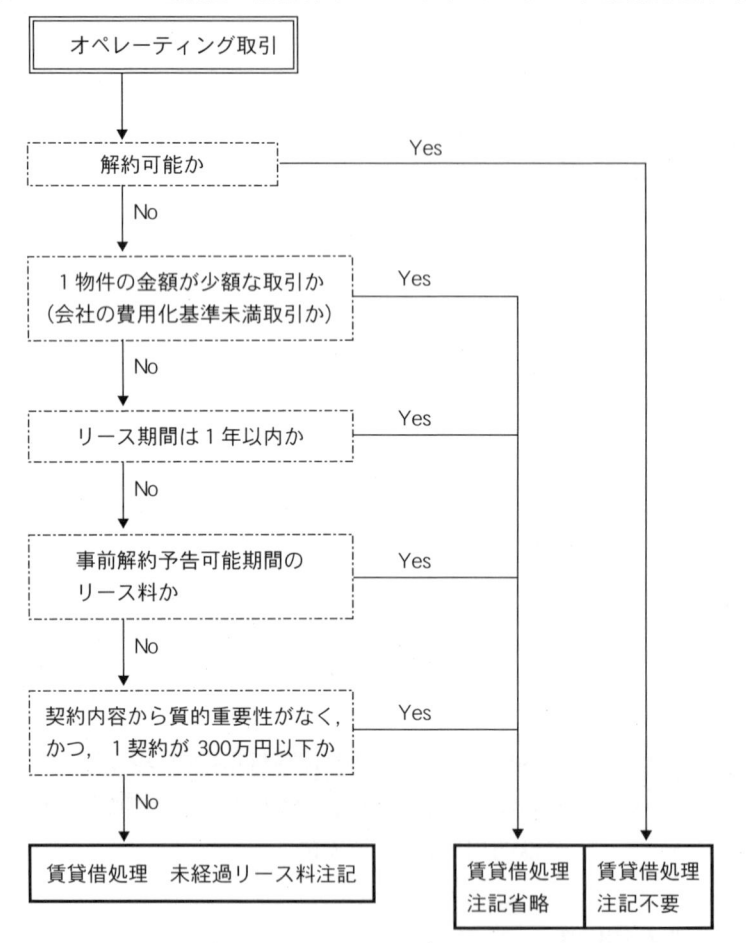

```
┌─────────────────┐
│ オペレーティング取引 │
└─────────────────┘
          │
          ▼
    ┌──────────┐        Yes
    │ 解約可能か │──────────────────────────┐
    └──────────┘                          │
          │ No                             │
          ▼                                │
  ┌──────────────────────┐   Yes          │
  │ 1 物件の金額が少額な取引か │──────────┐   │
  │ （会社の費用化基準未満取引か）│          │   │
  └──────────────────────┘          │   │
          │ No                       │   │
          ▼                          │   │
    ┌──────────────────┐   Yes      │   │
    │ リース期間は 1 年以内か │──────┤   │
    └──────────────────┘          │   │
          │ No                    │   │
          ▼                       │   │
  ┌──────────────────┐   Yes     │   │
  │ 事前解約予告可能期間の │────────┤   │
  │ リース料か           │         │   │
  └──────────────────┘         │   │
          │ No                  │   │
          ▼                     │   │
  ┌──────────────────────┐  Yes│   │
  │ 契約内容から質的重要性がなく, │──┤   │
  │ かつ，1 契約が 300万円以下か │  │   │
  └──────────────────────┘  │   │
          │ No                │   │
          ▼                   ▼   ▼
  ┌─────────────────────┐ ┌──────┐ ┌──────┐
  │賃貸借処理　未経過リース料注記│ │賃貸借処理│ │賃貸借処理│
  │                           │ │注記省略 │ │注記不要 │
  └─────────────────────┘ └──────┘ └──────┘
```

12　リース取引の会計処理と表示

(1) 会計処理と開示

これまでの解説を一覧で示すと図表Ⅰ－1－12－1となる。

第1章 概　　説

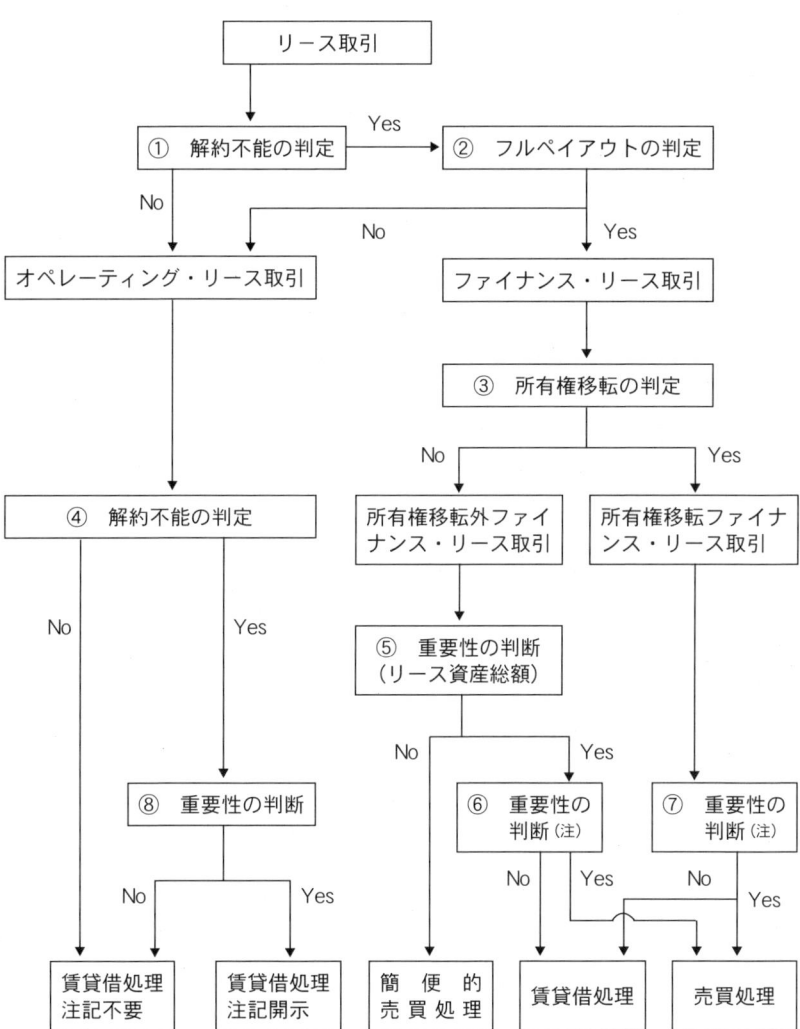

図表Ⅰ－1－12－1　会計処理と開示

```
                        リース取引
                            │
                            ▼
                    ┌─────────────────┐    Yes    ┌─────────────────────┐
                    │ ① 解約不能の判定 │──────────▶│ ② フルペイアウトの判定│
                    └─────────────────┘           └─────────────────────┘
                            │ No                         │        │
                            ▼              No ◀──────────┘        │ Yes
              ┌───────────────────────┐                            ▼
              │ オペレーティング・リース取引 │              ┌──────────────────────┐
              └───────────────────────┘              │ ファイナンス・リース取引 │
                            │                        └──────────────────────┘
                            │                                    │
                            │                                    ▼
                            │                        ┌─────────────────────┐
                            │                        │ ③ 所有権移転の判定   │
                            │                        └─────────────────────┘
                            │                           No │         │ Yes
                            │                  ┌───────────┘         └──────────┐
                            │                  ▼                                ▼
                            │      ┌────────────────────┐        ┌────────────────────┐
                            │      │ 所有権移転外ファイ   │        │ 所有権移転ファイナ   │
                            │      │ ナンス・リース取引   │        │ ンス・リース取引     │
                            │      └────────────────────┘        └────────────────────┘
                            ▼                  │                                │
                  ┌─────────────────┐          ▼                                │
                  │ ④ 解約不能の判定 │    ┌──────────────┐                      │
                  └─────────────────┘    │ ⑤ 重要性の判断 │                      │
                     No │     │ Yes      │(リース資産総額)│                      │
                        │     │          └──────────────┘                      │
                        │     │             No │    │ Yes                      │
                        │     ▼                │    ▼                          ▼
                        │  ┌──────────────┐    │ ┌──────────────┐      ┌──────────────┐
                        │  │ ⑧ 重要性の判断 │   │ │ ⑥ 重要性の   │      │ ⑦ 重要性の   │
                        │  └──────────────┘    │ │   判断(注)    │      │   判断(注)    │
                        │   No │    │ Yes     │ └──────────────┘      └──────────────┘
                        │      │    │         │   No │    │ Yes        No │    │ Yes
                        ▼      ▼    ▼         ▼      ▼    └──────┬───────┘    ▼
                   ┌────────┐┌────────┐┌────────┐┌────────┐       ▼        ┌────────┐
                   │賃貸借処理││賃貸借処理││簡便的  ││賃貸借処理│              │ 売買処理 │
                   │注記不要 ││注記開示 ││売買処理││         │              │         │
                   └────────┘└────────┘└────────┘└────────┘              └────────┘
```

（注）　貸手には，この判断はなく，⑤の判断のみである。また⑤の判定でYesの場合，「売買処理」に到達する。

第Ⅰ編　会計処理編

(2) 判定基準

図表Ⅰ－1－12－1の会計処理と開示の一覧表において，下記の判定基準が用いられる。本書の該当解説部分と，背後の根拠条文を再確認されたい。

図表Ⅰ－1－12－2　判定基準

	判　定　内　容
①, ④	解約不能の判定
	規定損害金を支払う定めがあるか
②	フルペイアウト
	・現在価値基準 ・経済的耐用年数基準
③	所有権移転の判定
	・所有権移転条項の存在 ・割安購入選択権の存在 ・特別仕様物件
⑤	総リース資産の判定（所有権移転外ファイナンス・リース取引に限定）
	・未経過リース料10％未満基準(注1)
⑥	個別（所有権移転外）ファイナンス・リース資産の重要性の判断(注2)
	・少額資産基準 ・リース期間1年以内基準 ・1リース契約300万円以下基準
⑦	個別（所有権移転）ファイナンス・リース資産の重要性の判断(注2)
	・少額資産基準 ・リース期間1年以内基準
⑧	オペレーティング・リースに関する重要性の判断
	・少額資産基準 ・リース期間1年以内基準 ・事前解約予告期間リース料基準 ・1リース契約300万円以下基準

（注1）　借手と貸手では判定内容が異なるので，留意されたい。
（注2）　貸手には，この判断基準は適用されない。⑤で重要性があると判断されると「売買処理」され，利息相当額は利息法により配分される。

第 1 章 概　　説

(参考文献)
1．Kieso, D. E. , Weygandt, J. J, Warfield, T. D. , *Intermediate Accounting,* 12th edition, Wiley, 2006, p. 1120.
2．秋山正明著『リース会計の実務』中央経済社，1999年1月。

第Ⅰ編　会計処理編

第2章

借手の会計処理

1　リース取引の判定

　リース取引の判定基準を復習しておきたい。判定の流れは図表Ⅰ－2－1を参照していただきたい。理解を促進するための図表Ⅰ－1－9とは作表を少し変えている。

　リース取引がファイナンス・リース取引に該当するためには，1）「解約不能」かつ2）「フルペイアウト」つまり全額負担（貸手にとっては全額回収）のリース取引でなければならない。ここで，「フルペイアウト」の判定を行う具体的な基準として「現在価値基準」と「経済的耐用年数基準」があり，このいずれかに該当する場合には，「フルペイアウト」のリース取引と判断する。また，ファイナンス・リース取引と判定されたもののうち，1）所有権移転条項あり，2）割安購入選択権あり，3）特別仕様物件のいずれかに該当する場合には，所有権移転ファイナンス・リース取引に該当し，それ以外は，所有権移転外ファイナンス・リース取引に該当するものとする。

第2章　借手の会計処理

図表Ⅰ－2－1　リース取引の判定フロー

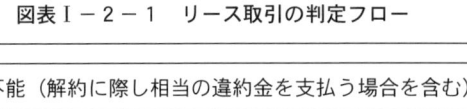

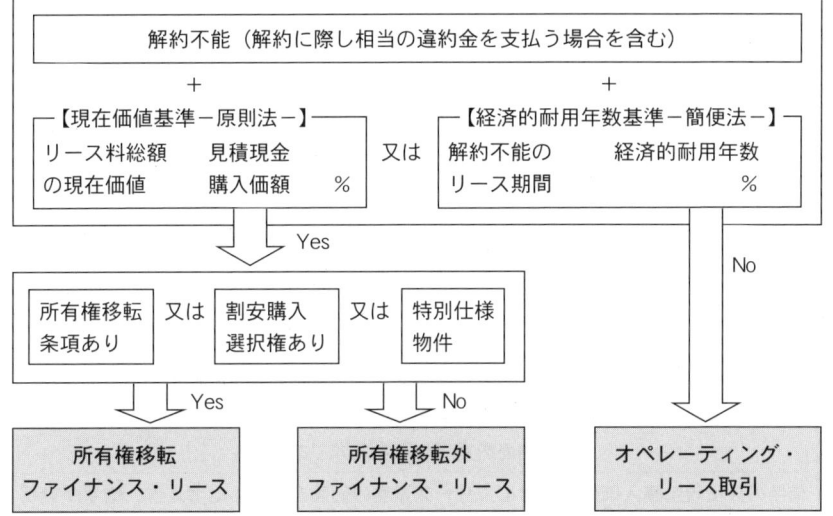

```
┌─────────────────────────────────────────────────────────────┐
│        解約不能（解約に際し相当の違約金を支払う場合を含む）        │
└─────────────────────────────────────────────────────────────┘
              ＋                                ＋
┌─【現在価値基準－原則法－】─┐        ┌─【経済的耐用年数基準－簡便法－】─┐
│ リース料総額   見積現金    │        │ 解約不能の      経済的耐用年数   │
│ の現在価値    購入価額 ％  │  又は  │ リース期間              ％      │
└─────────────────────┘        └──────────────────────────┘
              │ Yes                                │ No
              ▼                                    ▼
┌──────┐    ┌──────┐    ┌──────┐      ┌──────────┐
│所有権移転│又は│割安購入  │又は│特別仕様│      │オペレーティング│
│条項あり │    │選択権あり│    │物件   │      │・リース取引   │
└──────┘    └──────┘    └──────┘      └──────────┘
   │ Yes                     │ No
   ▼                         ▼
┌──────────┐      ┌──────────┐
│所有権移転      │      │所有権移転外    │
│ファイナンス・リース│      │ファイナンス・リース│
└──────────┘      └──────────┘
```

2　ファイナンス・リース取引におけるリース資産（リース債務）の計上

(1)　リース資産（リース債務）の計上

　ファイナンス・リース取引と判定されれば，借手は通常の売買取引に係る方法に準じて，リース取引開始日にリース資産及びリース債務を計上しなければならない（会計基準第10項）。このような処理を行うのは，ファイナンス・リース取引は，経済的には割賦購入と同様であるという実態や，金融的機能を会計に反映するためである。

| (借)リース資産　　○○○ | (貸)リース債務　　○○○ |

　この会計処理の結果，借方には固定資産が計上され，一方貸方には債務が計上されることになる。その後リース資産は通常の固定資産の処理と同様に減価

償却の処理を行い、一方リース債務はリース料の支払の一部で返済処理をしていくことになる。

(2) リース資産（リース債務）の計上価額の考え方

リース資産及びリース債務の計上額としては、1）リース料総額の現在価値、2）貸手の現金購入価額、3）借手の見積現金購入価額などが考えられる。これらの計上価額の考え方の違いを図表Ⅰ－2－2に示す。

図表Ⅰ－2－2　リース資産及びリース債務の計上価額

計上価額の算定方法	リース資産及びリース債務として計上する際の考え方
貸手の現金購入価額	リース資産そのものの価値。リース負債よりもリース資産の側面を重視した考え方である。
借手の見積現金購入価額	同様に、リース資産の価値を重視した考え方。借手が貸手のリース物件の購入価額を知らない場合の代替方法となる。
リース料総額の現在価値	借手が購入ではなくリースを選ぶのは、現在価値が購入価額を下回るからという行動に基づいた考え方。よって、リース債務の側面を重視した考え方と言える。

(3) 所有権移転ファイナンス・リース取引の場合

所有権移転ファイナンス・リース取引の場合、リース資産及びリース債務の計上価額は貸手の購入価額等によることとしている（適用指針第37項(1)）。これは、所有権移転ファイナンス・リース取引は資産の割賦取得と同様の取引と考えられるためである。つまり、リース資産の側面を重視した考え方である。但し、借手が貸手の購入価額等を知らない場合には、リース料総額の現在価値と借手の見積現金購入価額を比べいずれか低い額とする（適用指針第37項(2)）。貸手の購入価額等の代替方法としては借手の見積現金購入価額があるが、その計算には見積りという恣意的な要素が含まれるため、一概に借手の見積現金購入価額とはせず、借手の見積現金購入価額とリース料総額の現在価値を比べ、よ

り少ない金額を計上額とする保守的な取扱いとしている。

(4) 所有権移転外ファイナンス・リース取引の場合

　所有権移転外ファイナンス・リース取引のリース資産及びリース債務の計上価額は，リース料総額の現在価値と貸手の購入価額等のいずれか低い価額とする（適用指針第22項(1)）。但し，貸手の購入価額等が明らかでない場合には，リース料総額の現在価値と借手の見積現金購入価額のいずれか低い額とする（適用指針第22項(2)）。所有権移転外ファイナンス・リース取引の場合，所有権移転ファイナンス・リース取引と違い貸手の購入価額等が明らかな場合にもリース料総額の現在価値との比較が要求されている。所有権移転外ファイナンス・リース取引は，リース物件の取得つまり割賦購入という側面だけではなくその他複合的な性格を有しており，リース債務の側面を重視する必要もあることからリース料総額の現在価値を基本と考えているためである。

(5) ま と め

　以上のリース資産（リース債務）の計上価額をまとめると図表Ⅰ－2－3の通りとなる。

図表Ⅰ－2－3　リース資産及びリース負債の計上価額（まとめ）

リース取引の種類	貸手の購入価額等がわかるか？	リース資産及びリース債務の計上価額
所有権移転ファイナンス・リース	Yes	貸手の現金購入価額
所有権移転ファイナンス・リース	No	リース料総額の現在価値／借手の見積現金購入価額　どちらか低い価額
所有権移転外ファイナンス・リース	Yes	リース料総額の現在価値／貸手の現金購入価額　どちらか低い価額
所有権移転外ファイナンス・リース	No	リース料総額の現在価値／借手の見積現金購入価額　どちらか低い価額

第Ⅰ編　会計処理編

3　ファイナンス・リース取引における支払リース料の処理と利息法
－リース債務の処理(1)－

(1)　利息相当額の算定（支払リース料の処理）

　リース資産（リース債務）の計上価額が決まれば，自動的にリースに関する利息相当額が確定する。なぜならば，全リース期間にわたる利息相当額の総額は，リース料総額とリース取引開始日におけるリース債務の計上価額の差額になるからである（適用指針第23項，第38項）。

> リース期間の利息相当額の総額＝リース料総額－リース債務額

　リース料の支払はリース債務の返済元本と支払利息に区分されることになる。実際にはリース期間は複数年にわたるので，利息相当額の総額をリース期間中の各期にどのように配分するかが問題となる。

(2)　利息法による利息相当額の各期への配分

　リース会計基準では，原則として「利息法」により利息相当額の総額をリース期間中の各期に配分することとしている（会計基準第11項）。「利息法」とは，リース債務の未返済元本残高に一定の利率を乗じて各期の支払利息相当額を算定する方法である（適用指針第24項，第39項）。会計基準では，原則としてリース期間中の各期に一定額の利息相当額を配分するのではなく（定額法），リース債務の未返済元本残高に一定の利率を乗じた額を利息相当額としてリース期間中の各期に配分している。この配分方法を「利息法」というのである。

(3) 利息法で適用される利率

利息法で適用される利率は,「リース料総額の現在価値が,リース取引開始日におけるリース資産(リース債務)の計上価額と等しくなる利率」として求められる(適用指針第24項)。すなわち,ファイナンス・リースの場合,リース債務(住宅ローンの場合の借入元本)と支払リース料総額(住宅ローンの場合の支払総額)が先に決まり,そこから利息法で適用される利率(住宅ローンの場合の金利)を算定する仕組みになっている。

(4) 「現在価値算定のための割引率」と「利息法で適用される利率」の関係

「リースの判定における現在価値算定のための割引率」と,「利息法で適用される利率」が異なる場合と両者が一致する場合がある(図表Ⅰ-2-4参照)。

これは,貸手の現金購入価額と,借手の見積現金購入価額がリース資産(リース債務)の計上価額となる場合には,リース料総額の現在価値とリース資産(リース債務)の計上価額は異なる。この場合現在価値算定のための割引率と利息法で適用される利率は異なる。

これに対し,リース料総額の現在価値をリース資産の計上価額とする場合には,リース料総額を割引率で割り引いて現在価値を算定するのであるから,その割引率が「利息法で適用される利率」(リース料総額の現在価値が,リース資産(リース債務)の計上価額と等しくなる利率)と一致する。

第Ⅰ編　会計処理編

図表Ⅰ－2－4

```
リース資産（リース債務）
  貸手の現金購入価額
       又は          ）の場合 ⇒ 現在価値算定の   ≠ 利息法で適用
  借手の見積現金購入価額           ための割引率      される利率

  リース料総額の現在価値 の場合 ⇒ 現在価値算定の   ＝ 利息法で適用
                            ための割引率      される利率
```

4　リース債務の返済スケジュール表の作成と仕訳－リース債務の処理(2)－

リース債務の返済スケジュール表が作成し，この表に基づいてリース料の支払いに関する次の仕訳を行う。

ⅰ）リース取引開始時の仕訳

| （借）リース資産　×××　（貸）リース債務　××× |

ⅱ）リース料支払時の仕訳

| （借）リース債務　×××　（貸）現金預金　××× |
| （借）支払利息　××× |

5　リース資産の減価償却－リース資産の処理－

(1)　減 価 償 却

　リース債務の処理と同時に，リース資産の会計処理を理解しなければならない。リース資産は，減価償却という方法で処理することになる。減価償却とは，長期にわたって使用される固定資産の取得に要する支出を，一定の期間にわたって費用配分する手続である。企業会計においては，費用はその支出に基づいて計上しその発生した期間に正しく割り当てられなければならないが，固定資産ではその費用配分の手続を減価償却で行うのである。
　減価償却で各期に計上される費用を減価償却費という。減価償却ではあらかじめ定められた耐用年数，償却方法及び残存価額により，毎期の減価償却費を算出しなければならない。
　例えば，ある企業が工場を200億円で取得したとする。これを取得した会計期間の費用とすれば，その期は200億円分の利益が減少する。しかしながら，工場は長期にわたって稼動し続けるのであるから，本来は使用可能期間（耐用年数）にわたって費用を配分するのが合理的となる。10年間使用が可能ならば，20億円ずつ10年間にわたって費用を按分することになる。
　減価償却を行うためには，あらかじめ耐用年数，償却方法及び残存価額の三つの要素を決めておかなければならない。

①　償 却 方 法

　償却方法とは，複数期間にわたって費用を配分する方法である。毎期一定額を費用化する定額法，毎期未償却残高に対して一定率を費用化する定率法などがある。

第Ⅰ編　会計処理編

（定額法）　減価償却費（年間）＝$\dfrac{\text{取得価額}－\text{残存価額}}{\text{耐用年数}}$

（定率法）　減価償却費（年間）＝帳簿価額（固定資産の未償却残高）
　　　　　　　　　　　　　　　×一定率

---

②　耐用年数

耐用年数とは，固定資産の使用可能期間のことである。実際にはあらかじめ固定資産の使用可能期間を知ることは難しいが，実務上は法人税法において資産の種類・構造・細目ごとに細かく耐用年数が規定されている（法定耐用年数）。

③　残存価額

耐用年数到来時の見積処分価額。一般的には，取得価額の10％を使う。

売買取引に係る方法に準じてリース取引開始日に計上されたリース資産も，他の固定資産と同様に減価償却の手続を行わなければならない。そして，所有権移転ファイナンス・リースと所有権移転外ファイナンス・リースは，その償却方法，耐用年数及び残存価額において若干違う方法によることとしている（適用指針第12項，第39項）。

(2)　所有権移転ファイナンス・リースにおける減価償却（適用指針第42項）

①　償却方法

自己所有の同種の固定資産に適用する減価償却方法と同一の方法による。

②　耐用年数

経済的使用可能予測期間とする。

③ 残存価額

自己所有の同種の固定資産に適用する減価償却方法と同一の方法により残存価額を算出する。

(3) 所有権移転外ファイナンス・リースにおける減価償却（適用指針第27項）

① 償却方法

所有権移転外ファイナンス・リースに係る償却は，定額法，級数法，生産高比例法等の中から企業の実態に応じた方法を選択する（適用指針第28項）。この場合，所有権移転ファイナンス・リースのように，自己所有の同種の固定資産に適用する減価償却方法と同一の方法により，減価償却費を算出する必要はない。

なお，所有権移転外ファイナンス・リース取引で定率法を採用した場合には簡便法が認められている。

② 耐用年数

リース期間を耐用年数とする。但し，ファイナンス・リース取引の判定の際に再リース期間をリース期間に含めている場合には，再リース期間を耐用年数に含める。

③ 残存価額

原則としてゼロとする。ただし，契約上残価保証の取決めがある場合，当該残価保証額を残存価額とする（詳細は146頁参照）。

(4) まとめ

所有権移転ファイナンス・リースは，物件の取得と同様の取引と考えられる

ため，原則自己所有の同種の固定資産と同様の処理が求められるが，所有権移転外ファイナンス・リースの場合，リース物件の使用がリース期間に限定されるため，リース期間を耐用年数とし，残存価額を原則としてゼロとしている。以上をまとめると図表Ⅰ－2－5の通りとなる。

図表Ⅰ－2－5　ファイナンス・リース取引の減価償却方法

	自己所有の固定資産	所有権移転ファイナンス・リース取引	所有権移転外ファイナンス・リース取引
減価償却方法	定額法，定率法等	自己所有の同種の固定資産と同じ方法	企業の実態に応じた方法
耐用年数	実務上は法定耐用年数を使用	経済的使用可能予測期間	リース期間 （ファイナンス・リース取引の判定において再リース期間をリース期間に含めている場合には，再リース期間を含める）
残存価額	一般的には10%	自己所有の同種の固定資産と同じ方法	原則ゼロ （契約上残価保証額の取決めがある場合，当該残価保証額）

6　オペレーティング・リース取引

(1)　オペレーティング・リース取引の意義

　ファイナンス・リース取引以外のリース取引をオペレーティング・リース取引という。オペレーティング・リース取引は「解約不能」と「フルペイアウト」の両方又はいずれかを満たさない取引ということになるが，一般的には「フルペイアウト」の要件を満たさないリース取引のことをいう。
　フルペイアウトと判定されない取引ということは，借手にとっては実質全額負担しなくても良いということであり魅力的な取引といえる。一方，貸手にとっては，回収できなかった分を中古市場などで別途回収しなければならない。そのため，オペレーティング・リースは中古市場が整備されている市場，例え

ば，自動車などの物件を対象として行われている。通常，レンタル，賃貸借と言われている取引もオペレーティング・リース取引に該当する。さらに，再リースについても，リース契約時から借手が再リースを行うことが明らかな場合を除き，原則としてオペレーティング・リースとして取り扱う。

(2) オペレーティング・リース取引の会計処理

オペレーティング・リース取引及び少額リース資産又は短期のリース取引においては，通常の賃貸借取引に係る方法に準じて会計処理を行う（会計基準第15項，適用指針第34項，第45項）。ファイナンス・リース取引との会計処理の簡単な比較は図表Ⅰ－2－6の通りである。

図表Ⅰ－2－6　オペレーティング・リース取引とファイナンス・リース取引の会計処理の比較

	オペレーティング・リース取引	ファイナンス・リース取引
リース取引開始日	会計処理なし	（借）リース資産 　　（貸）リース債務
リース料支払時	（借）支払リース料 　　（貸）現金預金	（借）リース債務 　　　支払利息 　　（貸）現金預金
減価償却実施時	会計処理なし	（借）減価償却費 　　（貸）減価償却累計額
リース完了時	会計処理なし	会計処理なし （ただし，所有権移転ファイナンス・リースで，所有権移転条項がある場合には，リース完了時にリース資産から自己所有の固定資産に振り替える。）

前述の通り，一般的にはオペレーティング・リース取引は「フルペイアウト」の要件を満たさないリース取引をいうので，結果的に「解約不能」と「解約可能」の二つのタイプに分けられることになる。会計基準では，このうち「解約

第Ⅰ編　会計処理編

不能」なオペレーティング・リース取引については，重要性が乏しい場合を除き，支払期間が貸借対照表日後1年以内と1年超に分けて，解約不能期間中の未経過リース料残高について注記することを要求している（会計基準第22項）。

	1年以内	1年超	合　計
未経過リース料	○○	○○	○○

このようなリース取引においては，解約不能な未経過リース料は潜在的な債権，債務であるという考え方に基づいて，売買処理に準じてリース資産（リース債務）を開示しない代わりに注記情報で開示するべきこととしたのである。

7　借手のリース取引における重要性

(1)　ファイナンス・リース取引における重要性

すでに，重要性の判断基準については，第1章にて解説したが，重要性の判定基準に関する理解を促進するため，図表Ⅰ－1－11－1を借手に限定して，作表すると，図表Ⅰ－2－6－1の通りである。

図表Ⅰ－2－6－1　重要性の判断基準（ファイナンス・リース取引）と会計処理

リースの分類	会計主体	総リース資産基準		個別リース資産基準	
		判断基準	簡便処理	判断基準	簡便処理
所有権移転ファイナンス・リース	借手	適用なし		1．少額資産基準 2．リース期間1年以下基準	賃貸借処理
所有権移転外ファイナンス・リース	借手	未経過リース料10％未満基準	利息相当額非控除法，利息法省略	1．少額資産基準 2．リース期間1年以下基準 3．1リース契約300万円以下基準	賃貸借処理

第2章　借手の会計処理

(2) オペレーティング・リース取引における重要性

すでに，第1章でオペレーティング・リース取引について解説したが，理解を更に促進するために，図表Ⅰ－1－11－2の他に図表Ⅰ－2－6－2を別途提示しておく。

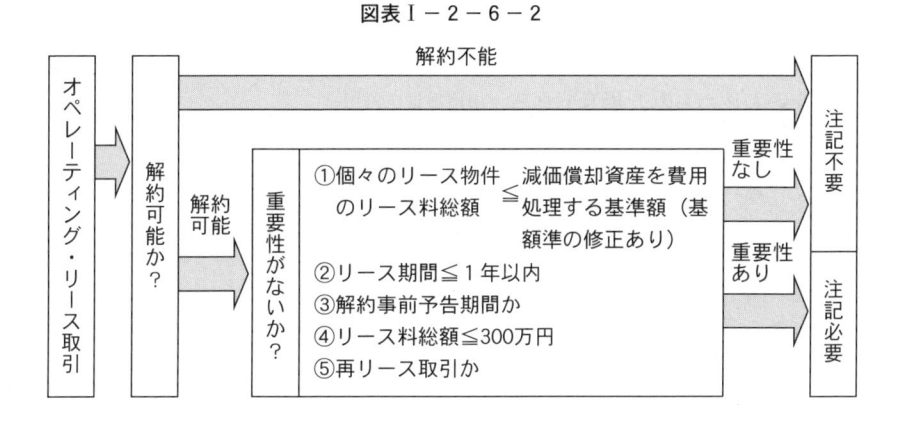

図表Ⅰ－2－6－2

```
                        解約不能
                                              ──────────────→ 注記不要
オペレ              解約                                  重要性なし
ーティ    解約    可能    重要性   ①個々のリース物件   減価償却資産を費用
ング・   可能か？          がない   のリース料総額    ≦ 処理する基準額（基
リース                    か？                          額準の修正あり）
取引                               ②リース期間≦1年以内              重要性あり
                                   ③解約事前予告期間か                       → 注記必要
                                   ④リース料総額≦300万円
                                   ⑤再リース取引か
```

8　リース取引の開示

(1) ファイナンス・リース取引の開示

① 表　　示

リース資産については，有形固定資産，無形固定資産の別に，一括して「リース資産」として表示する。但し，有形固定資産又は無形固定資産に属する各科目に含めることもできる（会計基準第16項）。また，例えば，所有権移転外ファイナンス・リースは，有形固定資産又は無形固定資産に属する各科目に含める方法を適用し，所有権移転外ファイナンス・リース取引は，「リース資産」として表示する方法を適用することもできる（会計基準第42項）。

一方，リース債務は，貸借対照表日後1年以内に支払の期限が到来するもの

は流動負債に属するものとし,貸借対照表日後1年を超えて支払の期限が到来するものは固定負債に属するものとする（会計基準第17項）。

② 注　　記

リース資産については,その内容（主な資産の種類等）及び減価償却方法を注記する。但し,重要性が乏しい場合には,当該注記を要しない（会計基準第19項）。ここで,重要性が乏しい場合とは,次の算式が成立し,リース資産総額に重要性がないと認められた場合である（適用指針第71項）。

$$リース比率 = \frac{未経過リース料の期末残高^{(注)}}{未経過リース料の期末残高^{(注)} + 有形固定資産残高 + 無形固定資産残高} < 10\%$$

（注）　なお,未経過リース料は,個々のリース資産に重要性が乏しいと判定された少額リース資産や短期のリース取引,また利息法によって利息相当額をリース期間中の各期に配分しているリース資産に係るものを除く（図表Ⅰ－1－11－1参照）。

【貸借対照表注記】

> 貸借対照表に計上したリース資産は,○○設備一式及び××設備一式についてリース契約により使用しているものです。

【重要な会計方針の注記】

> 固定資産の減価償却の方法
> 　リース資産は,リース期間を耐用年数とし,残存価額をゼロとする定額法によっております。

(2) オペレーティング・リース取引の開示

オペレーティング・リース取引のうち,「解約不能」なオペレーティング・

リース取引については，重要性が乏しい場合を除き，支払期間が貸借対照表日後1年以内と1年超に分けて，解約不能期間中の未経過リース料残高について注記する（会計基準第22項）。

第Ⅰ編　会計処理編

第3章

貸手の会計処理

1　所有権移転ファイナンス・リース取引の会計処理

(1)　会計処理の基本

　所有権移転ファイナンス・リース取引は，リース物件の売却とリース債権の回収取引である。したがって，その金融的側面に着目し，各期のリース債権残高に対して，一定の利益率になるように利息相当額（＝リース料総額－リース物件の購入価額）をリース期間にわたり利息法により配分する（会計基準第14項，適用指針第63項及び第125項）。ここでは，貸手としてのリース取引に重要性が乏しいと認められる場合の取扱いがなく（「会計基準及び適用指針の公表にあたって」の本会計基準等の概要），定額法は認められない。

　また，貸手はリース債権の回収をリース料及び割安購入選択権の行使価額で回収を図る。したがって，割安購入選択権がある場合には，その行使価額をリース料総額に含める（適用指針第61項）。

　なお，このリース債権は金融商品と考えられ，貸倒見積高の算定等において，企業会計基準第10号「金融商品に関する会計基準」の定めに従う（会計基準第41項）。

　具体的な仕訳は，取引の実態に応じて，下記の3方法のうちから選択し，継

続的に適用しなければならない。なお，第1法及び第2法は割賦販売取引で一般的に採用されている方法であり，割賦販売を行っている企業はその処理方法との整合性を考慮しなければならない（適用指針第51項，第122項及び第123項）。

なお，新基準と従来の会計処理との違いを示すと図表Ⅰ－3－1の通りである。網掛けした部分が，この項目で取り扱う部分である。

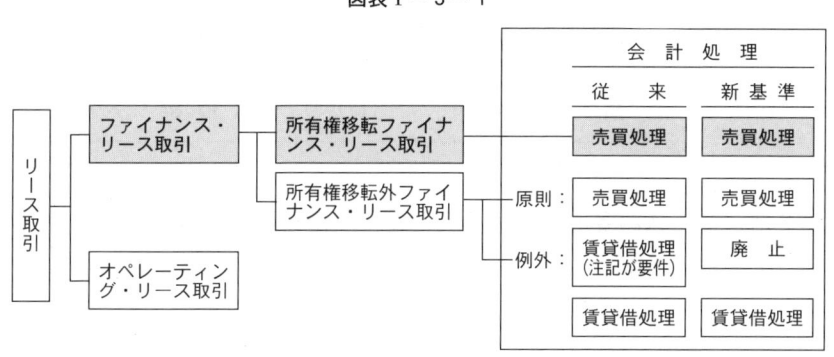

図表Ⅰ－3－1

リース取引				会計処理	
				従来	新基準
	ファイナンス・リース取引	所有権移転ファイナンス・リース取引		売買処理	売買処理
		所有権移転外ファイナンス・リース取引	原則：	売買処理	売買処理
			例外：	賃貸借処理（注記が要件）	廃止
	オペレーティング・リース取引			賃貸借処理	賃貸借処理

(2) 会計処理

会計処理方法には，次の3種類がある。

第1法　リース取引開始日に売上高と売上原価を計上する方法

① リース取引開始日

（借）リース債権	×××	（貸）売　上　高	×××
（借）売 上 原 価	×××	（貸）買　掛　金	×××

② 回収日

（借）現 金 預 金	×××	（貸）リース債権	×××
（借）繰延リース利益繰入(P/L)	×××	（貸）繰延リース利益(B/S)	×××

第Ⅰ編　会計処理編

なお，繰延リース利益（B/S）はリース債権と相殺表示する。

③ 決 算 日

（借）現 金 預 金　×××	（貸）リ ー ス 債 権　×××
（借）繰延リース利益(B/S)　×××	（貸）繰延リース利益繰入(P/L)　×××

以後の各期も同様な処理を行う。

④　借手が割安購入選択権を行使

（借）現 金 預 金　×××	（貸）リ ー ス 債 権　×××

第2法　リース料受取時に売上高と売上原価を計上する方法

① リース取引開始日

（借）リ ー ス 債 権　×××	（貸）買 　掛 　金　×××

② 回 収 日

（借）現 金 預 金　×××	（貸）売 　上 　高　×××
（借）売 上 原 価　×××	（貸）リ ー ス 債 権　×××

以後の各期も同様な処理を行う。

③　借手が割安購入選択権を行使

（借）現 金 預 金　×××	（貸）売 　上 　高　×××
（借）売 上 原 価　×××	（貸）リ ー ス 債 権　×××

第3法　売上高を計上せずに利息相当額を各期へ配分する方法
① リース取引開始日

| (借) リ ー ス 債 権　×××　　(貸) 買　　掛　　金　××× |

② 回　収　日
第1回回収日（借）現金預金

| (借) 現　金　預　金　×××　　(貸) リ ー ス 債 権　××× |
| 　　(貸) 受　取　利　息　××× |

③ 借手が割安購入選択権を行使

| (借) 現　金　預　金　×××　　(貸) リ ー ス 債 権　××× |

2　所有権移転外ファイナンス・リース取引の会計処理（原則法）

(1)　会計処理の基本

　所有権移転ファイナンス・リース取引と同様，その金融的な側面に着目し，各期のリース債権残高に対して，一定の利益率になるように利息相当額（＝リース料総額－リース物件の購入価額）をリース期間にわたり利息法により配分することを原則とする（会計基準第14項，適用指針第53項及び第126項）。

　新会計基準との比較は，図表Ⅰ－3－2を参照。

第Ⅰ編　会計処理編

図表Ⅰ-3-2

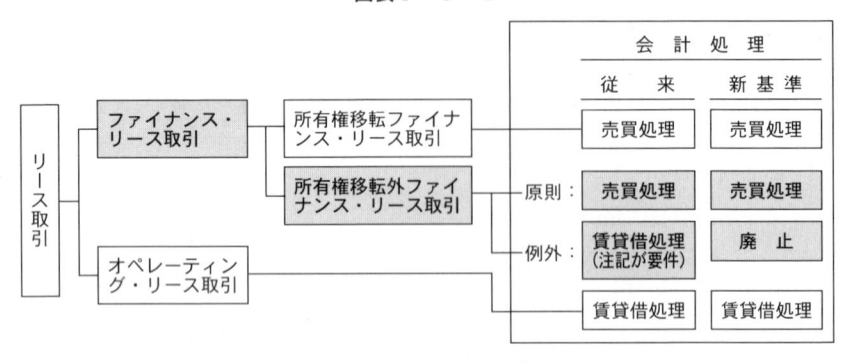

```
リース取引 ─┬─ ファイナンス・リース取引 ─┬─ 所有権移転ファイナンス・リース取引
            │                              │
            │                              └─ 所有権移転外ファイナンス・リース取引
            │
            └─ オペレーティング・リース取引
```

	会計処理	
	従来	新基準
所有権移転ファイナンス・リース取引	売買処理	売買処理
所有権移転外ファイナンス・リース取引　原則：	売買処理	売買処理
例外：	賃貸借処理（注記が要件）	廃止
オペレーティング・リース取引	賃貸借処理	賃貸借処理

　所有権移転ファイナンス・リース取引と所有権移転外ファイナンス・リース取引の回収手段に差異があることから，貸借対照表科目も異なっている（会計基準第13項，第40項及び適用指針第124項，図表Ⅰ-3-3参照）。

図表Ⅰ-3-3

	所有権移転ファイナンス・リース取引	所有権移転外ファイナンス・リース取引
回　収　手　段	リース料 割安購入選択権	リース料 見積残存価額の価値
貸借対照表科目	リース債権	リース投資資産
当該貸借対照表科目の性格	金融商品	将来のリース料を収受する権利（金融商品的な性格有）と見積残存価額から構成される複合的な資産
流動・固定の別 （会計基準18項及び44項）	●当該企業の主目的たる営業取引により発生したものである場合には流動資産 ●当該企業の主目的以外の取引により発生したものは，貸借対照表日の翌日から起算して1年以内に入金の期限が来るものは流動資産，それ以外は固定資産とする	
利息相当額の配分方法	利　息　法	原　則：利息法 簡便法：リース期間定額法

　現在，リース会社の減価償却費は，リース期間定額法を原則としている（リース会社の標準財務諸表とその主要な会計処理　昭和58年11月24日改定）。その理由は，従来，所有権移転外ファイナンス・リース取引では，一般的に賃貸借処理を採

用していたため，固定的なリース料収入に対応して，費用である減価償却費を固定的に計上させるためであった（費用収益対応の原則）。しかし，新基準においてリース会社の収入は，利息法が原則的処理方法となったことから，リース期間定額法という減価償却費の計上方法に理論的整合性はなくなったと考えられる。

(2) 会計処理

第1法　リース取引開始日に売上高と売上原価を計上する方法

① リース取引開始日

| （借）リース投資資産 | ××× | （貸）売　上　高 | ××× |
| （借）売　上　原　価 | ××× | （貸）買　掛　金 | ××× |

② 回収日

| （借）現　金　預　金 | ××× | （貸）リース投資資産 | ××× |
| （借）繰延リース利益繰入(P/L) | ××× | （貸）繰延リース利益(B/S) | ××× |

なお，繰延リース利益（B/S）はリース債権と相殺表示する。

③ 決算日

| （借）現　金　預　金 | ××× | （貸）リース投資資産 | ××× |
| （借）繰延リース利益(B/S) | ××× | （貸）繰延リース利益繰入(P/L) | ××× |

以後の各期も同様な処理を行う。

第2法　リース料受取時に売上高と売上原価を計上する方法

① リース取引開始日

| （借）リース投資資産 | ××× | （貸）買　掛　金 | ××× |

第Ⅰ編　会計処理編

② 回収日

| (借) 現 金 預 金 | ××× | (貸) 売　　上　　高 | ××× |
| (借) 売 上 原 価 | ××× | (貸) リース投資資産 | ××× |

以後の各期も同様な処理を行う。

第3法　売上高を計上せずに利息相当額を各期へ配分する方法
① リース取引開始日

| (借) リース投資資産 | ××× | (貸) 買　　掛　　金 | ××× |

② 第1回回収日・中間決算日

| (借) 現 金 預 金 | ××× | (貸) リース投資資産 | ××× |
| | | (貸) 受　取　利　息 | ××× |

以後の各期も同様な処理を行う。

3　所有権移転外ファイナンス・リース取引の会計処理（簡便法）

(1) 会計処理の基本

　貸手としてのリース取引に重要性がないと認められる場合（重要性の判定基準(1)②，43頁参照）は，利息相当額（＝リース料総額－リース物件の購入価額）をリース期間中の各期に定額で配分することができる（適用指針第59項，第60項及び第127項，第129項）。
　なお，リース取引を主たる事業としている企業はこの簡便法を採用することはできないことに留意する。

4　リース資産処分損失引当金

　前述（68頁参照）の通り，平成5年に公表されたリース会計基準及び実務指針では，所有権移転外ファイナンス・リース取引において，賃貸借処理が例外的処理として許容されていた。

　貸手がこの賃貸借処理を採用した場合，貸手は固定資産の部にリース資産を計上し，リース債権（リース投資資産勘定）を計上しないため，債権に対する貸倒引当金を設定することができなかった。

　一方，貸手が原則的処理である売買処理を採用した場合には，この債権に対する貸倒引当金を計上できる。したがって，借手の倒産等の同一のリスクに対し，賃貸借処理においても，リース資産処分損失引当金を設定して，実質的なバランスをとっていた。

　適用指針では，貸手の会計処理は売買処理に統一され，リース資産処分損失引当金で対応していたリスクは，金融商品会計基準にある貸倒見積額の算定方法に従って計上される貸倒引当金で対応することとなった（図表Ⅰ－3－4参照）。

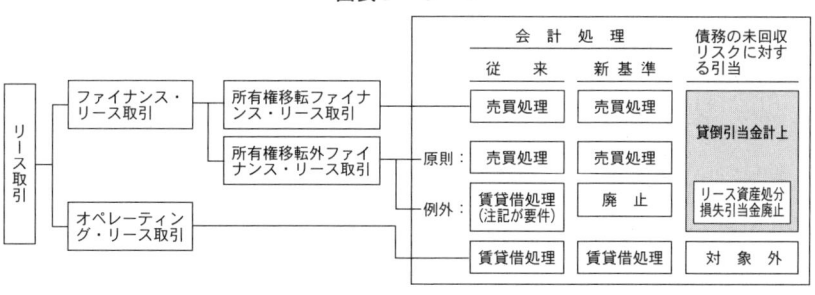

図表Ⅰ－3－4

リース取引				会計処理		債務の未回収リスクに対する引当
				従来	新基準	
	ファイナンス・リース取引	所有権移転ファイナンス・リース取引		売買処理	売買処理	貸倒引当金計上
		所有権移転外ファイナンス・リース取引	原則	売買処理	売買処理	
			例外	賃貸借処理（注記が要件）	廃止	リース資産処分損失引当金廃止
	オペレーティング・リース取引			賃貸借処理	賃貸借処理	対象外

5 ファイナンス・リース取引に係る注記

(1) 重要な会計方針

貸手の行ったリース取引がファイナンス・リース取引と判定された場合には，貸手は重要な会計方針において，次のいずれの処理を採用したかを注記する（適用指針第72項）。

① リース取引開始日に売上高と売上原価を計上する方法
② リース料受取時に売上高と売上原価を計上する方法
③ 売上高を計上せずに利息相当額を各期へ配分する方法

注記例

	従　　来	新　基　準
リース取引の処理方法	リース物件の所有権が借主に移転すると認められるもの以外のファイナンス・リース取引については，通常の賃貸借取引に係る方法に準じた会計処理によっております。	ファイナンス・リース取引については，リース取引開始日に売上高と売上原価を計上する会計処理によっております。

(2) リース投資資産の注記

将来のリース料を収受する権利（以下「リース料債権」という。）部分及び見積残存価額（リース期間終了時に見積られる残存価額で借手による保証のない額）部分の金額（各々利息相当額控除前）並びに受取利息相当額を注記する（会計基準第20項及び第45項）。

ただし，重要性が乏しい場合（重要性の判断基準42頁参照）には，当該注記を要しない（適用指針第71項）。

注 記 例

貸手の見積残存価額がある場合（268頁参照）の設例より

	×2年3月期	
リース料債権部分	48,000	＝1,000×48
見積残存価額部分	5,000	
受取利息相当額	△10,289	＝15,000－(420＋…＋364)
合計：リース投資資産	42,711	

(3) リース債権及びリース投資資産に係るリース料債権部分

所有権移転ファイナンス・リース取引におけるリース債権及び所有権移転外ファイナンス・リース取引におけるリース投資資産に係るリース料債権（将来のリース料を収受する権利）部分について，貸借対照表日後5年以内における1年ごとの回収予定額及び5年超の回収予定額を注記する（会計基準第21項及び第45項）。

ただし，重要性が乏しい場合（重要性の判定基準42頁参照）には，当該注記を要しない（適用指針第71項）。

注 記 例

貸手の見積残存価額がある場合（268頁参照）の設例より

	×2年3月期
1年以内	8,059
1年超　2年以内	8,910
2年超　3年以内	9,851
3年超　4年以内	15,892
4年超　5年以内	0
5年超	0
合　　計	42,711

第Ⅰ編　会計処理編

6　オペレーティング・リース取引

(1)　会計処理

　従来基準と新基準で会計処理に変更はなく，通常の賃貸借取引に係る方法に準じて会計処理を行う（会計基準第15項，図表Ⅰ－3－5参照）。

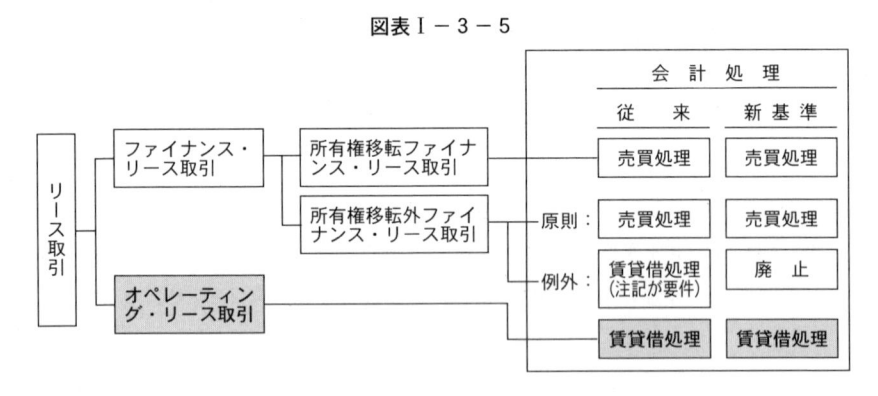

図表Ⅰ－3－5

リース取引				会計処理	
				従　来	新基準
	ファイナンス・リース取引	所有権移転ファイナンス・リース取引		売買処理	売買処理
		所有権移転外ファイナンス・リース取引	原則：	売買処理	売買処理
			例外：	賃貸借処理（注記が要件）	廃　止
	オペレーティング・リース取引			賃貸借処理	賃貸借処理

(2)　注　記

　注記も基本的に従来基準と同じである。
　解約不能のものに係る未経過リース料は，貸借対照表日後1年以内と1年超とに区分して注記する（適用指針第74項）。
　① 貸借対照表日後1年以内のリース期間に係る未経過リース料
　② 貸借対照表日後1年を超えるリース期間に係る未経過リース料
　ただし，重要性が乏しい場合には，当該注記を要しない（会計基準第22項）。
　この解約不能には，法形式上解約可能であっても，解約に際して相当の違約金を支払わなければならない等の理由から事実上解約不能と認められるものを含んでいる（適用指針第6項）。また，リース期間全体でなく，その一部分の期間について契約を解除できないものは，その期間に係る未経過リース料も注記

の対象となる。

注 記 例

	1年以内	1年超	合　計
未経過リース料	×××	×××	×××

7　重要性の判定基準

(1)　ファイナンス・リース取引

すでに，重要性の判定基準については，第1章にて解説したが，重要性の判定基準に関する理解を促進するため，図表Ⅰ－1－11－1を貸手に限定して，作表すると，図表Ⅰ－3－6の通りである。

図表Ⅰ－3－6　重要性の判断基準（ファイナンス・リース取引）と会計処理

リースの分類	会計主体	総リース資産基準		個別リース資産基準	
		判断基準	簡便処理	判断基準	簡便処理
所有権移転ファイナンス・リース	貸　手	適用なし		適用なし	
所有権移転外ファイナンス・リース	貸　手	未経過リース料等10％未満基準	利息配分額法 注記省略	適用なし	

(2)　オペレーティング・リース取引

借手と判断基準は同じである。42頁，64頁を参照。

8 適用初年度の取扱い

(1) リース取引を主たる事業としていない企業

　所有権移転外ファイナンス・リース取引につき，通常の賃貸借取引に係る方法に準じた会計処理から，通常の売買取引に係る方法に準じた会計処理に変更する場合，リース取引開始日が会計基準適用初年度開始前のリース取引（いわゆる既契約）について，以下のように処理する。

① 原則的処理

　会計基準及び適用指針に定める方法により会計処理をし，変更による影響額（適用初年度の期首までの当期純損益に係る累積的影響額）を特別損益として処理する方法（適用指針第80項及び第130項）

　この場合，会計基準適用初年度の既契約分のリース投資資産期首簿価は，貸手の基本的な会計処理（68頁参照）によらず，固定資産の適正な帳簿価額（減価償却累計額控除後）とすることができる。また，利息相当額の各期への配分は，利息法（68頁参照）によらず会計基準適用後の残存期間にわたり定額で配分することができる（適用指針第81項）。

　なお，この場合でも会計基準適用前の財務諸表の資本連結をやり直す必要はない（適用指針第132項）。

② 例外的処理

　引続き通常の賃貸借取引に係る方法に準じた会計処理を適用し，その旨及び改正前会計基準で必要とされている事項を財務諸表に注記する方法（適用指針第82項）

(2) リース取引を主たる事業としている企業

従来基準（固定資産計上）と新基準（リース投資資産計上）が混在するため，(1)における②例外的処理は適用できない（適用指針第83項）。

なお，特別目的会社等を利用して資産を保有し，ファイナンス・リース取引の貸手となる事業体は，資産の取得を繰り返さないことから処理が混在することはなく，当該リース取引を主たる事業としている企業には含まない（適用指針第131項）。

また，当該リース取引を主たる事業としている企業において，会計基準適用初年度の会計基準適用後の残存期間の各期において，当該各期における適用指針第81項を適用した場合（①原則的処理後段参照）の税引前当期純利益と第80項を適用した場合（同前段参照）の税引前当期純利益との差額を注記しなければならない（適用指針第83項，図表Ⅰ－3－7参照）。

図表Ⅰ－3－7

		既契約の処理	リース取引を主たる事業とする企業	それ以外の企業
原則法	適用指針第80項	新基準により処理し，変更による影響額を特別損益とする	適　用	適用可
例外①	適用指針第81項	リース投資資産期首簿価を固定資産の適正な簿価とできる 利息相当額の各期への配分は定額法可	適用可 重要性が乏しい場合を除き，新基準適用後の残存期間の各期において，原則法の税引前当期純損益との差額を注記	適用可
例外②	適用指針第82項	引続き賃貸借処理のまま その旨及び従来基準の注記	適用不可	

第Ⅰ編　会計処理編

(3) 四半期財務諸表における取扱い

　四半期財務諸表では，上記(1)②の例外的処理を適用した場合においても，年度の財務諸表で必要とされる注記を要しない。

　ただし，企業再編等により前年度末と比較して著しく増減しているときは，以下を注記する（会計基準第24項及び適用指針第85項）。

著しく増加した場合	著しく増加したリース取引に係るリース物件の期末残高及び未経過リース料期末残高相当額
著しく減少した場合	著しく減少したリース取引に係る前年度末のリース物件の期末残高及び未経過リース料期末残高相当額

第4章

租　税　法

1　借手の税務処理

(1)　借手のリース取引の意義と処理

①　リース取引の意義

法人税法上のリース取引とは，資産の賃貸借（所有権の移転しない土地の賃貸借その他の政令で定められたものを除く。）のうち，次の要件のすべてを満たすものをいう（法人税法第64条の2第3項）。

ⅰ）　リース期間中の中途解約が禁止されているものであること又は賃借人が中途解約する場合には未経過期間に対応するリース料の額の合計額の概ね全部（原則として90％以上）を支払うこととされているものなどであること。

ⅱ）　賃借人がリース資産からもたらされる経済的な利益を実質的に享受することができ，かつ，リース資産の使用に伴って生ずる費用を実質的に負担すべきこととされているものであること。

なお，リース期間（契約の解除をすることができないものとされている期間に限る。）において賃借人が支払うリース料の額の合計額がその資産の取得のために通常要する価額の概ね90％相当額を超える場合には，リース資産の使用に伴って生ずる費用を実質的に負担すべきこととされているものであることに該当する

第Ⅰ編　会計処理編

（法人税法施行令第131条の2第2項）と判断される。

② リース取引処理

売買処理をする（法人税法第64条の2第1項）。

(2) 税務上のリース取引

税務上のリース取引は，所有権移転外リース取引と所有権移転外リース取引以外のリース取引に分類される（法人税法施行令第48条の2第5項）。

(3) 所有権移転外リース取引

法人税法は，リース取引の定義を第64条の2第3項で行い，このリース取引のうち次の条件に該当するリース取引を定め，それ以外を所有権移転外リース取引と定義している（法人税法施行令第48条の2第5項）。

① 譲渡条件付リース取引

リース期間終了の時又はリース期間の中途において，当該リース取引に係る契約において定められている当該リース取引の目的とされている資産が無償又は名目的な対価の額で当該リース取引に係る賃借人に譲渡されるものであること。

② 割安購入選択権付リース取引

当該リース取引に係る賃借人に対し，リース期間終了の時又はリース期間の中途において目的資産を著しく有利な価額で買い取る権利が与えられているものであること。

③ 特別仕様物件または識別困難資産

目的資産の種類，用途，設置の状況等に照らし，当該目的資産がその使用可能期間中当該リース取引に係る賃借人によってのみ使用されると見込まれるものであること又は当該目的資産の識別が困難であると認められるものであること。

④ 法定耐用年数未満リース期間

リース期間が目的資産の法人税法施行令第56条（減価償却資産の耐用年数，償却率等）に規定する財務省令で定める耐用年数に比して相当短いものであること。

なお，これらの解釈については，法人税基本通達を参照されたい（第Ⅱ編第2章，191頁）。

(4) 消 費 税

① リース取引における消費税の取扱い

税務上，平成20年4月1日以後の契約分から売買処理の適用を受けることから（法人税法第64条の2），リース会社に支払う消費税は，リース取引開始時に一括して仕入税額控除する。

会計上，重要性の基準で賃借処理を選択した場合には，消費税の取扱いにおいて，特に注意が必要となる。

② 会計上のリース取引における重要性の基準

会計上，個別のリース資産に重要性がないと認められた場合，簡便的に賃貸借処理が認められる（適用指針第35項，第46項）。具体的には以下のような場合に認められる。

ⅰ） 通常の固定資産における資産計上基準以下のもの（少額リース）
ⅱ） リース期間がリース取引開始日から1年以内のもの（短期リース）
ⅲ） 企業の事業内容に照らして重要性が乏しく，リース契約1件当たりの

第Ⅰ編　会計処理編

リース料総額が300万円以下のもの（所有権移転外ファイナンス・リース取引のみ）

③　仮払消費税の計上時期

　平成20年3月31日以前のリース契約は，税務上，賃借処理が認められていたため，リース料の支払の度ごとに，その5/105%の仮払消費税を，リース期間にわたって借方計上し，年度ごとにこの仮払消費税を，消費税法上仕入控除としてきた。

　しかし，税務上，平成20年4月1日以後の契約分から売買処理となったため，支払リース料の一部は減価償却費としてみなされる。したがって，リース料の支払の度毎に仮払消費税を借方計上する従前の方法は，リース資産の減価償却費を課税仕入とすることと同義であり，自己所有の固定資産の減価償却の取扱いと同一でなくなる。

　したがって，自己所有の固定資産と同様，リース取引開始時に売買があったものとみなし，支払リース料に係る仮払消費税総額を借方計上し，その年度に一括して仕入税額控除する。

④　会計上賃借処理を選択した場合の仮払消費税

　重要性のないリース取引につき，会計上賃借処理を選択した場合，リース資産が貸借対照表に計上されないため，仮払消費税の計上方法とその算出方法が，実務上問題となる。

　仮払消費税の計上方法については，自己所有の固定資産と同様，一括で仮払消費税を計上し，相手科目を未払金等の科目で処理し，リース料の支払の度毎に取り崩す。

　仮払消費税の算出方法は以下の通りとなる。

　ⅰ）リース契約上利息相当額が明示されている場合，この利息相当額は，消費税法上，非課税仕入となるため，リース料総額から利息相当額を控除した金額の5/105%

ⅱ) リース契約上利息相当額が明示されていない場合，この利息相当額は課税仕入となり，リース料総額の5/105％

(5) その他の論点

① 租税特別措置法

ⅰ) リース税額控除廃止

この制度は，中小企業者などが平成10年6月1日から平成20年3月31日までの期間に新品の機械及び装置等を賃借し，国内にある製造業，建設業などの指定事業の用に供した場合に，その指定事業の用に供した日を含む事業年度において税額控除（リース税額控除）を認めるものであった。

従前のリース税額控除は適用期限の到来によって，廃止となり，取得に係る特別税額控除（租税特別措置法第42条の5，第42条の6，第42条の7等）の適用対象となる。

ⅱ) 特別償却制度及び圧縮記帳制度の適用除外

所有権移転外リース取引については，次のような制度の適用はない。

ア 圧縮記帳（法人税法第47条，租税特別措置法第65条の7等）
イ 特別償却（租税特別措置法第42条の5，第42条の6，第42条の7等）
ウ 少額減価償却資産の損金算入（法人税法施行令第133条）
エ 一括償却資産の損金算入（法人税法施行令第133条の2）

② 外形標準課税

所有権移転外ファイナンス・リース取引は法人税法上売買取引とされることとなった。支払リース料は会計上，リース資産相当額のリース債務と支払利息に区分され，法人税法においても会計基準と同様な処理をおおむね受け入れる。

これを受け，リース取引に係る支払利息を外形標準課税の付加価値額に含むべきかどうかという点で，関係省庁では検討が行われてきたが，このほど，外形標準課税の付加価値額に含めることになった。基本的に地方税は国税に準拠

第Ⅰ編　会計処理編

しているものであり，法人税法で所有権移転外ファイナンス・リース取引に係る支払利息が費用として認識されている以上は，リースに係る支払利息も外形標準課税の付加価値額に含まれる。

(6)　会計基準との異同

リース取引に関する処理について，会計基準と租税法の異同点は，図表Ⅰ－4－1のように整理される。

図表Ⅰ－4－1

	会 計 基 準	租 税 法
適用会社	上場企業等の金融商品取引法適用会社，大会社（資本金5億円以上または負債総額が200億円以上）に適用される。またこれらの子会社や関係会社も連結決算の関係から適用される。中小企業については「中小企業の会計に関する指針」が適用され，所有権移転外ファイナンス・リース取引の賃貸借処理が認められる。	すべての法人または個人事業者に適用される。
適用時期	平成20年4月1日以後に開始する事業年度から適用される。中間決算にも適用されるので注意が必要である。ただし四半期財務諸表についての適用は平成21年4月1日以後開始する事業年度からとなる。	平成20年4月1日以後に締結するリース契約から適用される。リース取引開始日ではないところに注意が必要である。
既契約の取り扱い	平成20年4月1日前の事業年度に締結した所有権移転外ファイナンス・リース取引については引き続き賃貸借処理される。なお，リース会計基準における早期適用に基づいて，あるいは現有するリース取引について新基準を適用し，売買処理に係る方法に準じた処理に	平成20年4月1日前に締結したリース契約については，変更前の税法が適用される。つまり変更前に賃貸借処理していたリース取引については引き続き賃貸借処理される。

第4章 租　税　法

	変更した場合には，税務処理との の差異について申告調整をする。		
売買処理	いままで賃貸借処理が認められて いた所有権移転外ファイナンス・ リース取引が売買処理となり，オ ンバランスすることになった。	会計基準と同様，所有権移転外 ファイナンス・リース取引を売買 として取り扱うこととなった。こ れにより借手が所有権移転外ファ イナンス・リース取引をオンバラ ンスした場合，リース資産をリー ス期間定額法で減価償却する。税 務申告の際には減価償却明細書の 作成・添付が必要となる。	
賃貸借処理の 取り扱い	重要性の乏しいリース取引で， リース契約1件当たりのリース料 総額が300万円以下の取引のよう な少額のものについては賃貸借処 理することができる。	上場会社が年300万円以下のリー ス取引を賃貸借処理した場合や， 中小企業が所有権移転外ファイナ ンス・リース取引を賃貸借処理し た場合は，支払ったリース料は減 価償却費用に含まれるとされてい るが，この場合は申告の際の減価 償却明細書への記載が不要となる ため，事実上いままでの賃貸借処 理と同じとなる。	

改　正　前

取引の分類		会計基準	租　税　法
ファイナンス・ リース取引	所有権移転	売買処理	売買処理
	所有権移転外	原則，売買処理 例外，賃貸借処理	賃貸借処理
オペレーティング・リース取引		賃貸借処理	賃貸借処理

改　正　後

取引の分類		会計基準	租　税　法
ファイナンス・ リース取引	所有権移転	売買処理	売買処理
	所有権移転外	売買処理	売買処理
オペレーティング・リース取引		賃貸借処理	賃貸借処理

(7) 税効果会計

　税効果会計とは，会計上の費用及び収益項目が，同一事業年度に，税務上の損金及び益金項目とならず，翌年度以降損金及び益金となる場合に，この前払税金分を繰延税金資産とし，未払税金分を繰延税金負債とする会計処理をいう。
　したがって，リース取引において，会計と税務で取扱いが異なる場合は，税効果会計の対象となる。

① 既契約取引の所有権移転外ファイナンス・リース取引

　旧リース会計基準で賃貸借処理を行っていた，平成20年4月1日以前に契約した所有権移転外ファイナンス・リース取引につき，新リース会計基準は，①リース取引開始日に遡って売買処理を適用するか（適用指針第77項），②平成20年4月1日時点で未経過リース料残高を取得価額として，期首にリース資産の取得があったものとするか（適用指針第78項），③その旨の注記を前提に賃貸借処理の継続（適用指針第79項）とするか，のいずれかの処理を選択することとしている。
　税務上は平成20年4月1日以後の契約分から売買処理の適用を受ける（法人税法64条の2）ことから，それ以前の既契約取引は全て賃貸借処理となる。したがって，上記①または②の方法（いずれも売買処理）で既契約取引を会計処理した場合，会計上認識した減価償却費，支払利息の自己否認（加算）及び賃借料の認容（減算）という申告調整が必要となる。
　この申告調整された項目は，リース契約が終了するまでに解消されるため，税効果会計の対象となり，実効税率を乗じ，繰延税金資産または繰延税金負債を計上することとなる。
　実務上は，上記③の方法を選択し，このような税務調整を行わない方法が主流となると思われるが，財務戦略上，①及び②の方法を選択し，繰延税金資産を多額に計上することも可能である。

第4章　租　税　法

②　所有権移転外ファイナンス・リース取引の減価償却方法

　所有権移転外ファイナンス・リース取引につき，税務上の減価償却計算はリース期間定額法（法人税法施行令第48条の2第1項第6号）である。これに対し，新リース会計基準では，定額法，級数法，生産高比例法等の中から企業実態に応じた方法を選択する（適用指針第28項），と規定されている。したがって，会計上，定額法以外を採用し，税務上の減価償却限度額を超過した場合，これを加算するという申告調整が必要となる。

　この申告調整された項目は，リース契約が終了するまでに解消されるため，税効果会計の対象となり，実効税率を乗じ，繰延税金資産が計上される。

2　貸手の税務処理

(1)　貸手の税務処理－受取リース料

　リース取引は，長期割賦販売等の範囲に含められることとなった（法人税法第63条第6項）。このことから，延払基準の適用が認められる（法人税法第63条第1項）。

①　延　払　基　準

次のいずれかの方法によって，収益と費用を計上する。

ⅰ）　定額法（法人税法施行令第124条第1項第1号）

　ア　収　　益
　　$$\text{リース料総額} \times \frac{\text{当該事業年度に支払期日が到来するリース料の合計額}}{\text{リース料総額}}$$

　イ　費　　用
　　$$\text{リース原価の額} \times \frac{\text{当該事業年度に支払期日が到来するリース料の合計額}}{\text{リース料総額}}$$

第Ⅰ編　会計処理編

ⅱ）　利息法（法人税法施行令第124条第1項第2号）

```
ア　収　　益
　　元本相当額＋利息相当額
イ　費　　用
　　リース原価の額×当該事業年度の月数
　　　　　　　　　リース期間月数
```

ⅲ）　特例法（法人税法施行令第124条第3項）
　　リース利益（リース料総額－リース譲渡原価）の20％に相当する利息相当額と元本相当額に区分し、それぞれ規定された方法で収益計上する。

(2)　消　費　税

　事業者が行うリース取引が、当該リース取引の目的となる資産の譲渡もしくは貸付又は金銭の貸付のいずれかに該当するかは、所得税又は法人税の課税所得の計算における取扱いの例により判定する（消費税法基本通達5－1－9）。
　詳細は、第Ⅲ編第2章（307頁）を参照されたい。

(3)　その他の論点

　減価償却、リース期間満了によるリース資産の返還等の論点がある。詳細は、第Ⅲ編第2章（326頁）を参照されたい。

第 II 編

借手編

第1章

会　　　計

1　リース取引の分類と借手の会計処理

(1)　リース取引の分類

　リース会計では，リース取引をその取引の内容に応じて分類した上で，それぞれに適した会計処理を行う。リース取引の分類と借手の会計処理との関係は次の通りである。

図表Ⅱ－1－1　リース取引の分類と会計処理

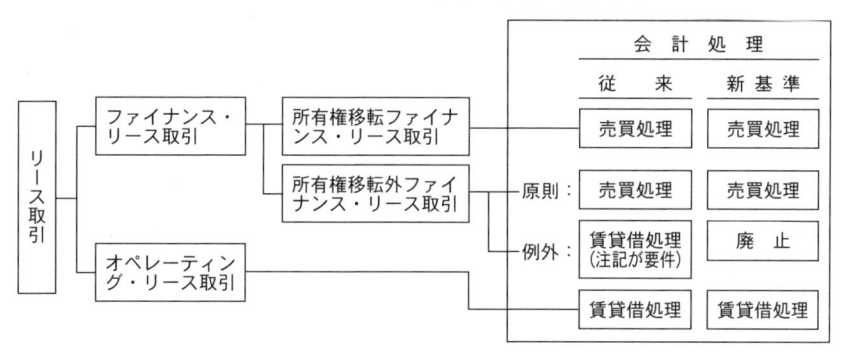

リース取引	ファイナンス・リース取引	所有権移転ファイナンス・リース取引		会計処理	
				従来	新基準
		所有権移転ファイナンス・リース取引		売買処理	売買処理
		所有権移転外ファイナンス・リース取引	原則：	売買処理	売買処理
			例外：	賃貸借処理（注記が要件）	廃止
	オペレーティング・リース取引			賃貸借処理	賃貸借処理

　まず，リース取引は，ファイナンス・リース取引とオペレーティング・リース取引に分類される。ファイナンス・リース取引は，さらに所有権移転ファイナンス・リース取引（リース契約上の諸条件に照らしてリース物件の所有権が借手に

95

移転すると認められるもの）と所有権移転外ファイナンス・リース取引（それ以外の取引）に分類される（会計基準第8項）。ファイナンス・リース取引については，通常の売買取引に係る方法に準じて会計処理を行う（会計基準第9項，適用指針第21項，第36項）。

　従来の会計基準では，ファイナンス・リース取引は，原則として通常の売買取引に係る方法に準じて会計処理するとしつつも，所有権移転外ファイナンス・リース取引については，売買処理を行った場合と同等の情報を注記で開示することを条件に，例外的に賃貸借処理に準じた処理を行うことも認められていた。平成19年に公表された新リース会計基準では，所有権移転ファイナンス・リース取引だけではなく，所有権移転外ファイナンス・リース取引についても，例外なく売買取引に準じて会計処理を行うこととなった。この変更の主な理由は次の通りである。

① 　ファイナンス・リース取引は，所有権移転ファイナンス・リース取引，所有権移転外ファイナンス・リース取引ともに，割賦販売と同等の経済実態を有しており，両者は同等の会計処理を行うべきである。

② 　しかしながら，実務上，所有権移転外ファイナンス・リース取引は，ほとんどの場合，原則処理ではなく，例外処理である賃貸借に準じた処理が適用されている。

③ 　売買処理，賃貸借処理のいずれかを選択するかで，会計処理は全く異なるものとなり，その結果財務諸表の比較可能性を損ねている。

④ 　国際的な会計基準では，所有権移転外ファイナンス・リース取引のような取引は売買処理となる。

　なお，ファイナンス・リース取引については，例外なく通常の売買取引に係る方法に準じて会計処理を行うこととなったが，依然として，リース会計基準では，所有権移転ファイナンス・リース取引と所有権移転外ファイナンス・リース取引を分類している。これは，通常の売買取引に係る方法に準じて会計処理を行った場合においても，リース資産の減価償却方法や利息相当額に関する取扱いなどに違いがあるためである。

(2) オペレーティング・リース取引

一方，オペレーティング・リース取引及び少額リース資産又は短期のリース取引においては，通常の賃貸借取引に係る方法に準じて会計処理を行うことができる（会計基準第15項，適用指針第34項，第45項）。

オペレーティング・リース取引とファイナンス・リース取引との会計処理の比較は図表Ⅰ－２－６ (63頁) を参照。

オペレーティング・リース取引は，一般的には「フルペイアウト」の要件を満たさないリース取引である。「フルペイアウト」の要件を満たさないリース取引は，「解約不能」と「解約可能」の二つのタイプに分けられることになる（詳細は後述）。会計基準では，このうち「解約不能」なオペレーティング・リース取引については，重要性が乏しい場合を除き，支払期間が貸借対照表日後１年以内と１年超に分けて，解約不能期間中の未経過リース料残高について注記することを要求している（会計基準第22項）。これは，解約不能な未経過リース料は潜在的な債権，債務であるという考え方に基づいて，売買処理に準じてリース資産（リース債務）を開示しない代わりに注記情報で開示するべきこととしたためである。

	１年以内	１年超	合計
未経過リース料	○○	○○	○○

ただし，「解約不能」なオペレーティング・リース取引においても，重要性が乏しい場合には注記は不要となる。第Ⅰ編 (48頁, 68頁) 参照。

２ リース取引の判定

(1) リース取引の判定

このように，適切な会計処理を行うため，まずリース取引をファイナンス・

第Ⅱ編　借　手　編

リース取引とオペレーティング・リース取引に分類しなければならない。ファイナンス・リース取引に該当するための条件としては，「解約不能のリース取引」かつ「フルペイアウトのリース取引」でなければならない。まず，「解約不能のリース取引」とは，リース契約に基づくリース期間の中途において当該契約を解除することができないリース取引又はこれに準ずるリース取引をいう（適用指針第5項(1)）。なお，「準ずる取引」とは，法的形式上は解約可能であるとしても，解約に際し相当の違約金を支払わなければならない等の理由から，事実上解約不能と認められるリース取引である（会計基準第36項）。一方，「フルペイアウトのリース取引」とは，借手が，当該契約に基づき使用する物件（以下「リース物件」という。）からもたらされる経済的利益を実質的に享受することができ，かつ，当該リース物件の使用に伴って生じるコストを実質的に負担することとなるリース取引をいう（適用指針第5項(2)）。

「フルペイアウト」の判定を行う具体的な基準として「現在価値基準」と「経済的耐用年数基準」がある。このいずれかに該当する場合には，「フルペイアウト」のリース取引と判断する。「現在価値基準」とは，リース料総額の現在価値が，当該リース物件を現金で購入するものと仮定した場合の合理的見積金額（以下「見積現金購入価額」という。）の概ね90％以上であるかどうかを基準とするものである（適用指針第9項(1)）。一方，「経済的耐用年数基準」とは，解約不能のリース期間が，当該リース物件の経済的耐用年数の概ね75％以上であるかどうかを基準とするものである（ただし，リース物件の特性，経済的耐用年数の

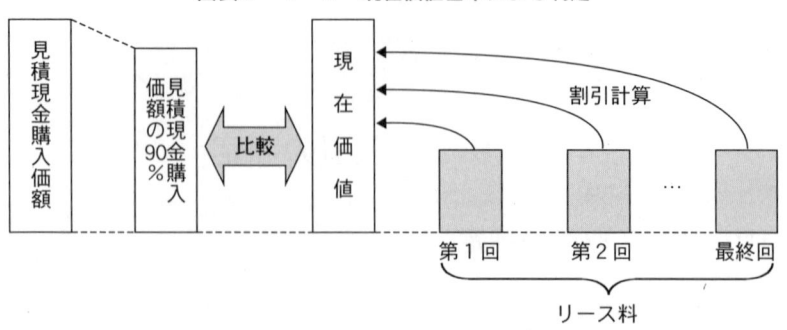

図表Ⅱ－1－2　現在価値基準による判定

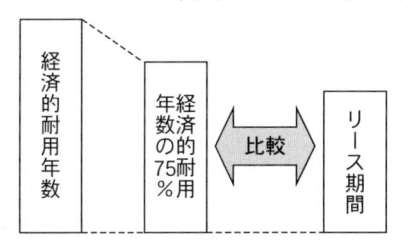

図表Ⅱ-1-3 経済的耐用年数基準による判定

経済的耐用年数 / 経済的耐用年数の75% ⇔ 比較 ⇔ リース期間

長さ,リース物件の中古市場の存在等を勘案すると,上記(1)の判定結果が90%を大きく下回ることが明らかな場合を除く。)。なお,この「経済的耐用年数」は,経済的使用可能予測期間と著しく相違がある等の不合理と認められる事情がない限り,税法耐用年数を用いて判定を行うことも認められる(適用指針第96項)。

 ファイナンス・リース取引と判定されたもののうち,1)所有権移転条項あり,2)割安購入選択権あり,3)特別仕様物件のいずれかに該当する場合には,所有権移転ファイナンス・リース取引に該当し,それ以外は,所有権移転外ファイナンス・リース取引に該当するものとする。「所有権移転条項あり」のリース取引とは,リース契約上,リース期間終了後又はリース期間の中途で,リース物件の所有権が借手に移転することとされているリース取引をいう。「割安購入選択権あり」のリース取引とは,リース契約上,借手に対して,リース期間終了後又はリース期間の中途で,名目的価額又はその行使時点のリース物件の価額に比して著しく有利な価額で買い取る権利(いわゆる割安購入選択権)が与えられており,その行使が確実に予想されるリース取引をいう。「特別仕様物件」のリース取引とは,リース物件が,借手の用途等に合わせて特別の仕様により製作又は建設されたものであって,当該リース物件の返還後,貸手が第三者に再びリース又は売却することが困難であるため,その使用可能期間を通じて借手によってのみ使用されることが明らかなリース取引をいう。

 一方,ファイナンス・リース取引と判定されなかったリース取引がオペレーティング・リース取引となる。ファイナンス・リース取引が,「解約不能」で,しかも「フルペイアウト」のリース取引なので,オペレーティング・リース取

引は「解約不能」と「フルペイアウト」の両方又はいずれかを満たさない取引ということになる。一般的には「フルペイアウト」の要件を満たさないリース取引のことをいう。フルペイアウトと判定されない取引ということは，借手にとっては実質全額負担しなくても良いということであり魅力的な取引といえる。一方，貸手にとっては，回収できなかった分を中古市場などで別途回収しなければならない。そのため，オペレーティング・リース取引は中古市場が整備されている市場，例えば自動車などの物件を対象として行われている。通常，レンタル，賃貸借と言われている取引もオペレーティング・リース取引に該当する。さらに，再リースについても，リース契約時から借手が再リースを行うことが明らかな場合を除き，原則としてオペレーティング・リース取引として取り扱う。

このリース取引の判定の流れについては，図表Ⅰ－2－1を参照。

(2) 借手が行うリース取引の判定の特徴

(1)のリース取引の判定は，貸手，借手に関係なく適用される。ただし，借手は，リース物件に関する情報が限られているため，リース取引の判定を行う場合にいくつかの特徴がある。

① 現在価値の算定に用いる割引率

まず，フルペイアウトに該当するかどうかについての具体的判定基準である現在価値基準においては，リース料総額を一定の割引率で割り引いて現在価値を算定しなければならない。現在価値を算定するための割引率は，物件をリースすることによる利回り，つまりリース料総額（見積残存価額含む。）の現在価値が当該リース物件の現金購入価額（又は借手に対する現金販売価額）と等しくなるような利率として算定される。貸手は当然にこの利率を知っているので，この利率を用いて現在価値を算定する（この利率を「貸手の計算利子率」という。）。しかしながら，貸手は，この「貸手の計算利子率」を借手には伝えない場合があ

る。また，借手は，貸手がリース物件をいくらで購入したかを知ることも稀なので，通常「貸手の計算利子率」を計算することができない。この場合，借手は追加で借入を実行した場合に適用される利子率（これを「借手の追加借入に適用される利子率」という。）を割引率として使用することが認められている（適用指針第17項）。適用指針では，具体的に，以下の利率の中からその企業にとって適当と認められるものを用いることとしている（適用指針第95項）。

1) リース期間と同一の期間におけるスワップレートに借手の信用スプレッドを加味した利率
2) 新規長期借入金等の利率（なお，この場合リース期間と同一の期間の借入れを行う場合に適用される利率を用いる。）
   ・契約時点の利率
   ・契約で行われた月の月初又は月末の利率
   ・契約が行われた月の平均利率
   ・契約が行われた半期の平均利率

② 見積現金購入価額

同じく，現在価値基準においてリース料総額の現在価値と比較するリース物件の見積現金購入価額は，借手が貸手の現金購入価額（又は借手に対する現金販売価額）を知っている場合には，この価額を使用する。しかしながら，前述した通り，通常，借手はこの価額を知り得ない。この場合，メーカー等から新たに見積書を取り寄せるなど，適当と認められる方法でリース物件の現金購入価額を見積ることになる（適用指針第95項）。

このように，借手は限られた情報の中でリース取引の判定を行う必要がある。

第Ⅱ編　借　手　編

3　ファイナンス・リース取引における　　リース資産（リース債務）の計上

(1)　リース資産とリース債務の計上

　ファイナンス・リース取引と判定されれば，借手は，リース取引開始日に，通常の売買取引に係る方法に準じた会計処理により，リース物件とこれに係る債務をリース資産及びリース債務に計上しなければならない（会計基準第10項）。リース資産及びリース債務の計上価額の考え方については，図表Ⅰ－2－2，図表Ⅰ－2－3を参照。

| （借）リ ー ス 資 産 | ○○○ | （貸）リ ー ス 債 務 | ○○○ |

　ところで，一時に多額の資金を必要とせず資産を調達する方法としては，「リース」の他に「割賦購入」がある。割賦販売は販売（購入）代金を分割して受け取る（支払う）という特殊な売買形態である。ファイナンス・リース取引は，この割賦購入と同じように経済的利益を享受することができる。平成19年のリース会計基準の改定によって，ファイナンス・リース取引は例外なく売買取引に準じた会計処理が要求されたことにより，経済的実態が同じ割賦購入の会計処理とも合致することになった。

4　ファイナンス・リース取引における　　支払リース料の処理と利息法

(1)　利息相当額の算定（支払リース料の処理）

　リース資産及びリース債務の計上価額が決まれば，自動的に全リース期間にわたる利息相当額の総額が確定する（適用指針第23項，第38項）。

> リース期間の利息相当額の総額＝リース料総額－リース債務額

例えば，リース料総額が120,000千円でリース債務が100,000千円の場合，利息相当額はその差額の20,000千円となる。仮にリース料総額120,000千円を一括に支払ったとした場合の取引開始時及びリース料支払時の仕訳は次のようになる。

① リース取引開始時の仕訳

| （借）リ ー ス 資 産　100,000　　（貸）リ ー ス 債 務　100,000 |

② リース料支払時の仕訳

| （借）リ ー ス 債 務　100,000　　（貸）現 金 預 金　120,000
（借）支 払 利 息　 20,000 |

このように，リース料の支払は，利息相当額部分とリース債務の元本返済部分とに区分し，前者は支払利息として処理し，後者はリース債務の返済元本として処理する。上記の仕訳は単純だが，実際にはリース期間は複数年にわたるので，利息相当額の総額をリース期間中の各期にどのように配分するかが問題となる。

(2) 利息法による利息相当額の各期への配分

リース会計基準では，利息相当額の総額をリース期間中に配分する方法は，原則として「利息法」によることとしている（会計基準第11項）。「利息法」とは，リース債務の未返済元本残高に一定の利率を乗じて各期の支払利息相当額を算定する方法である（適用指針第24項，第39項）。

利息法の考え方は，住宅ローンの元利均等返済をイメージすると理解しやすい。住宅ローンの場合も返済元本残高に一定の利率を乗じて支払利息を計算する。よって，返済元本残高が減少するに従って支払利息も減少する。一方，毎

回支払う返済額は一定なので，当初の返済額の内訳は元本に比べ利息の割合が高くなる。住宅ローンで当初なかなか返済元本が減らないと感じるのはこのためである。リース取引においても，リース債務の未返済元本残高が減少していくに従い，支払利息も減少していく。一方，支払うリース料は一定なので，支払当初の返済額の内訳は利息の割合が高くなる。

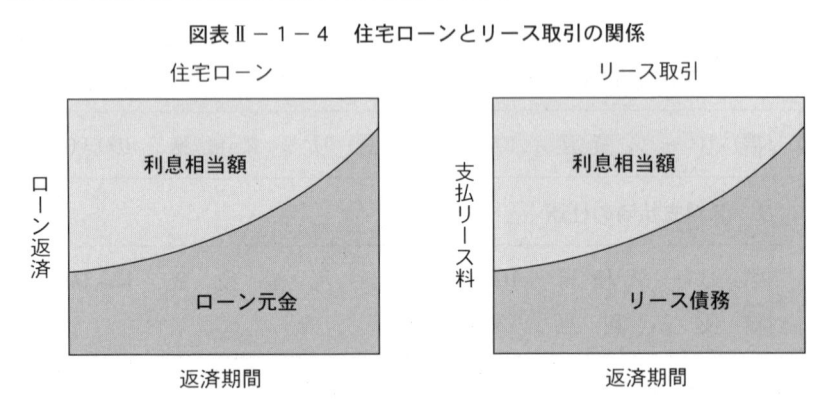

図表Ⅱ－1－4　住宅ローンとリース取引の関係

(3)　利息法で適用される利率

　利息法で適用される利率は，リース料総額の現在価値が，リース取引開始日におけるリース資産（リース債務）の計上価額と等しくなる利率として求められる（適用指針第24項）。(2)で住宅ローンと比較したが，住宅ローンの場合，借入元本と金利から結果的に支払総額が算定されるのに対して，ファイナンス・リースの場合，リース債務（住宅ローンの場合の借入元本）と支払リース料総額（住宅ローンの場合の支払総額）が先に決まり，そこから利息法によって適用される利率（住宅ローンの場合の金利）を算定する仕組みになっている。

　「リースの判定における現在価値算定のための割引率」と，「利息法で適用される利率」との関係については，図表Ⅰ－2－4を参照。

(4) 返済スケジュール表の作成

「利息法で適用される利率」が決まれば，各期に配分するべき支払利息額を算定でき，リース債務の返済スケジュール表が作成できる。なぜなら，支払利息額が確定すれば，支払リース料と支払利息額との差額としてリース債務の返済元本も確定するからである。返済スケジュール表は次の手続によって作成する。

【返済スケジュール表作成の流れ】

① リース資産及びリース債務の計上価額の算定
② 利息法で適用される利率の算定
③ ①のリース債務に②の利率を乗じて支払利息額を算定
④ 支払リース料から③の支払利息額を引いてリース債務の返済元本を算定
⑤ リース債務から④の返済元本を引いてリース債務残高を算定
⑥ 次回のリース料支払時には，⑤のリース債務残高にまた②の利率を乗じて支払利息額を算定

⋮

(以後同様の処理を繰り返す。)

⋮

具体的な計算については，設例の中で説明する。

第Ⅱ編　借　手　編

5　所有権移転ファイナンス・リース取引の設例

図表Ⅱ-1-5

		会計処理	
		従来	新基準
ファイナンス・リース取引	所有権移転ファイナンス・リース取引	売買処理	売買処理
	所有権移転外ファイナンス・リース取引（原則）	売買処理	売買処理
	所有権移転外ファイナンス・リース取引（例外）	賃貸借処理（注記が要件）	廃止
オペレーティング・リース取引		賃貸借処理	賃貸借処理

(1)　条　　件

基本情報	（解約不能の）リース期間	5年（×1年4月1日から×6年3月31日）
	貸手の購入価格	不明
	借手の見積購入価格	50,000千円
	リース料総額	60,000千円
	リース物件の経済的耐用年数	7年
	貸手の計算利子率	不明
	借手の追加借入利子率	3.0%
	リース料	毎月末1,000千円の後払い，全60回
	その他の条件	・所有権移転条項……あり ・割安購入権…………なし ・リース物件は特別仕様ではない
	固定資産の償却方法	定率法（自己所有の同種の固定資産の償却方法）
	固定資産の残存価額	ゼロ（自己所有の同種の固定資産の償却方法）

(2) リース取引の判定

① 割引率の算定

借手は「貸手の計算利子率」を知らない。よって借手が追加借入を行った場合の利子率3％をリース料総額の現在価値を算定するための割引率として使うことになる。

② 現在価値基準による判定

解約不能のリース取引なので，現在価値基準か経済的耐用年数基準のどちらかの条件に合致すればフルペイアウトのリース取引と判断され，ファイナンス・リース取引に該当することになる。現在価値基準における「現在価値」とは，将来の現金流入（流出）が仮に現在発生したらいくらになるかを示した金額で，将来キャッシュ・フローを一定の割引率で割引計算して算定する。この設例の場合，①の割引率3％を使い，各月末にリース料を1,000千円ずつ支払うことになっているので，現在価値は，以下の通りとなる。

$$現在価値 = \frac{1,000}{(1+0.03 \times 1/12)} + \frac{1,000}{(1+0.03 \times 1/12)^2} + \cdots\cdots + \frac{1,000}{(1+0.03 \times 1/12)^{60}}$$

なお，各月末支払いなので，年間の割引率3％を12で割って計算する。この計算の結果，現在価値は55,652千円となる。よって判定は，以下の通りである。

見積現金購入価額50,000千円×90％≦現在価値55,652千円

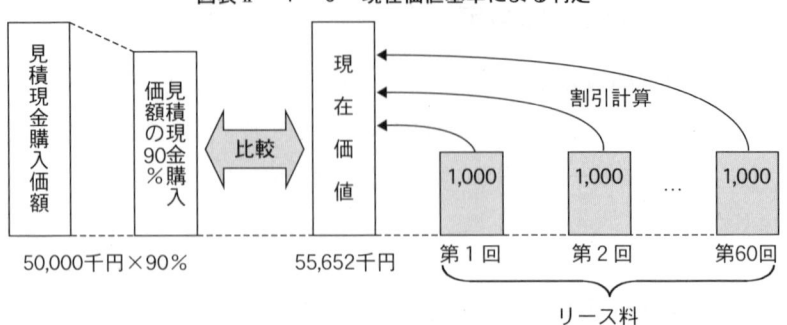

図表Ⅱ-1-6　現在価値基準による判定

見積現金購入価額　50,000千円×90%

比較

現在価値　55,652千円

割引計算

第1回 1,000／第2回 1,000／…／第60回 1,000　リース料

③　経済的耐用年数基準による判定

次に，経済的耐用年数基準による判定は，次の通りである。

```
経済的耐用年数7年×75%＞解約不能のリース期間5年
```

図表Ⅱ-1-7　経済的耐用年数基準による判定

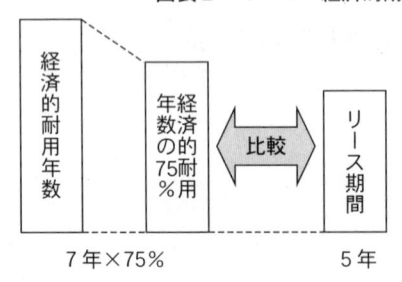

経済的耐用年数　7年×75%

比較

リース期間　5年

④　判　　定

解約不能であり，しかもフルペイアウトの具体的判定基準である現在価値基準と経済的耐用年数基準のうち，②の現在価値基準においてフルペイアウトの条件に合致するのでファイナンス・リース取引に該当する。また，所有権移転条項あり（リース期間終了時に無償でリース資産を借手に譲渡する取引）なので，所有権移転ファイナンス・リース取引に該当する。

第1章 会　　計

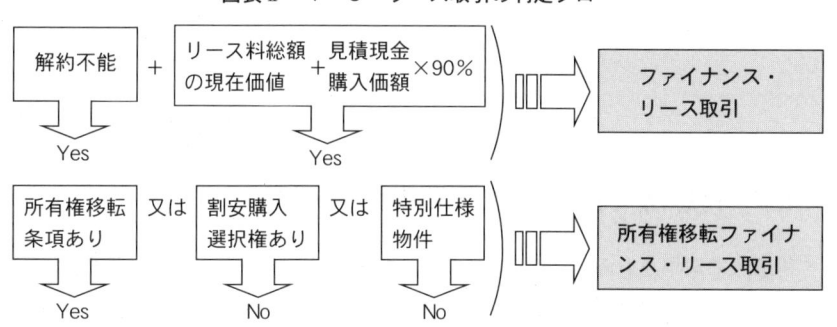

図表Ⅱ－1－8　リース取引の判定フロー

```
┌──────┐   ┌──────────┐   ┌──────────┐           ┌──────────┐
│解約不能│ + │リース料総額│ + │見積現金  │×90%      │ファイナンス・│
│      │   │の現在価値 │   │購入価額  │      ⇒    │リース取引 │
└──┬───┘   └────┬─────┘   └────┬─────┘           └──────────┘
  Yes          Yes
┌──────┐ 又は┌──────┐ 又は┌──────┐                ┌──────────────┐
│所有権移転│   │割安購入│   │特別仕様│          ⇒    │所有権移転ファイナ│
│条項あり │   │選択権あり│ │物件   │               │ンス・リース取引 │
└──┬───┘   └──┬───┘   └──┬───┘                └──────────────┘
  Yes          No           No
```

(3) リース資産及びリース債務の計上

　所有権移転ファイナンス・リース取引の場合，リース開始日におけるリース資産及びリース債務の計上価額は，原則「貸手の購入価額等」によることとしている。ただし，借手が「貸手の購入価額等」を知らない場合には，「リース料総額の現在価値」と「借手の見積現金購入価額」を比べいずれか低い額とする。今回の設例では，貸手の購入価額が不明なので，借手の見積現金購入価額50,000千円とリース料総額の現在価値55,652千円を比較し，より少ない額である50,000千円がリース資産及びリース債務の計上価額となる。

（借）リース資産	50,000千円	（貸）リース債務	50,000千円

(4) 利息相当額の算定

全リース期間にわたる利息相当額の総額は，リース料総額と(3)で決定したリース取引開始日におけるリース資産及びリース債務の差額として求められる。よって，この設例の場合，10,000千円となる。

第Ⅱ編　借　手　編

> 利息相当額の総額10,000千円＝リース料総額60,000千円
> 　　　　　　　　　　　　　　－リース債務額50,000千円

(5) 利息法で適用される利率の計算

　利息法で適用される利率は，リース料総額の現在価値が，リース取引開始日におけるリース資産及びリース債務の計上価額と等しくなる利率として求められる。この設例の場合，下記の式が成立するｒがその利率となり，計算の結果，7.42％となった。

$$\frac{1,000}{(1+r \times 1/12)} + \frac{1,000}{(1+r \times 1/12)^2} + \cdots\cdots + \frac{1,000}{(1+r \times 1/12)^{60}}$$
$$= 50,000千円$$

1,000千円：リース料総額の毎月末の支払額
50,000千円：リース取引開始日におけるリース資産及びリース債務の
　　　　　　計上額

(6) リース資産の減価償却

　次に，リース資産の減価償却費を算出する。この設例は，所有権移転ファイナンス・リース取引なので，経済的使用可能期間7年を耐用年数とする。さらに自己所有の同種の固定資産の償却方法である定率法を使用し，残存価額はゼロとなる。

> 年間の減価償却費＝帳簿価額（固定資産の未償却残高）×0.357[注]

　（注）　耐用年数が7年の場合，定率法による償却率は平成19年4月1日以降に取得された減価償却資産に適用される償却率表（減価償却資産の耐用年数等に関する

省令参照）によって，35.7%となる（この償却率で算定された償却額が償却保証額未満になった年度以降に適用される改定償却率は50.0%）。

(7) リース債務の返済スケジュール表及び減価償却表の作成

(6)までの数値が確定したら，返済スケジュール表が作成できる。また，同時にリース資産の減価償却表も作成できる。

> **（基礎情報）**
> ① リース料の総額は，60,000千円
> ② 支払いは，毎月末1,000千円ずつ支払いで60回（5年×12回）
> ③ 開始年度のリース資産及びリース債務の計上価額は50,000千円
> ④ リース料計算に適用される利率は7.42%
> ⑤ 減価償却率は35.7%（定率法）

第Ⅱ編　借　手　編

図表Ⅱ－1－9　リース債務の返済スケジュール表，リース資産の減価償却表

(単位：千円)

回数	支払月	リース債務 期首残高 A	リース料 B=①/60	返済内訳 支払利息 a=A×④×1/12	返済内訳 元本返済 b=B−a	期末残高 C=A−b	リース資産 期首簿価 D	減価償却費 E=D×⑤(注2)	期末簿価 F=D−E
0	×1／4／1					50,000			50,000
1	×1／4／30	50,000	1,000	309	691	49,309	50,000	1,488	48,513
2	×1／5／31	49,309	1,000	305	695	48,614	48,513	1,488	47,025
3	×1／6／30	48,614	1,000	301	699	47,915	47,025	1,488	45,538
4	×1／7／31	47,915	1,000	296	704	47,211	45,538	1,488	44,050
5	×1／8／31	47,211	1,000	292	708	46,503	44,050	1,488	42,563
6	×1／9／30	46,503	1,000	288	712	45,790	42,563	1,488	41,075
7	×1／10／31	45,790	1,000	283	717	45,074	41,075	1,488	39,588
8	×1／11／30	45,074	1,000	279	721	44,352	39,588	1,488	38,100
9	×1／12／31	44,352	1,000	274	726	43,627	38,100	1,488	36,613
10	×2／1／31	43,627	1,000	270	730	42,896	36,613	1,488	35,125
	…	…	…	…	…	…	…	…	…
51	×5／6／30	9,668	1,000	60	940	8,728	8,038	254	7,784
52	×5／7／31	8,728	1,000	54	946	7,782	7,784	254	7,530
53	×5／8／31	7,782	1,000	48	952	6,830	7,530	254	7,276
54	×5／9／30	6,830	1,000	42	958	5,872	7,276	254	7,021
55	×5／10／31	5,872	1,000	36	964	4,909	7,021	254	6,767
56	×5／11／30	4,909	1,000	30	970	3,939	6,767	254	6,513
57	×5／12／31	3,939	1,000	24	976	2,963	6,513	254	6,258
58	×6／1／31	2,963	1,000	18	982	1,982	6,258	254	6,004
59	×6／2／28	1,982	1,000	12	988	994	6,004	254	5,750
60	×6／3／31	994	1,000	6	994	0	5,750	254	5,496
			60,000	10,000	50,000				

（注1）　表中の網掛けした数値は，以下の仕訳で使用する数値である。
（注2）　リース資産の減価償却については，期首の帳簿価額に減価償却率を乗じて年間の減価償却費を算定し，それを12で割った額を毎月計上することとする。

(8) 仕　　訳

① リース取引開始時（×1年4月1日）の仕訳

| （借）リース資産 | 50,000 | （貸）リース債務 | 50,000 |

② 第1回リース料支払時（×1年4月30日）の仕訳

（借）リース債務	691	（貸）現金預金	1,000
（借）支払利息	309		
（借）減価償却費	1,488	（貸）減価償却累計額	1,488

③ 第2回リース料支払時（×1年5月31日）

（借）リース債務	695	（貸）現金預金	1,000
（借）支払利息	305		
（借）減価償却費	1,488	（貸）減価償却累計額	1,488

④ 最終回リース料支払時，リース物件の返却時，決算日（×6年3月31日）

（借）リース債務	994	（貸）現金預金	1,000
（借）支払利息	6		
（借）減価償却費	254	（貸）減価償却累計額	254
（借）固定資産（自己所有）	50,000	（貸）リース資産	50,000

なお，リース期間が5年であるのに対して耐用年数が7年なのでリース期間終了時においてもリース資産の償却は完了していない。リース契約上，リース期間終了後に，リース物件の所有権が借手に移転することとされている所有権移転条項があるので，リース期間終了時にリース資産を自己所有の固定資産に振り替えた上で，次期以降も減価償却を継続することになる。

第Ⅱ編 借 手 編

6 所有権移転外ファイナンス・リース取引の設例（その１）
（借手が，「貸手の購入価額」を知らない場合）

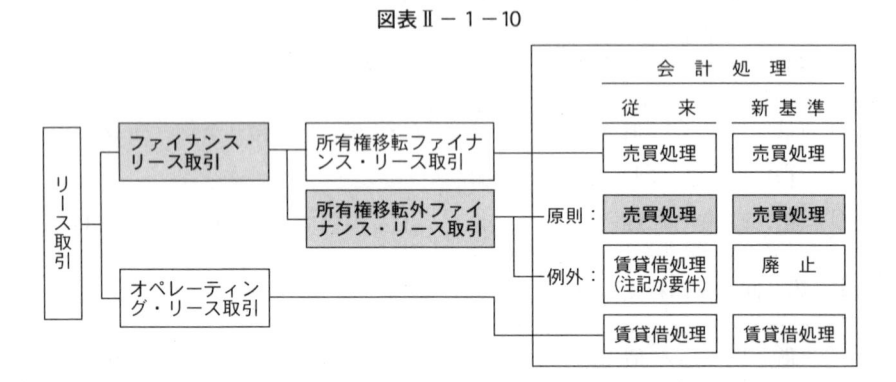

図表Ⅱ－1－10

		会計処理	
		従来	新基準
リース取引 → ファイナンス・リース取引 → 所有権移転ファイナンス・リース取引		売買処理	売買処理
→ 所有権移転外ファイナンス・リース取引	原則：	売買処理	売買処理
	例外：	賃貸借処理（注記が要件）	廃止
→ オペレーティング・リース取引		賃貸借処理	賃貸借処理

(1) 条 件

基本情報	（解約不能の）リース期間	5年（×1年4月1日から×6年3月31日）
	貸手の購入価格	不明
	借手の見積購入価格	50,000千円
	リース料総額	60,000千円
	リース物件の経済的耐用年数	7年
	貸手の計算利子率	不明
	借手の追加借入利子率	3.0%
	リース料	毎月末1,000千円の後払い，全60回
	その他の条件	・所有権移転条項……あり ・割安購入権…………なし ・リース物件は特別仕様ではない
	固定資産の償却方法	定額法（企業の実態に応じた償却方法）
	固定資産の残存価額	ゼロ（自己所有の同種の固定資産の償却方法）

(2) リース取引の判定

「5 所有権移転ファイナンス・リース取引」の設例と同じ方法によって，ファイナンス・リース取引と判定される。また，所有権移転条項，割安購入選択権，特別仕様は，いずれも該当しないので，所有権移転外ファイナンス・リース取引に該当する。

(3) リース資産及びリース債務の計上

所有権移転外ファイナンス・リース取引の場合，リース開始日におけるリース資産及びリース債務の計上価額は，「リース料総額の現在価値」と「貸手の購入価額等」のいずれか低い価額によることとしている。ただし，借手が「貸手の購入価額等」を知らない場合には，「リース料総額の現在価値」と「借手の見積現金購入価額」を比べ，いずれか低い額とする。今回の設例では，貸手の購入価額が不明なので，リース料総額の現在価値が55,652千円と，貸手の購入価額が50,000千円を比較し，より少ない額である50,000千円がリース資産及びリース債務の計上価額となる。

| (借) リース資産 | 50,000千円 | (貸) リース債務 | 50,000千円 |

(4) 利息相当額の算定

全リース期間にわたる利息相当額の総額は，リース料総額と(3)で決定したリース取引開始日におけるリース資産及びリース債務の差額として求められる。よって，この設例の場合，10,000千円となる。

利息相当額の総額10,000千円＝リース料総額60,000千円
　　　　　　　　　　　　　　－リース債務額50,000千円

第Ⅱ編　借　手　編

(5) 利息法で適用される利率の計算

　利息法で適用される利率は，リース料総額の現在価値が，リース取引開始日におけるリース資産及びリース債務の計上価額と等しくなる利率として求められる。この設例の場合，下記の式が成立するrがその利率となり，計算の結果，7.42％となった。

$$\frac{1,000}{(1+r\times1/12)}+\frac{1,000}{(1+r\times1/12)^2}+\cdots\cdots+\frac{1,000}{(1+r\times1/12)^{60}}=50,000千円$$

1,000千円：リース料総額の毎月末の支払額
50,000千円：リース取引開始日におけるリース資産及びリース債務の
　　　　　　計上額

(6) リース資産の減価償却

　次に，リース資産の減価償却費を算出する。この設例は，所有権移転外ファイナンス・リース取引なので，リース期間5年を耐用年数とし，さらに定額法を使用し，残存価額はゼロとなる。

年間の減価償却費＝開始年度のリース資産及びリース債務の計上価額
　　　　　　　　　50,000×0.2 (注)

　（注）　0.2：耐用年数5年における定額法の償却率

(7) リース債務の返済スケジュール表及び減価償却表の作成

(6)までの数値が確定したら，返済スケジュール表が作成できる。また，同時にリース資産の減価償却表も作成できる。

> **（基礎情報）**
> ① リース料の総額は，60,000千円
> ② 支払いは，毎月末1,000千円ずつ支払いで60回（5年×12回）
> ③ 開始年度のリース資産及びリース債務の計上価額は50,000千円
> ④ リース料計算に適用される利率は7.42％
> ⑤ 減価償却率は20％（定額法）

第Ⅱ編　借　手　編

図表Ⅱ－1－11　リース債務の返済スケジュール表，リース資産の減価償却表

(単位：千円)

回数	支払月	リース債務					リース資産		
		期首残高 A	リース料 B=①/60	返済内訳		期末残高 C=A－b	期首簿価 D	減価償却費 E=D×⑤ (注2)	期末簿価 F=D－E
				支払利息 a=A×④×1/12	元本返済 b=B－a				
0	×1/4/1					50,000			50,000
1	×1/4/30	50,000	1,000	309	691	49,309	50,000	833	49,167
2	×1/5/31	49,309	1,000	305	695	48,614	49,167	833	48,333
3	×1/6/30	48,614	1,000	301	699	47,915	48,333	833	47,500
4	×1/7/31	47,915	1,000	296	704	47,211	47,500	833	46,667
5	×1/8/31	47,211	1,000	292	708	46,503	46,667	833	45,833
6	×1/9/30	46,503	1,000	288	712	45,790	45,833	833	45,000
7	×1/10/31	45,790	1,000	283	717	45,074	45,000	833	44,167
8	×1/11/30	45,074	1,000	279	721	44,352	44,167	833	43,333
9	×1/12/31	44,352	1,000	274	726	43,627	43,333	833	42,500
10	×2/1/31	43,627	1,000	270	730	42,896	42,500	833	41,677
…	…	…	…	…	…	…	…	…	…
51	×5/6/30	9,668	1,000	60	940	8,728	8,333	833	7,500
52	×5/7/31	8,728	1,000	54	946	7,782	7,500	833	6,667
53	×5/8/31	7,782	1,000	48	952	6,830	6,667	833	5,833
54	×5/9/30	6,830	1,000	42	958	5,872	5,833	833	5,000
55	×5/10/31	5,872	1,000	36	964	4,909	5,000	833	4,167
56	×5/11/30	4,909	1,000	30	970	3,939	4,167	833	3,333
57	×5/12/31	3,939	1,000	24	976	2,963	3,333	833	2,500
58	×6/1/31	2,963	1,000	18	982	1,982	2,500	833	1,667
59	×6/2/28	1,982	1,000	12	988	994	1,667	833	833
60	×6/3/31	994	1,000	6	994	0	833	833	0
			60,000	10,000	50,000				

（注1）表中の網掛けした数値は，以下の仕訳で使用する数値である。
（注2）リース資産の減価償却については，期首の帳簿価額に減価償却率を乗じて年間の減価償却費を算定し，それを12で割った額を毎月計上することとする。

第1章 会　　計

(8) 仕　　訳

① リース取引開始時（×1年4月1日）の仕訳

| （借）リ ー ス 資 産 | 50,000 | （貸）リ ー ス 債 務 | 50,000 |

② 第1回リース料支払時（×1年4月30日）の仕訳

（借）リ ー ス 債 務	691	（貸）現 金 預 金	1,000
（借）支 払 利 息	309		
（借）減 価 償 却 費	833	（貸）減価償却累計額	833

③ 第2回リース料支払時（×1年5月31日）

（借）リ ー ス 債 務	695	（貸）現 金 預 金	1,000
（借）支 払 利 息	305		
（借）減 価 償 却 費	833	（貸）減価償却累計額	833

④ 最終回リース料支払時，リース物件の返却時，決算日（×6年3月31日）

（借）リ ー ス 債 務	994	（貸）現 金 預 金	1,000
（借）支 払 利 息	6		
（借）減 価 償 却 費	833	（貸）減価償却累計額	833
（借）固 定 資 産	50,000	（貸）リ ー ス 資 産	50,000

　なお，リース期間が耐用年数なので，リース期間終了時にはリース資産の減価償却は完了している。よって，リース期間終了時には，特に会計処理は要しない。ただし，間接法によって処理されているので，リース資産と減価償却累計額の相殺消去の仕訳が必要となる。

119

第Ⅱ編　借　手　編

7　所有権移転外ファイナンス・リース取引の設例（その２）（支払条件の違い）

　6の設例は，毎月末にリース料を支払う条件だったが，支払条件を四半期ごと（各四半期末に支払う。），半期ごと（各半期末に支払う。），1年ごと（年度末に支払う。）とした場合も同様の処理をすることになる。

　以下において，6の設例において支払条件が違う場合のリース債務の返済スケジュール表，リース資産の減価償却表及び仕訳を示す。

(1)　四半期ごとに支払う場合

（基礎情報）
① 　リース料の総額は，60,000千円
② 　支払いは，各四半期末3,000千円ずつ支払いで20回（5年×4回）
③ 　開始年度のリース資産及びリース債務の計上価額は50,000千円
④ 　リース料計算に適用される利率は7.21％
⑤ 　減価償却率は20％（定額法）

第1章 会　　計

図表Ⅱ－1－12　リース債務の返済スケジュール表，リース資産の減価償却表

（単位：千円）

回数	支払月	リース債務					リース資産		
		期首残高 A	リース料 B=①/20	返済内訳		期末残高 C=A-b	期首簿価 D	減価償却費 E=D×⑤（注2）	期末簿価 F=D-E
				支払利息 a=A×④×1/12	元本返済 b=B-a				
0	×1／4／1					50,000			50,000
1	×1／6／30	50,000	3,000	901	2,099	47,901	50,000	2,500	47,500
2	×1／9／30	47,901	3,000	864	2,136	45,765	47,500	2,500	45,000
3	×1／12／31	45,765	3,000	825	2,175	43,590	45,000	2,500	42,500
4	×2／3／31	43,590	3,000	786	2,214	41,376	42,500	2,500	40,000
5	×2／6／30	41,376	3,000	746	2,254	39,122	40,000	2,500	37,500
6	×2／9／30	39,122	3,000	705	2,295	36,828	37,500	2,500	35,000
7	×2／12／31	36,828	3,000	664	2,336	34,491	35,000	2,500	32,500
8	×3／3／31	34,491	3,000	622	2,378	32,113	32,500	2,500	30,000
9	×3／6／30	32,113	3,000	579	2,421	29,692	30,000	2,500	27,500
10	×3／9／30	29,692	3,000	535	2,465	27,228	27,500	2,500	25,000
11	×3／12／31	27,228	3,000	491	2,509	24,719	25,000	2,500	22,500
12	×4／3／31	24,719	3,000	446	2,554	22,164	22,500	2,500	20,000
13	×4／6／30	22,164	3,000	400	2,600	19,564	20,000	2,500	17,500
14	×4／9／30	19,564	3,000	353	2,647	16,917	17,500	2,500	15,000
15	×4／12／31	16,917	3,000	305	2,695	14,222	15,000	2,500	12,500
16	×5／3／31	14,222	3,000	256	2,744	11,478	12,500	2,500	10,000
17	×5／6／30	11,478	3,000	207	2,793	8,685	10,000	2,500	7,500
18	×5／9／30	8,685	3,000	157	2,843	5,842	7,500	2,500	5,000
19	×5／12／31	5,842	3,000	105	2,895	2,947	5,000	2,500	2,500
20	×6／3／31	2,947	3,000	53	2,947	0	2,500	2,500	0
			60,000	10,000	50,000				

（注1）　表中の網掛けした数値は，以下の仕訳で使用する数値である。
（注2）　リース資産の減価償却については，期首の帳簿価額に減価償却率を乗じて年間の減価償却費を算定し，それを12で割った額を毎月計上することとする。

第Ⅱ編　借　手　編

① リース取引開始時（×1年4月1日）の仕訳

| (借) リ ー ス 資 産 | 50,000 | (貸) リ ー ス 債 務 | 50,000 |

② 第1回四半期リース料支払時（×1年6月30日）の仕訳

(借) リ ー ス 債 務	2,009	(貸) 現 金 預 金	3,000
(借) 支 払 利 息	901		
(借) 減 価 償 却 費	2,500	(貸) 減価償却累計額	2,500

③ 最終回リース料支払時，リース物件の返却時，決算日（×6年3月31日）

(借) リ ー ス 債 務	2,947	(貸) 現 金 預 金	3,000
(借) 支 払 利 息	53		
(借) 減 価 償 却 費	2,500	(貸) 減価償却累計額	2,500
(借) 固 定 資 産	50,000	(貸) リ ー ス 資 産	50,000

(2)　半期ごとに支払う場合

（基礎情報）

① リース料の総額は，60,000千円
② 支払いは，半期末6,000千円ずつ支払いで10回（5年×2回）
③ 開始年度のリース資産及びリース債務の計上価額は50,000千円
④ リース料計算に適用される利率は6.92％
⑤ 減価償却率は20％（定額法）

第1章 会　　計

図表Ⅱ－1－13　リース債務の返済スケジュール表，リース資産の減価償却表

(単位：千円)

回数	支払月	リース債務					リース資産		
		期首残高 A	リース料 B=①/10	返済内訳		期末残高 C=A-b	期首簿価 D	減価償却費 E=D×⑤ (注2)	期末簿価 F=D-E
				支払利息 a=A×④×1/12	元本返済 b=B-a				
0	×1/4/1					50,000			50,000
1	×1/9/30	50,000	6,000	1,730	4,270	45,730	50,000	5,000	45,000
2	×2/3/31	45,730	6,000	1,582	4,418	41,312	45,000	5,000	40,000
3	×2/9/30	41,312	6,000	1,429	4,571	36,742	40,000	5,000	35,000
4	×3/3/31	36,742	6,000	1,271	4,729	32,013	35,000	5,000	30,000
5	×3/9/30	32,013	6,000	1,108	4,892	27,121	30,000	5,000	25,000
6	×4/3/31	27,121	6,000	938	5,062	22,059	25,000	5,000	20,000
7	×4/9/30	22,059	6,000	763	5,237	16,823	20,000	5,000	15,000
8	×5/3/31	16,823	6,000	582	5,418	11,405	15,000	5,000	10,000
9	×5/9/30	11,405	6,000	395	5,605	5,799	10,000	5,000	5,000
10	×6/3/31	5,799	6,000	201	5,799	0	5,000	5,000	0
			60,000	10,000	50,000				

(注)　表中の網掛けした数値は，以下の仕訳で使用する数値である。

① リース取引開始時（×1年4月1日）の仕訳

(借) リ ー ス 資 産　50,000　(貸) リ ー ス 債 務　50,000

② 第1回半期末リース料支払時（×1年9月30日）の仕訳

(借) リ ー ス 債 務　4,270　(貸) 現 金 預 金　6,000
(借) 支 払 利 息　1,730
(借) 減 価 償 却 費　5,000　(貸) 減価償却累計額　5,000

第Ⅱ編　借　手　編

③　最終回リース料支払時，リース物件の返却時，決算日（×6年3月31日）

（借）リ ー ス 債 務	5,799	（貸）現 金 預 金	6,000
（借）支 払 利 息	201		
（借）減 価 償 却 費	5,000	（貸）減価償却累計額	5,000
（借）固 定 資 産	50,000	（貸）リ ー ス 資 産	50,000

(3) 年度ごとに支払う場合

（基礎情報）
①　リース料の総額は，60,000千円
②　支払いは，年度末12,000千円ずつ支払いで5回（5年×1回）
③　開始年度のリース資産及びリース債務の計上価額は50,000千円
④　リース料計算に適用される利率は6.40％
⑤　減価償却率は20％（定額法）

図表Ⅱ－1－14 リース債務の返済スケジュール表，リース資産の減価償却表

(単位：千円)

回数	支払月	リース債務					リース資産		
		期首残高 A	リース料 B=①/5	返済内訳 支払利息 a=A×④×1/12	返済内訳 元本返済 b=B-a	期末残高 C=A-b	期首簿価 D	減価償却費 E=D×⑤(注2)	期末簿価 F=D-E
0	×1／4／1					50,000			50,000
1	×2／3／31	50,000	12,000	3,201	8,799	41,201	50,000	10,000	40,000
2	×3／3／31	41,201	12,000	2,638	9,362	31,839	40,000	10,000	30,000
3	×4／3／31	31,839	12,000	2,038	9,962	21,877	30,000	10,000	20,000
4	×5／3／31	21,877	12,000	1,401	10,599	11,278	20,000	10,000	10,000
5	×6／3／31	11,278	12,000	722	11,278	0	10,000	10,000	0
			60,000	10,000	50,000				

(注) 表中の網掛けした数値は，以下の仕訳で使用する数値である。

① リース取引開始時（×1年4月1日）の仕訳

(借)リース資産	50,000	(貸)リース債務	50,000

② 第1回年度末リース料支払時（×2年3月31日）の仕訳

(借)リース債務	8,799	(貸)現金預金	12,000
(借)支払利息	3,201		
(借)減価償却費	10,000	(貸)減価償却累計額	10,000

③ 最終回リース料支払時，リース物件の返却時，決算日（×6年3月31日）

(借)リース債務	11,278	(貸)現金預金	12,000
(借)支払利息	722		
(借)減価償却費	10,000	(貸)減価償却累計額	10,000
(借)固定資産	50,000	(貸)リース資産	50,000

なお，この設例は，第Ⅳ編第3章連結財務諸表の事例で使用している。

第Ⅱ編　借　手　編

8　所有権移転外ファイナンス・リース取引の設例（その3）
　　（借手が，「貸手の購入価額」を知っている場合）

図表Ⅱ－1－15

		会計処理	
		従来	新基準
	所有権移転ファイナンス・リース取引	売買処理	売買処理
所有権移転外ファイナンス・リース取引　原則：		売買処理	売買処理
例外：		賃貸借処理（注記が要件）	廃止
オペレーティング・リース取引		賃貸借処理	賃貸借処理

(1)　条　　件

基本情報	(解約不能の) リース期間	5年（×1年4月1日から×6年3月31日）
	貸手の購入価格	50,000千円
	貸手の見積残存価額	5,000千円
	借手の見積購入価格	50,000千円
	リース料総額	60,000千円
	リース物件の経済的耐用年数	7年
	借手の追加借入利子率	3.0%
	リース料	毎月末1,000千円の後払い，全60回
	その他の条件	・所有権移転条項……あり ・割安購入権…………なし ・リース物件は特別仕様ではない
	固定資産の償却方法	定額法（企業の実態に応じた償却方法）
	固定資産の残存価額	ゼロ

(2) リース取引の判定

① 割引率の算定

借手は，貸手のリース物件の購入価額50,000千円及び見積残存価額5,000千円を知っている。「貸手の計算利子率」は，「リース料総額と見積残存価額の合計額の現在価値が当該リース物件の現金購入価額（又は借手に対する現金販売価額）と等しくなるような利率」として計算できる。よって，現在価値を算定するための割引率として「貸手の計算利子率」を使用することができる。

$$\frac{1,000}{(1+r \times 1/12)} + \frac{1,000}{(1+r \times 1/12)^2} + \cdots\cdots + \frac{1,000}{(1+r \times 1/12)^{60}} = 50,000 千円$$

この式が成立するrが「貸手の計算利子率」となる。r＝10.08％。なお，上記の計算において，見積残存価額5,000千円も計算要素に加えることになるので，注意が必要である。

② 現在価値基準による判定

①で算定された「貸手の計算利子率」10.08％をリース料総額の現在価値を算定するための割引率として使い，さらに各期末に1,000千円支払うので，現在価値は，以下の通りとなる。

$$現在価値 = \frac{1,000}{(1+0.1008 \times 1/12)} + \frac{1,000}{(1+0.1008 \times 1/12)^2} + \cdots\cdots + \frac{1,000}{(1+0.1008 \times 1/12)^{60}}$$

この計算の結果現在価値は46,974千円となる。よって判定は，以下の通りである。

見積現金購入価額50,000千円×90％≦現在価値46,974千円

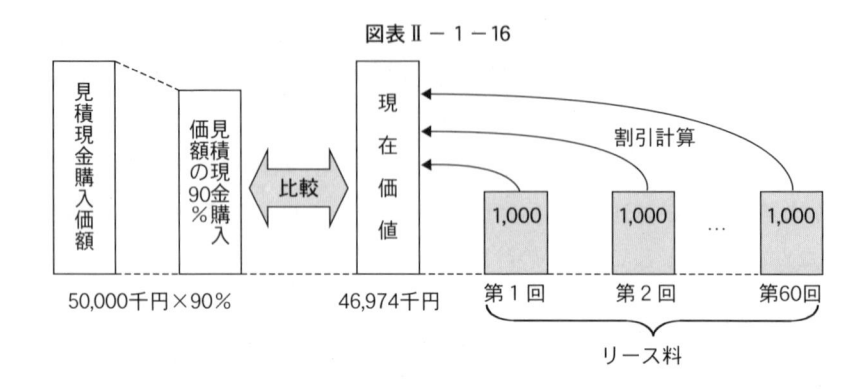

図表Ⅱ－1－16

③ 経済的耐用年数基準による判定

次に，経済的耐用年数基準による判定は，次の通りである。

経済的耐用年数7年×75％＞解約不能のリース期間5年

図表Ⅱ－1－17

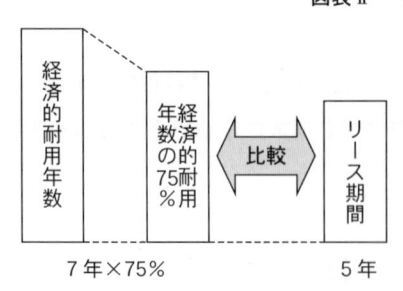

④ 判　　定

解約不能であり，しかもフルペイアウトの具体的判定基準である現在価値基準と経済的耐用年数基準のうち，②の現在価値基準においてフルペイアウトの条件に合致するのでファイナンス・リース取引に該当する。また，所有権移転条項，割安購入選択権，特別仕様は，いずれも該当しないので，所有権移転外

ファイナンス・リース取引に該当する。

図表Ⅱ-1-18

```
[解約不能] + (リース料総額の現在価値 ≦ 見積現金購入価額 × 90%) ⇒ ファイナンス・リース取引
   Yes              Yes

[所有権移転条項あり] 又は [割安購入選択権あり] 又は [特別仕様物件] ⇒ 所有権移転外ファイナンス・リース取引
   Yes              No                    No
```

(3) リース資産及びリース債務の計上

　所有権移転外ファイナンス・リース取引の場合，リース開始日におけるリース資産及びリース債務の計上価額は，「リース料総額の現在価値」と「貸手の購入価額等」のいずれか低い価額によることとしている。ただし，借手が「貸手の購入価額等」を知らない場合には，「リース料総額の現在価値」と「借手の見積現金購入価額」を比べ，いずれか低い額とする。今回の設例では，リース料総額の現在価値が46,974千円で，貸手の購入価額の50,000千円と比較し，より少ない額である46,974千円がリース資産及びリース債務の計上価額となる。

（借）リース資産　　46,974千円　　（貸）リース債務　　46,974千円

(4) 利息相当額の算定

　全リース期間にわたる利息相当額の総額は，リース料総額と(3)で決定したリース取引開始日におけるリース資産及びリース債務の差額として求められる。よって，この設例の場合，13,026千円となる。

第Ⅱ編　借　手　編

> 利息相当額の総額13,026千円＝リース料総額60,000千円
> 　　　　　　　　　　　　　－リース債務額46,974千円

(5) 利息法で適用される利率の計算

　利息法で適用される利率は，リース料総額の現在価値が，リース取引開始日におけるリース資産及びリース債務の計上価額と等しくなる利率として求められる。この設例の場合，下記の式が成立するrがその利率となり，計算の結果，10.08％となった。なお，リース料総額の現在価値がリース資産及びリース債務の計上価額となったので，リースの判定における「現在価値算定のための割引率」と「利息法で適用される利率」は10.08％で一致する。

$$\frac{1,000}{(1+r \times 1/12)} + \frac{1,000}{(1+r \times 1/12)^2} + \cdots\cdots + \frac{1,000}{(1+r \times 1/12)^{60}} = 46,974千円$$

> 1,000千円：リース料総額の毎月末の支払額
> 46,974千円：リース取引開始日におけるリース資産及びリース債務の
> 　　　　　　計上額

(6) リース資産の減価償却

　次に，リース資産の減価償却費を算出する。この設例は，所有権移転外ファイナンス・リース取引なので，リース期間5年を耐用年数とし，さらに定額法を使用し，残存価額はゼロとなる。

> 年間の減価償却費＝開始年度のリース資産及びリース債務の計上価額
> 　　　　　　　　46,974×0.2 [注]

（注）　耐用年数5年における定額法の償却率。

(7) リース債務の返済スケジュール表及び減価償却表の作成

(6)までの数値が確定したら，返済スケジュール表が作成できる。また，同時にリース資産の減価償却表も作成できる。

（基礎情報）
① 　リース料の総額は，60,000千円
② 　支払いは，毎月末1,000千円ずつ支払いで60回（5年×12回）
③ 　開始年度のリース資産及びリース債務の計上価額は46,974千円
④ 　リース料計算に適用される利率10.08％
⑤ 　減価償却率は20.0％（定額法）

第Ⅱ編 借 手 編

図表Ⅱ－1－19　リース債務の返済スケジュール表，リース資産の減価償却表

(単位：千円)

回数	支払月	リース債務					リース資産		
		期首残高 A	リース料 B=①/60	返済内訳		期末残高 C=A-b	期首簿価 D	減価償却費 E=D×⑤ (注2)	期末簿価 F=D-E
				支払利息 a=A×④×1/12	元本返済 b=B-a				
0	×1／4／1					46,974			46,974
1	×1／4／30	46,974	1,000	395	605	46,369	46,974	783	46,191
2	×1／5／31	46,369	1,000	390	610	45,758	46,191	783	45,408
3	×1／6／30	45,758	1,000	385	615	45,143	45,408	783	44,625
4	×1／7／31	45,143	1,000	379	621	44,522	44,625	783	43,842
5	×1／8／31	44,522	1,000	374	626	43,896	43,842	783	43,060
6	×1／9／30	43,896	1,000	369	631	43,265	43,060	783	42,277
7	×1／10／31	43,265	1,000	364	636	42,629	42,277	783	41,494
8	×1／11／30	42,629	1,000	358	642	41,987	41,494	783	40,711
9	×1／12／31	41,987	1,000	353	647	41,340	40,711	783	39,928
10	×2／1／31	41,340	1,000	347	653	40,687	39,928	783	39,145
	･･･	･･･	･･･	･･･	･･･	･･･	･･･	･･･	･･･
51	×5／6／30	9,553	1,000	80	920	8,634	7,829	783	7,046
52	×5／7／31	8,634	1,000	73	927	7,706	7,046	783	6,263
53	×5／8／31	7,706	1,000	65	935	6,771	6,263	783	5,480
54	×5／9／30	6,771	1,000	57	943	5,828	5,480	783	4,697
55	×5／10／31	5,828	1,000	49	951	4,877	4,697	783	3,914
56	×5／11／30	4,877	1,000	41	959	3,918	3,914	783	3,132
57	×5／12／31	3,918	1,000	33	967	2,951	3,132	783	2,349
58	×6／1／31	2,951	1,000	25	975	1,976	2,349	783	1,566
59	×6／2／28	1,976	1,000	17	983	992	1,566	783	783
60	×6／3／31	992	1,000	8	992	0	783	783	0
			60,000	13,026	46,974				

(注1)　表中の網掛けした数値は，以下の仕訳で使用する数値である。
(注2)　リース資産の減価償却については，年間の減価償却額を12で割った額を毎月計上することとする。

(8) 仕　訳

① リース取引開始時（×1年4月1日）の仕訳

(借) リ ー ス 資 産　46,974	(貸) リ ー ス 債 務　46,974

② 第1回リース料支払時（×1年4月30日）の仕訳

(借) リ ー ス 債 務　　605	(貸) 現 金 預 金　1,000
(借) 支 払 利 息　　395	
(借) 減 価 償 却 費　　783	(貸) 減価償却累計額　　783

③ 第2回リース料支払時（×1年5月31日）

(借) リ ー ス 債 務　　610	(貸) 現 金 預 金　1,000
(借) 支 払 利 息　　390	
(借) 減 価 償 却 費　　783	(貸) 減価償却累計額　　783

④ 最終回リース料支払時，リース物件の返却時，決算日（×6年3月31日）

(借) リ ー ス 債 務　　992	(貸) 現 金 預 金　1,000
(借) 支 払 利 息　　　8	
(借) 減 価 償 却 費　　783	(貸) 減価償却累計額　　783
(借) 固 定 資 産　46,974	(貸) リ ー ス 資 産　46,974

なお，リース期間が耐用年数なので，リース期間終了時にはリース資産の減価償却は完了している。よって，リース期間終了時には，特に会計処理は要しない。ただし，間接法によって処理されているので，リース資産と減価償却累計額の相殺消去の仕訳が必要となる。

第Ⅱ編　借　手　編

9　計算ソフト（Excel）を利用しての
　　リース取引の処理

　リース取引の判定においては，現在価値の算定や利率の計算など複雑な計算を行わなければならない。また，返済スケジュールの作成や減価償却表など手間のかかる作業もある。Excel を活用することにより，これらの作業の手間を削減することができる。

(1)　借手におけるリース取引の判定

　まず，リース取引を判定する際に，表計算ソフトが活用できる。8 の所有権移転外ファイナンス・リース取引の設例に基づいて説明する。この設例では，借手は，貸手のリース物件の購入価額50,000千円及び見積残存価額5,000千円を知っているので，以下の算式で「貸手の計算利子率」が計算できるとした。

$$\frac{1,000}{(1+r\times 1/12)} + \frac{1,000}{(1+r\times 1/12)^2} + \cdots\cdots + \frac{1,000}{(1+r\times 1/12)^{60}} = 50,000千円$$

　この式が成立する r は，10.08％であるが，この利子率の計算は，Excel におけるＩＲＲ関数を使用することによって計算できる。ＩＲＲ関数は投資の内部利益率（Internal Rate of Return）を求める関数で，具体的には「＝ＩＲＲ（投資と収入の範囲を指定）」を入力することにより算定できる。

　まず，Excel において，横軸に，リース開始日 0 と，支払回数（1から60）を入力する。また，それぞれの支払月（×1/4/1から×6/3/30）を入力する。さらに，リース開始日 0 の欄に貸手の購入価額として△50,000を入力する。リース物件の購入価額は，貸手にとって投資なので，この内部利益率の計算では，マ

第1章　会　　　計

イナスの数値として入力する（図表Ⅱ－1－20）。

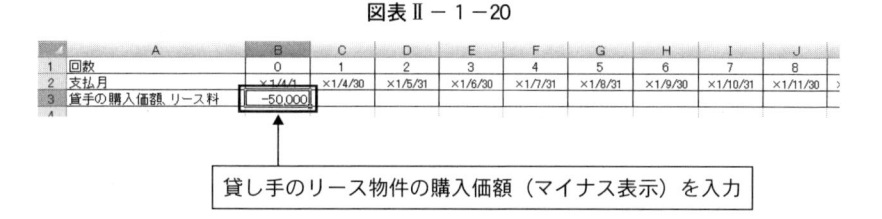

図表Ⅱ－1－20

	A	B	C	D	E	F	G	H	I	J
1	回数	0	1	2	3	4	5	6	7	8
2	支払月	×1/4/1	×1/4/30	×1/5/31	×1/6/30	×1/7/31	×1/8/31	×1/9/30	×1/10/31	×1/11/30
3	貸手の購入価額、リース料	−50,000								

貸し手のリース物件の購入価額（マイナス表示）を入力

次に、支払い回数の1から59回までの箇所に、毎回のリース料の支払額である1,000を入力する（図表Ⅱ－1－21）。

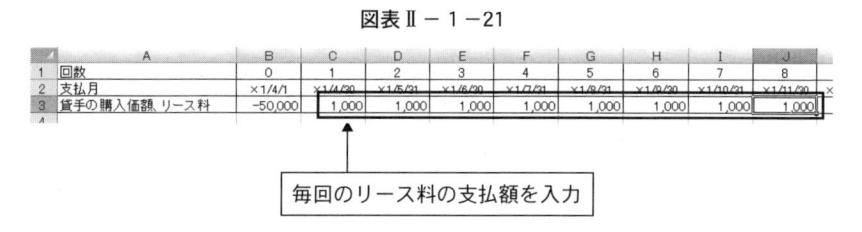

図表Ⅱ－1－21

	A	B	C	D	E	F	G	H	I	J
1	回数	0	1	2	3	4	5	6	7	8
2	支払月	×1/4/1	×1/4/30	×1/5/31	×1/6/30	×1/7/31	×1/8/31	×1/9/30	×1/10/31	×1/11/30
3	貸手の購入価額、リース料	−50,000	1,000	1,000	1,000	1,000	1,000	1,000	1,000	1,000

毎回のリース料の支払額を入力

第60回は、リース料（1,000）に、見積残存価額（5,000）を加えた6,000を入力する（図表Ⅱ－1－22）。

図表Ⅱ－1－22

AZ	BA	BB	BC	BD	BE	BF	BG	BH	BI	BJ
50	51	52	53	54	55	56	57	58	59	60
×5/5/31	×5/6/30	×5/7/31	×5/8/31	×5/9/30	×5/10/31	×5/11/30	×5/12/31	×6/1/31	×6/2/28	×6/3/31
1,000	1,000	1,000	1,000	1,000	1,000	1,000	1,000	1,000	1,000	6,000

毎回のリース料と見積残存価額の合計額を入力

次に、貸手の計算利子率を計算するセルを選択した上で、関数の挿入ボタンをクリックすると（図表Ⅱ－1－23）、図表Ⅱ－1－24のような〈関数の挿入〉ダイアログボックスが表示される。そこで、このダイアログボックスの関数名の部分について、ＩＲＲを選択した上で、〈ＯＫ〉をクリックする。

第Ⅱ編　借　手　編

図表Ⅱ－1－23

2　関数の挿入をクリックする。

	A	B	C	D	E	F	G
1	回数	0	1	2	3	4	5
2	支払月	×1/4/1	×1/4/30	×1/5/31	×1/6/30	×1/7/31	×1/8/31
3	貸手の購入価額、リース料	-50,000	1,000	1,000	1,000	1,000	1,000
4							
5							
6	貸手の計算利子率						
7							
8							

1　貸し手の計算利子率を計算するセルを選択して

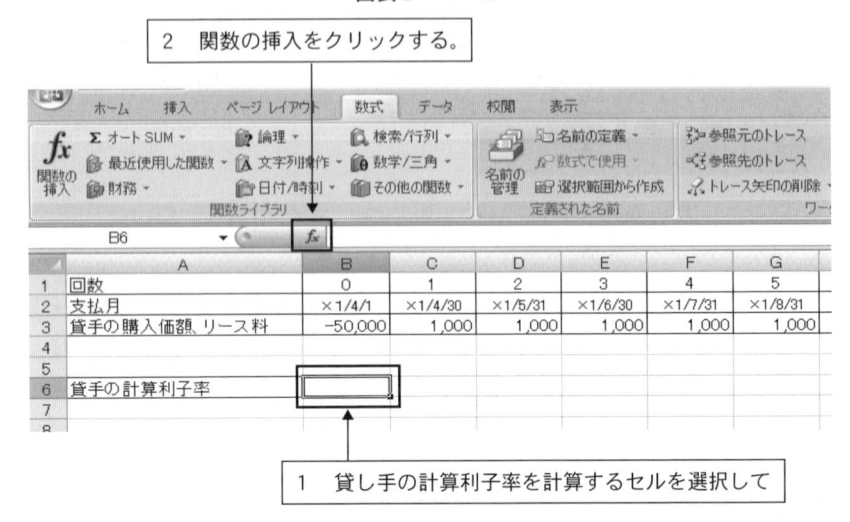

図表Ⅱ－1－24

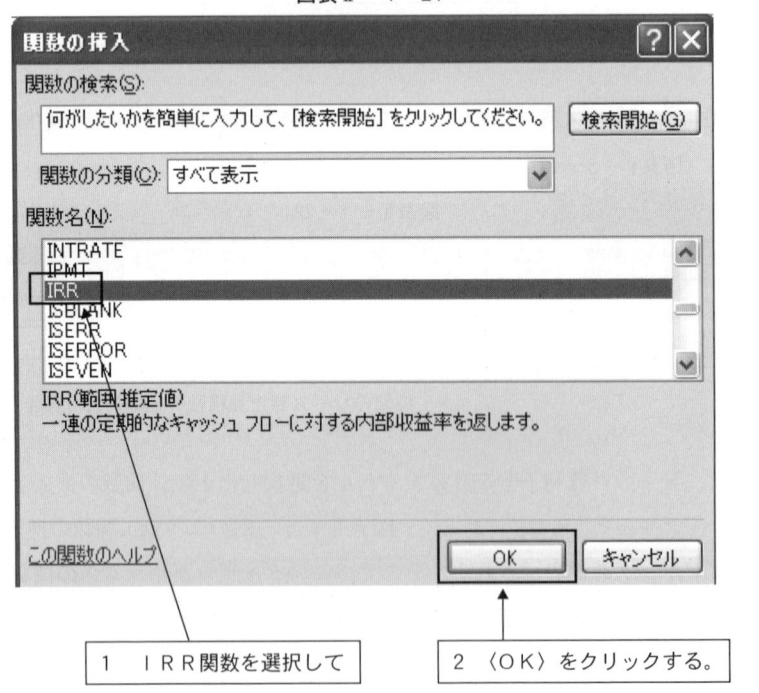

1　IRR関数を選択して

2　〈OK〉をクリックする。

第1章 会　　計

次に，〈関数の引数〉ダイアログボックスが表示されるので，範囲の箇所に，貸手の購入価額，リース料の部分を指定する。この表では，B3：BJ3と入力することになる。また，推定値には，IRR関数が計算する内部利益率に近いと推定される数値を指定する。今回では，0.01と入力する（図表Ⅱ－1－25）。

図表Ⅱ－1－25

1　範囲に B3：BJ3 を入力し，推定値に 0.01 を入力する。

2　〈OK〉をクリックする。

すると，選択したセルにおいて，貸手の計算利子率が計算される。ただし，これにより計算された貸手の計算利子率は，月間の利子率（0.84％）なので，この数値を12倍して，年間の利子率（10.08％）を算定する（図表Ⅱ－1－26）。

図表Ⅱ－1－26

	A	B	C	D	E
1	回数	0	1	2	3
2	支払月	×1/4/1	×1/4/30	×1/5/31	×1/6/30
3	貸手の購入価額、リース料	-50,000	1,000	1,000	1,000
4					
5					
6	貸手の計算利子率(月)	0.84%			
7	貸手の計算利子率(年)	10.08%			
8					

＝B6＊12 を入力して，年利子率を算定する。

第Ⅱ編 借　手　編

なお，今回は貸手の計算利子率の計算において，ＩＲＲ関数を利用したが，利息法で適用される利率を計算する際にも，同様に利用できる。

(2) 現在価値の計算

次に，現在価値を算定する。「8　所有権移転外ファイナンス・リース取引」の設例において，現在価値基準で必要となるリース料総額の現在価値は以下の式で算定できるとした。

$$現在価値 = \frac{1,000}{(1+0.1008 \times 1/12)} + \frac{1,000}{(1+0.1008 \times 1/12)^2} + \cdots\cdots + \frac{1,000}{(1+0.1008 \times 1/12)^{60}}$$

現在価値の計算は，ExcelのＮＰＶ関数の機能を使用することによって計算できる。ＮＰＶ関数は投資に伴うキャッシュ・フローの現在価値を求める関数で，ＮＰＶは正味現在価値 (Net Present Value) を意味する。現在価値を求めるために入力する関数は，「＝ＮＰＶ（割引率，将来の現金流入（流出）の範囲を指定）」で示される。

まず，Excelにおいて，横軸に，支払い回数（1から60）を入力する。また，それぞれの支払月（×1/4/30から×6/3/30）を入力する。次に，割引率の欄に10.08％を入力し，支払い回数の1から60回までの欄に，毎回のリース料の支払額である1,000を入力する（図表Ⅱ－1－27）。

第1章 会　　計

図表Ⅱ－1－27

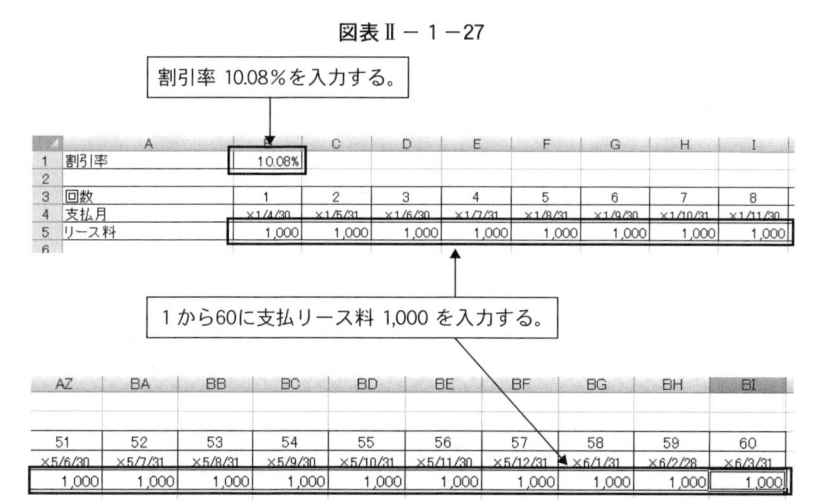

割引率 10.08％を入力する。

	A	B	C	D	E	F	G	H	I
1	割引率		10.08%						
2									
3	回数	1	2	3	4	5	6	7	8
4	支払月	×1/4/30	×1/5/31	×1/6/30	×1/7/31	×1/8/31	×1/9/30	×1/10/31	×1/11/30
5	リース料	1,000	1,000	1,000	1,000	1,000	1,000	1,000	1,000
6									

1から60に支払リース料1,000を入力する。

AZ	BA	BB	BC	BD	BE	BF	BG	BH	BI
51	52	53	54	55	56	57	58	59	60
×5/6/30	×5/7/31	×5/8/31	×5/9/30	×5/10/31	×5/11/30	×5/12/31	×6/1/31	×6/2/28	×6/3/31
1,000	1,000	1,000	1,000	1,000	1,000	1,000	1,000	1,000	1,000

　次に，現在価値を計算するセルを選択した上で，関数の挿入ボタンをクリックすると（図表Ⅱ－1－28），(1)と同様に図表Ⅱ－1－29のような〈関数の挿入〉ダイアログボックスが表示される。そこで，このダイアログボックスの関数名の部分について，NPVを選択した上で，〈OK〉をクリックする。

図表Ⅱ－1－28

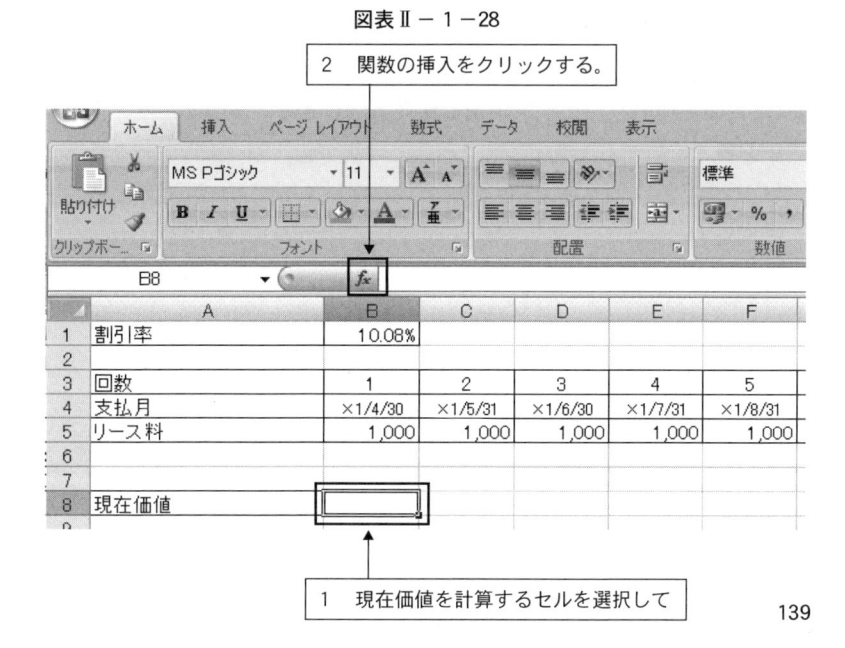

2　関数の挿入をクリックする。

	A	B	C	D	E	F
1	割引率	10.08%				
2						
3	回数	1	2	3	4	5
4	支払月	×1/4/30	×1/5/31	×1/6/30	×1/7/31	×1/8/31
5	リース料	1,000	1,000	1,000	1,000	1,000
6						
7						
8	現在価値					

1　現在価値を計算するセルを選択して

第Ⅱ編　借　手　編

図表Ⅱ－1－29

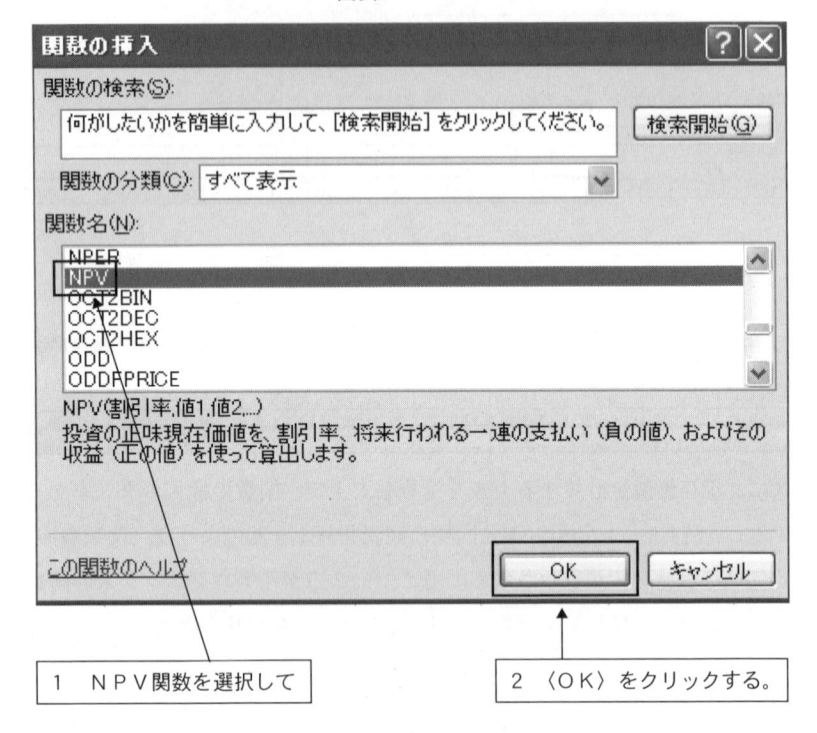

```
関数の挿入                              [?][X]
関数の検索(S):
┌─────────────────────────────┐  ┌────────┐
│何がしたいかを簡単に入力して、[検索開始]をクリックしてください。│  │検索開始(G)│
└─────────────────────────────┘  └────────┘
関数の分類(C): [すべて表示           ▼]
関数名(N):
┌─────────────────────────────┐
│NPER                                     ▲│
│NPV                                       │
│OCT2BIN                                   │
│OCT2DEC                                   │
│OCT2HEX                                   │
│ODD                                       │
│ODDFPRICE                                ▼│
└─────────────────────────────┘
NPV(割引率,値1,値2,...)
投資の正味現在価値を、割引率、将来行われる一連の支払い（負の値）、およびその
収益（正の値）を使って算出します。


この関数のヘルプ                    [  OK  ]  [キャンセル]
```

　1　NPV関数を選択して　　　　　　　2　〈OK〉をクリックする。

　次に，〈関数の引数〉ダイアログボックスが表示されるので，割引率の欄に割引率と値1に範囲を入力する。なお，この表では，割引率は年利となっているので，これを12で割って入力し（B1/12），値1には，B5：BI5を入力することになる（図表Ⅱ－1－30）。

第1章 会　　計

図表Ⅱ－1－30

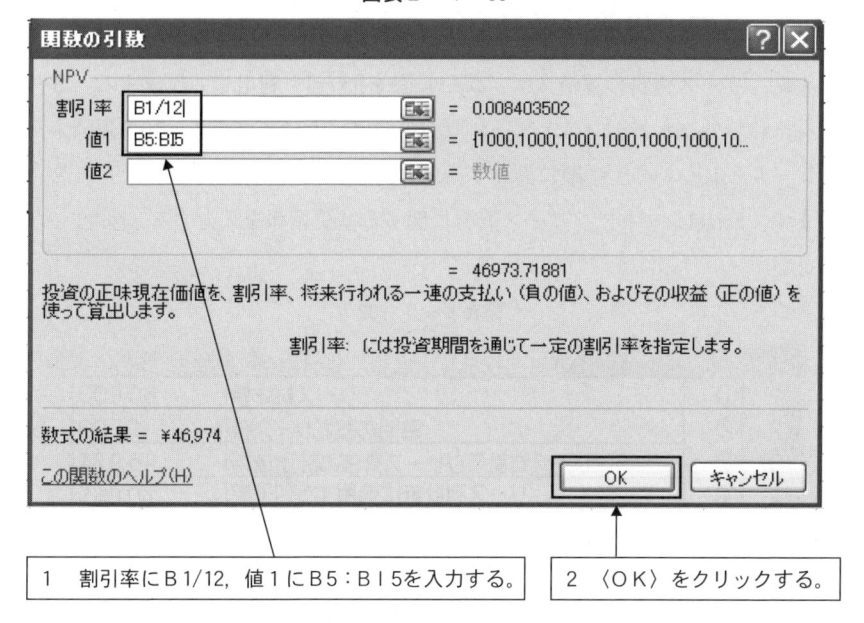

[関数の引数ダイアログ: NPV　割引率 B1/12 = 0.008403502　値1 B5:B15 = {1000,1000,1000,1000,1000,1000,10...　値2 = 数値　= 46973.71881　数式の結果 = ¥46,974]

1　割引率にB1/12，値1にB5：B15を入力する。

2　〈OK〉をクリックする。

すると，選択したセルにおいて，現在価値が計算される（図表Ⅱ－1－31）。

図表Ⅱ－1－31

	A	B	C	D	E	F
1	割引率	10.08%				
2						
3	回数	1	2	3	4	5
4	支払月	×1/4/30	×1/5/31	×1/6/30	×1/7/31	×1/8/31
5	リース料	1,000	1,000	1,000	1,000	1,000
6						
7						
8	現在価値	46,974				

現在価値が算定される。

141

第Ⅱ編　借　手　編

(3) リース債務の返済スケジュール表の作成

次に，リース債務の返済スケジュール表をExcelを利用して作成する。8の所有権移転外ファイナンス・リース取引の設例における図表Ⅱ－16の返済スケジュール表について，手順に沿ってExcelで作成する。

まず，Excelシートに，リース取引に関する基礎情報を入力する（図表Ⅱ－1－32）。

図表Ⅱ－1－32

	A	B	C	D	E	F
1	①				リース料総額	60,000
2	②				毎月の支払リース料	1,000
3	③				リース資産及びリース負債の計上価格	46,974
4	④				リース料計算に適用する利子率	10.08%

次に，入力した基礎情報をもとに，図表Ⅱ－1－33の表の数値を，順次入力していく。

① まず，リース取引開始時点におけるリース債務計上額（46,974）を入力する。

② また，毎月支払うリース料（1,000）を入力する。

③ 次に，リース債務額（D13）に，利子率（F4）を乗じて，支払利息（年間）を計算し，これを12で割ることによって，支払利息（月）を計算する。

④ 支払リース料（E13）に支払利息（F13）を引いて，リース料の内，元本返済分を算定する。

⑤ リース債務（D13）に元本返済分（G13）を引いて，リース料支払後のリース債務残高を計算する。

⑥ このリース債務残高をもとに，次回のリース料支払時の計算を順次行う。

第1章 会　　計

図表Ⅱ－1－33

	A	B	C	D	E	F	G	H
1	①				リース料総額	60,000		
2	②				毎月の支払リース料	1,000		
3	③			リース資産及びリース負債の計上価額		46,974		
4	④			リース料計算に適用する利子率		10.08%		
5								
6								
7						リース債務		
8	回数	支払月		リース債務	リース料			リース債務
9						支払利息	元本返済	
10				A	B=①/12 又は②	a=A×④ ×1/12	b=B-a	C=A-b
11								
12	0	×1/4/1						46,974
13	1	×1/4/30		46,974	1,000	395	605	46,369
14	2	×1/5/31		46,369	1,000	390	610	45,758
15	3	×1/6/30		45,758	1,000	385	615	45,143
16	4	×1/7/31		45,143	1,000	379	621	44,522
17	5	×1/8/31		44,522	1,000	374	626	43,896
18	6	×1/9/30		43,896	1,000	369	631	43,265
19	7	×1/10/31		43,265	1,000	364	636	42,629
20	8	×1/11/30		42,629	1,000	358	642	41,987

4　＝E13－F13と入力する。
5　＝D13－G13と入力する。
1　③の数値を入力する。
2　②の数値を入力する。
3　＝D13＊F4/13と入力する。

なお，Excelシートにおけるリース取引の計算が正しくなされたかどうかの検証方法としては，最終回のリース料支払の終了後に，リース債務がゼロとなっているかで確かめられる。また，支払利息とリース債務の合計が，当初予定どおりの数値となっているかでも確認ができる（図表Ⅱ－1－34）。

第Ⅱ編　借　手　編

図表Ⅱ－1－34

63	51	×5/6/30	9,553	1,000	80	920	8,633
64	52	×5/7/31	8,633	1,000	73	927	7,706
65	53	×5/8/31	7,706	1,000	65	935	6,771
66	54	×5/9/30	6,771	1,000	57	943	5,827
67	55	×5/10/31	5,827	1,000	49	951	4,876
68	56	×5/11/30	4,876	1,000	41	959	3,917
69	57	×5/12/31	3,917	1,000	33	967	2,950
70	58	×6/1/31	2,950	1,000	25	975	1,975
71	59	×6/2/28	1,975	1,000	17	983	992
72	60	×6/3/31	992	1,000	8	992	0
73				60,000	13,026	46,974	
74							

リース債務残高がゼロとなっている。

10　残 価 保 証

9までで，借手におけるファイナンス・リース取引の基本的な処理を説明した。以下においては，今まで説明しなかった特殊論点について説明する。

(1)　リース料総額の調整について

リース期間を通じて，借手が貸手に支払うリース料が，「リース料総額」である。リース契約では，「リース料総額」をリース期間（月，半年，年間）で分割して，一定額ずつ支払うことになる。一方，リース会計では，「リース料総額」の現在価値を算定し，この現在価値をもとに判断や計算を行う場面がある。具体的には，図表Ⅱ－1－35のそれぞれの局面において，リース料総額の現在価値が使われる。

図表Ⅱ－1－35　リース料総額の現在価値を使う場面

1	現在価値基準でリース取引を判定する際	フルペイアウトの具体的判定基準である現在価値基準では，リース料総額の現在価値と見積現金購入価額の90％を比較して判定する。
2	リース資産（リース債務）の計上価額を決定する際	リース資産（リース債務）の計上価額は，リース料総額の現在価値と借手の見積現金購入価額や貸手の現金購入価額と比較して決定する。
3	利息法で適用される利率を算定する局面	利息法で適用される利率は，リース料総額の現在価値が，リース取引開始日におけるリース資産（リース債務）の計上価額と等しくなる利率として求められる。

　しかしながら，残価保証や割安購入選択権がある場合や，さらにはリース料に含まれる維持管理費用相当額等の金額が重要な場合には，リース料総額を調整した上で，現在価値を算定しなければならない。以下においては，残価保証や割安購入選択権などが何かについて説明した上で，どのような処理を行うかについて解説する。

(2)　残価保証とは

　リース契約においては，リース期間終了時にリース物件の処分価額が契約上取り決めた保証価額に満たない場合，借手が貸手にその不足額を支払う義務が課せられる場合がある。このような取決めを「残価保証」という。残価保証は貸手がリース期間終了時にリース物件を処分することが前提となるので，所有権移転外ファイナンス・リース取引における一つの契約形態である。

(3)　残価保証がある場合の現在価値の算定

　残価保証の取決めがある場合には，所有権移転外ファイナンス・リース取引の会計処理上，リース料総額に残価保証額を含めて現在価値を算出しなければならない（適用指針第15項）。よって，図表Ⅱ－1－35のそれぞれの局面で留意

が必要となる。

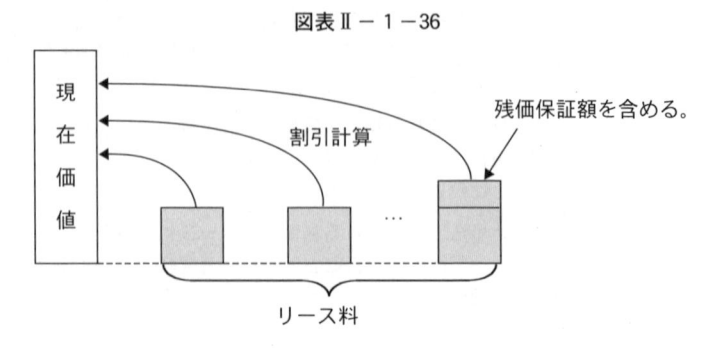

図表Ⅱ－1－36

割引計算　　残価保証額を含める。

現在価値

リース料

(4) 残価保証がある場合のリース資産の償却

所有権移転外ファイナンス・リース取引の場合，原則的に残存価額はゼロとする。しかしながら，リース契約上残価保証の取決めがある場合，当該残価保証額を残存価額とする（適用指針第27項）。ただし，これは残価保証額がリース終了時の見積時価と大幅に乖離していないことが前提となる。よって，見積時価と大幅に乖離している特殊な場合には，実態を反映した会計処理が必要となる（適用指針第113項）。

(5) リース期間終了時の処理

通常，所有権移転外ファイナンス・リース取引の場合，リース資産と減価償却累計額との相殺消去の処理（間接法）以外，リース期間終了時においては，特に会計処理を要しない。ただし，リース契約に残価保証の取決めがある場合は，貸手に対する不足額（残価保証額と実際の売却額との差額）の確定時に，当該不足額を「リース資産売却損等」として処理する（適用指針第29項）。

以下の設例をもとに，説明する。なお，以下の設例においては，簡便的にリース料を年1回払いとする。

(6) 残価保証の設例

① 条　件

<table>
<tr><td rowspan="8">基本情報</td><td>（解約不能の）リース期間</td><td>10年（×1年4月1日から×11年3月31日）</td></tr>
<tr><td>貸手の購入価格</td><td>不明</td></tr>
<tr><td>貸手の見積残存価格</td><td>不明</td></tr>
<tr><td>借手の見積購入価格</td><td>100,000千円</td></tr>
<tr><td>リース料総額</td><td>120,000千円</td></tr>
<tr><td>リース物件の経済的耐用年数</td><td>15年</td></tr>
<tr><td>借手の追加借入利子率</td><td>3.0％</td></tr>
<tr><td>リース料</td><td>毎月末12,000千円の後払い，全10回</td></tr>
<tr><td></td><td>その他の条件</td><td>・所有権移転条項……あり
・割安購入権…………なし
・リース物件は特別仕様ではない</td></tr>
<tr><td></td><td>固定資産の償却方法</td><td>定額法（企業の実態に応じた償却方法）</td></tr>
<tr><td rowspan="2">追加情報</td><td>残価保証</td><td>リース契約には，リース終了時に借手がリース物件の処分価額を5,000千円まで保証する条項（残価保証）が付されている。</td></tr>
<tr><td>処　分</td><td>実際には，リース期間終了時に2,000千円で処分された。</td></tr>
</table>

② リース取引の判定

　5,000千円を保証する内容の残価保証の取決めがあるので，リース料総額に残価保証額を含めて現在価値を算出する必要がある。割引率3％を用いて，下記の算定式によって現在価値を算出すると，106,083千円となる。

$$\text{現在価値} = \frac{12,000}{(1+0.03)} + \frac{12,000}{(1+0.03)^2} + \cdots\cdots + \frac{12,000+5,000}{(1+0.03)^{10}}$$

　解約不能で，しかも現在価値（106,083千円）は，見積現金購入価額の90％（100,000千円×90％＝90,000千円）以上なので，フルペイアウトの条件に合致する

第Ⅱ編　借　手　編

ことよりファイナンス・リース取引となる，また，所有権移転条項，割安購入選択権，特別仕様にはいずれも該当しないので，所有権移転外ファイナンス・リース取引となる。

③　リース資産及びリース債務の計上価額

現在価値106,083千円＞見積現金購入価額100,000千円なので，リース資産及びリース債務額は見積現金購入価額である100,000千円となる。

④　利息法で適用される利率の算定

利息法で適用される利率は，以下の式が成立するｒとなり，計算の結果，ｒ＝4.138％となる。

$$\frac{12,000}{(1+r)} + \frac{12,000}{(1+r)^2} + \cdots + \frac{12,000+5,000}{(1+r)^{10}} = 100,000千円$$

12,000千円：リース料総額の毎期の支払額
5,000千円：残価保証額
100,000千円：リース資産（リース債務）計上額
$r = 4.138\%$

⑤　リース資産の償却

所有権移転外ファイナンス・リース取引より，解約不能のリース期間である10年を耐用年数，残価保証額を残存価額とし，さらに企業の実態に応じた償却方法である定額法で減価償却費を計算する。

年間の減価償却費＝（リース資産額－残存価額）×定額法の償却率
　　　　　　　　＝（100,000千円－5,000円）×0.100
　　　　　　　　＝9,500千円

⑥ リース債務の返済スケジュール表，リース資産の減価償却表の作成

以上より，リース債務の返済スケジュール表，リース資産の減価償却表は次の通りとなる。

（基礎情報）
① リース料総額は，120,000千円
② 支払いは，毎期末12,000千円ずつ支払いで10回（10年）
③ 開始年度のリース資産及びリース債務の計上価額は100,000千円
④ リース料計算に適用される利率4.138％
⑤ 減価償却率は0.100％（定額法）

図表Ⅱ－1－37 リース債務の返済スケジュール表，リース資産の減価償却表

（単位：千円）

回数	支払月	リース債務					リース資産		
		期首残高 A	リース料 B=①/10	返済内訳		期末残高 C=A-b	期首簿価 D	減価償却費 E=D×⑤（注2）	期末簿価 F=D-E
				支払利息 a=A×④×1/12	元本返済 b=B-a				
0	×1／4／1					100,000			100,000
1	×2／3／31	100,000	12,000	4,138	7,862	92,138	100,000	9,500	90,000
2	×3／3／31	92,138	12,000	3,812	8,188	83,950	90,000	9,500	81,000
3	×4／3／31	83,950	12,000	3,474	8,526	75,424	80,000	9,500	71,000
4	×5／3／31	75,424	12,000	3,121	8,879	66,545	70,000	9,500	62,000
5	×6／3／31	66,545	12,000	2,753	9,247	57,298	60,000	9,500	52,000
6	×7／3／31	57,298	12,000	2,371	9,629	47,669	50,000	9,500	43,000
7	×8／3／31	47,669	12,000	1,972	10,028	37,642	40,000	9,500	33,000
8	×9／3／31	37,642	12,000	1,558	10,442	27,199	30,000	9,500	24,000
9	×10／3／31	27,199	12,000	1,125	10,875	16,325	20,000	9,500	14,000
10	×11／3／31	16,325	*17,000*	675	16,325	0	10,000	9,500	5,000
			125,000	25,000	100,000		95,000		

（注1） 表中の網掛けした数値は，以下の仕訳で使用する数値である。
（注2） 斜体の数値は，残価保証の処理で特徴的な部分となる（12,000＋5,000）。

第Ⅱ編　借　手　編

⑦ 仕　訳

① リース取引開始時（×1年4月1日）の仕訳

| （借）リース資産 | 100,000 | （貸）リース債務 | 100,000 |

② 第1回リース料支払時，決算時（×2年3月31日）の仕訳

（借）リース債務	7,682	（貸）現金預金	12,000
（借）支払利息	4,138		
（借）減価償却費	9,500	（貸）減価償却累計額	9,500

③ 第2回リース料支払時，決算日（×3年3月31日）

（借）リース債務	8,188	（貸）現金預金	12,000
（借）支払利息	3,812		
（借）減価償却費	9,500	（貸）減価償却累計額	9,500

④ 最終回リース料支払時，決算日（×11年3月31日）

（借）リース債務	16,325	（貸）現金預金	12,000
（借）支払利息	675	（貸）その他流動負債	5,000
（借）減価償却費	9,500	（貸）減価償却累計額	9,500

（注）　リース料総額に含めた残価保証額（5,000千円）は，残価保証支払額が確定するまで一旦「その他流動負債」等に計上する。

⑤ リース物件の返却時

| （借）減価償却累計額 | 95,000 | （貸）リース資産 | 100,000 |
| （借）その他流動資産 | 5,000 | | |

（注）　残価保証額を残存価額としているので，リース資産と減価償却累計額との差額は5,000千円となる。これは一旦「その他流動資産」に計上する。

⑥　処分額（2,000千円）の確定時

| （借）その他流動負債 | 5,000 | （貸）その他流動資産 | 5,000 |
| （借）リース資産売却損 | 3,000 | （貸）未　払　金 | 3,000 |

　リース期間終了時の会計処理の考え方は次の通りである。まず，将来支払義務が生じる可能性のある残価保証額5,000千円（リース料総額に含めた残価保証額）を，一旦「その他流動負債」に計上し，一方，貸手に返却するリース資産の残存価額5,000千円を「その他流動資産」に計上する。5,000千円以上で処分できれば，リース物件を残存価額以上の価値で借手から貸手に返却できることになるので，「その他流動負債」と「その他流動資産」が相殺でき，売却損は発生しない。しかし，実際の処分価額は2,000千円なので，「その他流動資産」のうち，2,000千円を「その他流動負債」と相殺し，残りの3,000千円はリース資産売却損として処理することになる。「その他流動資産」と相殺できなかった「その他流動負債」の残り3,000千円については，貸手に対する支払義務が確定したので，確定債務である「未払金」に振り替える。

(7)　割安購入選択権について

　(1)から(5)において，残価保証がある場合の処理を説明したが，割安購入選択権（リース契約上，借手に対して，リース期間終了後又はリース期間の中途で，名目的価額又はその行使時点のリース物件の価額に比して著しく有利な価額で買い取る権利）がある場合にも，同様にリース料総額にその行使価額を含める（適用指針第39項）。

第Ⅱ編　借　手　編

11　維持管理費用相当額，通常の保守等の役務提供相当額の処理

(1)　リース料の構成要素

　ファイナンス・リース取引の場合，貸手はリース物件に係る全ての費用をリース料で回収しようとするので，リース料の総額の中には，リース物件の取得価額の他に，固定資産税や動産保険料などの維持管理費用相当額が含まれている。また，通常の保守等の役務提供相当額がリース料に含まれている場合もある。

(2)　維持管理費用相当額等の原則的な会計処理

　このような維持管理費用相当額や通常の保守等の役務提供相当額（以下，維持管理費用相当額等という。）は，その性質上，本来リース料から切り離した上で，発生した期の費用とするべきものである。よって，ファイナンス・リース取引の会計処理においても，リース料総額から維持管理費用相当額等を控除した額をもとに現在価値を算出するのが本来的な処理方法となる（適用指針第14項，第25項，第26項，第40項，第41項）。この場合，維持管理費用相当額等は，その内容を示す科目で期間費用に計上することになるが，具体的には「維持管理費」等の名称で一括すれば足り，これを固定資産税，保険料等に細分する必要はない（適用指針第109項）。

第1章 会　　計

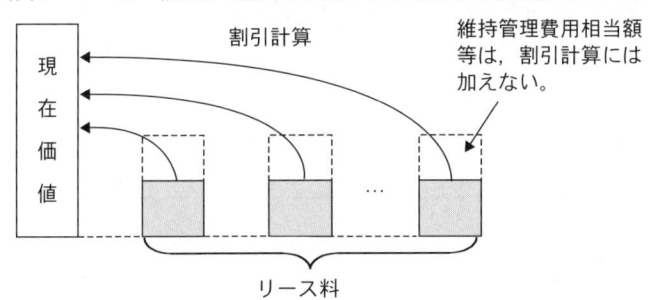

図表Ⅱ－1－38　維持管理費用相当額がある場合の現在価値（イメージ）

現在価値 ← 割引計算

維持管理費用相当額等は，割引計算には加えない。

リース料

(3) 維持管理費用相当額等の簡便的な会計処理

　しかしながら，日本の一般的なリース契約においては，契約書等で維持管理費用相当額等が明示されていない場合が多く，また当該金額はリース物件の取得価額相当額に比較して重要性が乏しい場合が少なくない。このように，リース料総額に対して維持管理費用相当額等の占める割合が重要性に乏しい場合には，(2)の方法によらず，リース料総額に維持管理費用相当額等を含めたまま現在価値を算出することができる（適用指針第14項，第25項，第26項，第40項，第41項）。また，契約書等で維持管理費用相当額等が明示されていなく，また貸手からも知ることができない場合にも，同様にリース料総額に含めることができると解釈できる。

第Ⅱ編　借　手　編

(4) 維持管理費用相当額等の設例

① 条　件

基本情報	（解約不能の）リース期間	10年（×1年4月1日から×11年3月31日）
	貸手の購入価格	不明
	貸手の見積残存価格	不明
	借手の見積購入価格	100,000千円
	リース料総額	132,000千円
	リース物件の経済的耐用年数	15年
	借手の追加借入利子率	3.0%
	リース料	毎月末13,200千円の後払い，全10回
	その他の条件	・所有権移転条項……あり ・割安購入権…………なし ・リース物件は特別仕様ではない
	固定資産の償却方法	定額法（企業の実態に応じた償却方法）
追加情報	維持管理費用相当額	1回の支払13,200千円には，1,200千円の維持管理費用相当額等（固定資産税，保険料，通常保守料）が含まれている。

② リース取引の判定

【原則的な処理方法】

　維持管理費用相当額等は借手に明示されており，またその額も重要性がある場合，リース料総額から維持管理費用相当額等を控除した額に，割引率3％を使い，下記の算定式によって現在価値を算出すると102,362千円となる。

$$現在価値 = \frac{13,200 - 1,200}{(1+0.03)} + \frac{13,200 - 1,200}{(1+0.03)^2} + \cdots\cdots$$

$$= \frac{13,200 - 1,200}{(1+0.03)^{10}}$$

第1章 会　　計

解約不能で，しかも現在価値（102,362千円）は，見積現金購入価額の90％（100,000千円×90％＝90,000千円）以上となり，フルペイアウトの条件に合致する。また，所有権移転条項，割安購入選択権，特別仕様には該当しないので，所有権移転外ファイナンス・リース取引となる。

【簡便的な処理方法】

一方，維持管理費用相当額等が借手に明示されておらず，またその額も重要性が乏しいと思われる場合には，リース料総額から維持管理費用相当額等を控除せずに現在価値を算出することになる（簡便法）。この場合，現在価値は112,599千円となる。

$$現在価値 = \frac{13,200}{(1+0.03)} + \frac{13,200}{(1+0.03)^2} + \cdots\cdots + \frac{13,200}{(1+0.03)^{10}}$$

解約不能で，しかも現在価値（112,599千円）は見積現金購入価額の90％（100,000千円×90％＝90,000千円）以上となり，フルペイアウトの条件に合致する。また，所有権移転条項，割安購入選択権，特別仕様にはいずれも該当しないので，所有権移転外ファイナンス・リース取引となる。

③　リース資産及びリース債務の計上価額

いずれの方法においても，現在価値＞見積現金購入価額なので，リース資産及びリース債務額は見積現金購入価額である100,000千円となる。

④　利息法で適用される利率の算定

利息法で適用される利率は，下記の式の通り，原則法によると3.46％，簡便法によると5.395％となる。

【原則的な会計処理による利息法で適用される利率の算定】

$$\frac{13,200-1,200}{(1+r)} + \frac{13,200-1,200}{(1+r)^2} + \cdots\cdots + \frac{13,200-1,200}{(1+r)^{10}} = 100,000千円$$

第Ⅱ編　借　手　編

> 13,200－1,200：リース料総額の毎期の支払額－維持管理費用相当額
> 　　　　　　　　　等
> 100,000：リース資産（リース債務）計上額
> r＝3.46％

【簡便的な会計処理による利息法で適用される利率の算定】

> $$\frac{13,200}{(1+r)} + \frac{13,200}{(1+r)^2} + \cdots + \frac{13,200}{(1+r)^{10}} = 100,000千円$$
> 13,200千円：リース料総額の毎期の支払額（維持管理費用相当額等は控
> 　　　　　　除しない。）
> 100,000千円：リース資産（リース債務）計上額
> r＝5.395％

⑤　リース債務の返済スケジュール表の作成

　原則的な方法による場合の，リース債務の返済スケジュール表は次の通りである（簡便的な方法は省略）。

> **（基礎情報）**
> ①　リース料総額は，132,000千円
> ②　支払いは，毎期末13,200千円ずつ支払いで10回（10年）
> ③　開始年度のリース資産及リース債務の計上価額は100,000千円
> ④　リース料計算に適用される利率3.46％
> ⑤　毎回の支払リース料に含まれる維持管理費用相当額等1,200千円

第1章 会　　計

図表Ⅱ－1－39　リース債務の返済スケジュール表，リース資産の減価償却表

（単位：千円）

回数	支払月	リース債務 A	支払リース料 B＝②	支払内訳 維持管理費用 a＝⑤	支払内訳 支払利息 b＝A×④	支払内訳 元本返済 b＝B－a－b	リース債務 C＝A－c
0	×1／4／1						100,000
1	×2／3／31	100,000	13,200	*1,200*	3,460	8,540	91,460
2	×3／3／31	91,460	13,200	*1,200*	3,165	8,835	82,625
3	×4／3／31	82,625	13,200	*1,200*	2,859	9,141	73,484
4	×5／3／31	73,484	13,200	*1,200*	2,543	9,457	64,026
5	×6／3／31	64,026	13,200	*1,200*	2,215	9,785	54,242
6	×7／3／31	54,242	13,200	*1,200*	1,877	10,123	44,119
7	×8／3／31	44,119	13,200	*1,200*	1,527	10,473	33,645
8	×9／3／31	33,645	13,200	*1,200*	1,164	10,836	22,809
9	×10／3／31	22,809	13,200	*1,200*	789	11,211	11,599
10	×11／3／31	11,599	13,200	*1,200*	401	11,599	0
			132,000	*12,000*	20,000	100,000	

（注1）　表中の網掛けした数値は，以下の仕訳で使用する数値である。
（注2）　斜体の数値は，維持管理費用相当額等の処理で特徴的な部分となる。

⑥　仕　　訳

① リース取引開始時（×1年4月1日）の仕訳

（借）リ ー ス 資 産　100,000　　（貸）リ ー ス 債 務　100,000

② 第1回リース料支払時（×2年3月31日）の仕訳

（借）リ ー ス 債 務　　8,540　　（貸）現 金 預 金　　13,200
（借）支 払 利 息　　3,460
（借）維 持 管 理 費　　1,200

③ 第2回リース料支払時,決算日(×3年3月31日)

(借)リース債務	8,835	(貸)現金預金	13,200
(借)支払利息	3,165		
(借)維持管理費	1,200		

④ 最終回リース料支払時,リース物件の返却時(×6年3月31日)

(借)リース債務	11,599	(貸)現金預金	13,200
(借)支払利息	401		
(借)維持管理費	1,200		

12 中途解約の処理

(1) 概　　要

　ファイナンス・リース取引は,「解約不能」でしかも「フルペイアウト」のリース取引であり,通常は中途解約はできない。また,ファイナンス・リースの契約書には,「リース期間中は解約できない。」という趣旨の条項が定められている場合が多い。しかしながら,実務上は相当の違約金を支払うことによって解約することはあり,その場合の会計処理を検討しなければならない。

(2) 中途解約の会計処理(売買処理)

　通常の売買取引に係る方法に準じて会計処理をしているファイナンス・リース取引において中途解約が生じた場合,まずリース資産の未償却残高(リース資産と減価償却累計額の差額)を「資産除却損等」として処理しなければならない。また,貸手に対して中途解約による規定損害金を一時又は分割払いで支払う必要が生じた場合は,リース債務残高(未払利息の額を含む。)と当該規定損害金の

額との差額を支払額の確定時に損益に計上しなければならない（適用指針第30項，第44項）。

(3) 中途解約の設例

① 条　　件

<table>
<tr><td rowspan="9">基本情報</td><td>（解約不能の）リース期間</td><td>10年（×1年4月1日から×11年3月31日）</td></tr>
<tr><td>貸手の購入価格</td><td>不明</td></tr>
<tr><td>貸手の見積残存価格</td><td>不明</td></tr>
<tr><td>借手の見積購入価格</td><td>100,000千円</td></tr>
<tr><td>リース料総額</td><td>120,000千円</td></tr>
<tr><td>リース物件の経済的耐用年数</td><td>15年</td></tr>
<tr><td>借手の追加借入利子率</td><td>3.0％</td></tr>
<tr><td>リース料</td><td>毎月末12,000千円の後払い，全10回</td></tr>
<tr><td>その他の条件</td><td>・所有権移転条項……なし
・割安購入権…………なし
・リース物件は特別仕様ではない</td></tr>
<tr><td></td><td>固定資産の償却方法</td><td>定額法（企業の実態に応じた償却方法）</td></tr>
<tr><td>追加情報</td><td>中途解約</td><td>×7年3月31日にリース契約は中途解除された，これに伴い，借手は，貸手に50,000千円の規定違約金を支払うことになった。</td></tr>
</table>

② リース債務の返済スケジュール表，リース資産の減価償却表

この条件での，当初のスケジュールは図表Ⅱ－1－40の通りである。

（基礎情報）

① リース料総額は，120,000千円
② 支払いは，毎期末12,000千円ずつ支払いで10回（10年）
③ 開始年度のリース資産及びリース債務の計上価額は100,000千円

第Ⅱ編　借手編

④　リース料計算に適用される利率3.46%
⑤　減価償却率は0.100%（定額法）

図表Ⅱ-1-40　リース債務の返済スケジュール表，リース資産の減価償却表

（単位：千円）

回数	支払月	リース債務					リース資産		
		期首残高 A	支払リース料 B=②	返済内訳		期末残高 C=A-b	期首簿価 D	減価償却費 E	期末簿価 F=D-E
				支払利息 a=A×④	元本返済 b=B-a				
0	×1/4/1					100,000			100,000
1	×2/3/31	100,000	12,000	3,460	8,540	91,460	100,000	10,000	90,000
2	×3/3/31	91,460	12,000	3,165	8,835	82,625	90,000	10,000	80,000
3	×4/3/31	82,625	12,000	2,859	9,142	73,484	80,000	10,000	70,000
4	×5/3/31	73,484	12,000	2,543	9,457	64,026	70,000	10,000	60,000
5	×6/3/31	64,026	12,000	2,215	9,785	54,242	60,000	10,000	50,000
6	×7/3/31	54,242	12,000	1,877	10,123	44,119	50,000	10,000	40,000
7	×8/3/31	44,119	12,000	1,527	10,473	33,645	40,000	10,000	30,000
8	×9/3/31	33,645	12,000	1,164	10,836	22,809	30,000	10,000	20,000
9	×10/3/31	22,809	12,000	789	11,211	11,599	20,000	10,000	10,000
10	×11/3/31	11,599	12,000	401	11,599	0	10,000	10,000	0
			120,000	20,000	100,000			100,000	

解約（第6回時点）

（注1）　表中の網掛けした数値は，以下の仕訳で使用する数値である。

③　仕　訳

×7年3月31日にリース契約が中途解除された際の仕訳は次の通りとなる。

① 第6回リース料支払時，決算時（×7年3月31日）の仕訳

（借）リース債務	10,123	（貸）現金預金	12,000
（借）支払利息	1,877		
（借）減価償却費	10,000	（貸）減価償却累計額	10,000

② 解約の仕訳（リース資産の未償却残高の処理）

（借）減価償却累計額	60,000	（貸）リース資産	100,000
（借）その他流動資産	40,000		

（注1） 減価償却累計額は，10,000（年間減価償却費）×6年間
（注2） リース資産除却損は，100,000千円－60,000千円＝40,000千円

③ 解約の仕訳（規定損害金の処理）

（借）リース債務	44,119	（貸）現金預金	50,000
（借）リース債務解約損	5,881		

（注） 現金預金で支払った規定損害金50,000千円とリース債務残高44,119千円との差額5,881千円を「リース債務解約損」として処理する。

なお，リース資産除却損とリース債務解約損は，「リース解約損」等の科目で損益計算書上合算して表示することができる。

13 リース料の前払い

(1) 概　　要

今までの設例では，一定期間（月間，年間，その他）のリース料を，その期間の最後に支払うことを条件（後払い）としていた。しかしながら，実務上は，一定期間（月間，年間，その他）のリース料を，その前の対象期間の最後に支払う場合や，対象期間の最初に支払う場合などさまざまとなる。このような支払時期の違いは，現在価値算定の計算に対して影響を与えることになる。以下，前払いのケースをもとに説明する。

第Ⅱ編　借　手　編

図表Ⅱ-1-41

【後払い】

解約不能

対象期間

対象期間の
最後に支払

【前払い】

解約不能

対象期間

前対象期間の
最後に支払

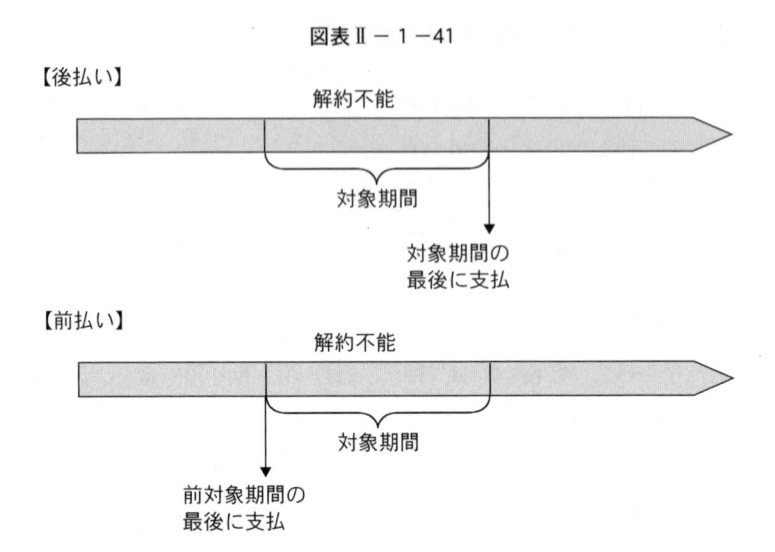

(2) 前払いの設例

① 条　件

基本情報	(解約不能の) リース期間	10年 (×1年4月1日から×11年3月31日)
	貸手の購入価格	不明
	貸手の見積残存価格	不明
	借手の見積購入価格	100,000千円
	リース料総額	120,000千円
	リース物件の経済的耐用年数	15年
	借手の追加借入利子率	3.0%
	リース料	支払いは年1回で当期分を前期末に前払いをする(ただし, 初回は×1年4月1日)。 1回の支払いは12,000千円で全10回。
	その他の条件	・所有権移転条項……なし ・割安購入権…………なし ・リース物件は特別仕様ではない
	固定資産の償却方法	定額法 (企業の実態に応じた償却方法)

第1章 会　　計

②　リース取引の判定

割引料3％を用いて現在価値を算定する。ただし，リース料を対象期間の前の期間の最後に支払う（初回は×1年4月1日）ことにより，現在価値算定のための算式は次の通りとなる。計算の結果，現在価値は105,433千円となる（下の式を参照）。

$$現在価値 = 12,000 + \frac{12,000}{(1+0.03)^1} + \cdots + \frac{12,000}{(1+0.03)^9}$$

（注1）　初回のリース料の支払（12,000千円）は，リースの開始と同時に支払っているので，3％で割り引かずに計算する。
（注2）　第2回のリース料の支払も同様の理由で，（1+0.03），……で割り引き，最終回（第10回）は（1+0.03）で割り引く。

解約不能で，しかも現在価値は105,433千円＞見積現金購入価額の90％（100,000千円×90％＝90,000千円）以上なので，フルペイアウトの条件に合致する。また，所有権移転条項，割安購入選択権，特別仕様にはいずれも該当しないので，所有権移転外ファイナンス・リース取引となる。

③　リース資産及びリース債務の計上価額

現在価値が105,433千円で，見積現金購入価額が100,000千円なので，リース資産及びリース債務額は見積現金購入価額である100,000千円となる。

④　利息法で適用される利率の算定

利息法で適用される利率は以下の式が成立するｒとなり，計算の結果，r＝4.304％となる。

第Ⅱ編　借　手　編

$$12,000 + \frac{12,000}{(1+r)^1} + \cdots\cdots + \frac{12,000}{(1+r)^9} = 100,000千円$$

12,000千円：リース料総額の毎期の支払額

100,000千円：リース資産（リース債務）計上額

$r = 4.304\%$

⑤　リース資産の償却

　所有権移転外ファイナンス・リース取引より，解約不能のリース期間である10年を耐用年数とし，さらに企業の実態に応じた償却方法である定額法で減価償却費を計算する。

年間の減価償却費＝リース資産額×定額法の償却率
　　　　　　　　＝100,000千円×0.100
　　　　　　　　＝10,000千円

⑥　リース債務の返済スケジュール表，リース資産の減価償却表の作成

　リース料の返済の仕訳及びリース債務の返済スケジュール表，リース資産の減価償却表は次の通りとなる。

（基礎情報）
①　リース料総額は，120,000千円
②　支払いは，当期分を前期末に前払い12,000千円で10回
③　開始年度のリース資産及びリース債務の計上価額は100,000千円
④　リース料計算に適用される利率4.304％
⑤　減価償却率は0.100％（定額法）

第1章 会　　計

図表Ⅱ－1－42　リース債務の返済スケジュール表，リース資産の減価償却表

(単位：千円)

回数	支払月	リース債務					リース資産		
		期首残高 A	支払リース料 B=②	返済内訳		期末残高 C=A-b	期首簿価 D	減価償却費 E	期末簿価 F=D-E
				支払利息 a=A×④	元本返済 b=B-a				
0	×1／4／1	100,000	12,000	0	*12,000*	88,000			100,000
1	×2／3／31	88,000	12,000	3,788	8,212	79,788	100,000	10,000	90,000
2	×3／3／31	79,788	12,000	3,434	8,566	71,222	90,000	10,000	80,000
3	×4／3／31	71,222	12,000	3,066	8,934	62,287	80,000	10,000	70,000
4	×5／3／31	62,287	12,000	2,681	9,319	52,968	70,000	10,000	60,000
5	×6／3／31	52,968	12,000	2,280	9,720	43,248	60,000	10,000	50,000
6	×7／3／31	43,248	12,000	1,861	10,139	33,110	50,000	10,000	40,000
7	×8／3／31	33,110	12,000	1,425	10,575	22,535	40,000	10,000	30,000
8	×9／3／31	22,535	12,000	970	11,030	11,505	30,000	10,000	20,000
9	×10／3／31	11,505	12,000	495	11,505	0	20,000	10,000	10,000
10	×11／3／31	*0*	*0*	*0*	*0*	*0*	10,000	10,000	0
			120,000	20,000	100,000			100,000	

(注1)　表中の網掛けした数値は，以下の仕訳で使用する数値である。
(注2)　×10／3／31に，リース料の支払いは完了している。
(注3)　斜体の数値が，前払いのケースで特徴的な部分である。

⑦　仕　　訳

① リース取引開始時（×1年4月1日），第1回リース料支払時の仕訳

(借)　リ　ー　ス　資　産　　100,000	(貸)　リ　ー　ス　債　務　　100,000
(借)　リ　ー　ス　債　務　　12,000	(貸)　現　金　預　金　　12,000

② 第2回リース料支払時，決算時（×2年3月31日）の仕訳

(借)　リ　ー　ス　債　務　　8,212	(貸)　現　金　預　金　　12,000
(借)　支　払　利　息　　3,788	
(借)　減　価　償　却　費　　10,000	(貸)　減価償却累計額　　10,000

③ 第10回リース料支払時,決算日（×10年3月31日）

（借）リース債務	11,505	（貸）現金預金	12,000
（借）支払利息	495		
（借）減価償却費	10,000	（貸）減価償却累計額	10,000

④ 決算日（×11年3月31日），リース物件の返却時

| （借）減価償却費 | 10,000 | （貸）減価償却累計額 | 10,000 |
| （借）減価償却累計額 | 100,000 | （貸）リース資産 | 100,000 |

なお，この設例は，前対象期間の最後に前払いするケースであったが，実務では，この設例のケース以外もあるので，それぞれのケースに対応した処理が必要となる。

14 セール・アンド・リースバック取引における借手の会計処理

(1) 概　　要

借手が所有する物件を貸手に売却し，貸手から当該物件のリースを受ける取引をセール・アンド・リースバック取引という。処理上は，セール・アンド・リースバック取引も通常のリース取引の処理と同じであるが，以下の留意が必要である（適用指針第48項，第49項）。

① リース取引の判定において，経済的耐用年数については，リースバック時におけるリース物件の性能，規格，陳腐化の状況等を考慮して見積った経済的使用可能年数を用いる。

② リース物件の見積現金購入価額は，借手から貸手への実際売却価額を用いる。

③ リース取引が，ファイナンス・リース取引に該当する場合，借手は，原

第1章 会　　計

則としてリースの対象となる物件の売却に伴う損益を長期前払費用（又は長期前受収益）等として繰延処理し，リース資産の減価償却費の割合に応じて減価償却費に加減算する。但し，当該物件の売却損益が，当該物件の合理的な見積市場価額が帳簿価額を下回ることにより生じたものであることが明らかな場合は，売却損を繰延処理せずに売却時の損失として計上する。

(2) セール・アンド・リースバック取引の設例

① 条　　件

基本情報	（解約不能の）リース期間	10年（×1年4月1日から×11年3月31日）
	貸手の購入価格	102,500千円（追加情報参照）
	借手の見積残存価格	5,000千円
	借手の見積購入価格	100,000千円
	リース料総額	120,000千円
	リース物件の経済的耐用年数	15年
	借手の追加借入利子率	3.0%
	リース料	毎月末12,000千円の後払い，全10回
	その他の条件	・所有権移転条項……なし ・割安購入権…………なし ・リース物件は特別仕様ではない
	固定資産の償却方法	定額法（企業の実態に応じた償却方法）
追加情報	セール・アンド・リースバック取引に関する追加情報	・リース物件は，×1年4月1日に借手が貸手に102,500千円で売却したと同時にリースバックしたもの ・借手は，リース物件を，貸手に売却した5年前に130,000千円で購入 ・取得時の経済的耐用年数，20年 ・借手の固定資産の減価償却方法，定額法，残存価額，ゼロ

第Ⅱ編　借　手　編

②　リース取引の判定

借手は，貸手のリース物件の購入価額つまり借手の売却価額102,500千円を当然に知っている。また，見積残存価額50,000千円も知っている。よって，現在価値を算定するための割引率である「貸手の計算利子率」を算定できる。

$$\frac{12,000}{(1+r)}+\frac{12,000}{(1+r)^2}+\cdots\cdots+\frac{12,000+5,000}{(1+r)^{10}}=102,500千円$$

上記の式が成立するrが「貸手の計算利子率」となる。r＝3.658%

次に，この「貸手の計算利子率」を使い，さらに，各期末に12,000千円ずつ支払うので，現在価値は，以下の通りとなる。

$$現在価値＝\frac{12,000}{(1+0.03658)}+\frac{12,000}{(1+0.03658)^2}+\cdots\cdots+\frac{12,000}{(1+0.03658)^{10}}$$

この算定式によって現在価値を算出すると，99,009千円となる。現在価値基準による判定は，次の通りとなる。

現在価値99,009千円≧実際売却価額102,500千円×90%

次に，経済的耐用年数基準による判定は，次の通りとなる。

リース期間10年＜経済的耐用年数15年×75%＝11.25年

解約不能で，しかも現在価値基準において，フルペイアウトの条件に合致することよりファイナンス・リース取引となる。また，所有権移転条項，割安購入選択権，特別仕様にはいずれも該当しないので，所有権移転外ファイナンス・リース取引となる。

③　リース資産（リース債務）の計上価額

現在価値が99,009千円で，現金購入価額が102,500千円なので，リース資産及びリース債務額は現在価値である99,009千円となる。

④ 利息法で適用される利率の算定

利息法で適用される利率は，以下の式が成立するrとなり，計算の結果，r＝3.658％となる。

$$\frac{1,000}{(1+r)}+\frac{1,000}{(1+r)^2}+\cdots\cdots+\frac{1,000}{(1+r)^{10}}=99,009千円$$

1,000千円：リース料総額の毎月末の支払額
99,909千円：リース資産（リース債務）計上額
r＝3.658％

⑤ リース資産の減価償却

所有権移転外ファイナンス・リース取引より，解約不能のリース期間である10年を耐用年数とし，さらに企業の実態に応じた償却方法である定額法で減価償却費を計算する。

年間の減価償却費＝リース資産額×定額法の償却率
　　　　　　　　＝99,009千円×0.100
　　　　　　　　＝9,900千円

⑥ リース債務の返済スケジュール表，リース資産の減価償却表の作成

リース料の返済の仕訳及びリース債務の返済スケジュール表，リース資産の減価償却表は次の通りとなる。

（基礎情報）
① リース料総額は，120,000千円
② 支払いは，毎期末12,000千円ずつ支払いで10回（10年）
③ 開始年度のリース資産及びリース債務の計上価額は99,009千円

第Ⅱ編　借　手　編

④　リース料計算に適用される利率3.658%

⑤　減価償却率は0.100%（定額法）

図表Ⅱ－1－43　リース債務の返済スケジュール表，リース資産の減価償却表

(単位：千円)

回数	支払月	リース債務					リース資産		
		期首残高 A	支払リース料 B=②	返済内訳		期末残高 C=A-b	期首簿価 D	減価償却費 E	期末簿価 F=D-E
				支払利息 a=A×④	元本返済 b=B-a				
0	×1／4／1					99,009			99,009
1	×2／3／31	99,009	12,000	3,622	8,378	90,631	99,009	9,900	89,109
2	×3／3／31	90,631	12,000	3,315	8,685	81,946	89,109	9,900	79,209
3	×4／3／31	81,946	12,000	2,998	9,002	72,944	79,209	9,900	69,309
4	×5／3／31	72,944	12,000	2,668	9,332	63,612	69,309	9,900	59,409
5	×6／3／31	63,612	12,000	2,327	9,673	53,939	59,409	9,900	49,509
6	×7／3／31	53,939	12,000	1,973	10,027	43,912	49,509	9,900	39,609
7	×8／3／31	43,912	12,000	1,606	10,394	33,518	39,609	9,900	29,709
8	×9／3／31	33,518	12,000	1,226	10,774	22,745	29,709	9,900	19,809
9	×10／3／31	22,745	12,000	832	11,168	11,577	19,809	9,900	9,909
10	×11／3／31	11,577	12,000	423	11,577	0	9,909	9,909	0
		120,000	20,991	99,009			99,009		

(注1)　表中の網掛けした数値は，以下の仕訳で使用する数値である。

⑦　仕　訳

① 資産売却，リース取引開始時（×1年4月1日）

（借）減価償却累計額	32,500	（貸）有形固定資産	130,000
（借）現　金　預　金	102,500	（貸）長期前受収益	5,000
（借）リ　ー　ス　資　産	99,009	（貸）減価償却累計額	99,009

(注1)　減価償却累計額＝130,000千円×$\frac{5年}{20年}$＝32,500千円

（注2） 長期前受収益＝売却価額－売却時の簿価

$$=102,500千円-130,000千円\times\frac{15年}{20年}=5,000千円$$

② 第1回リース料支払時，決算時（×2年3月31日）の仕訳

（借）リ ー ス 債 務	8,378	（貸）現 金 預 金	12,000
（借）支 払 利 息	3,622		
（借）減 価 償 却 費	9,900	（貸）減価償却累計額	9,900
（借）長 期 前 受 収 益	500	（貸）長期前受収益償却	500

（注1） 長期前受収益償却＝$5,000千円\times\frac{1年}{10年}=500千円$

長期前受収益は，リース資産の減価償却費の割合に応じて償却し，減価償却費から控除されて表示される。よって，減価償却費は9,400千円となる。

③ 第10回リース料支払時，決算日，返却時（×11年3月31日）

（借）リ ー ス 債 務	11,577	（貸）現 金 預 金	12,000
（借）支 払 利 息	423		
（借）減 価 償 却 費	9,909	（貸）減価償却累計額	9,909
（借）長 期 前 受 収 益	500	（貸）長期前受収益償却	500
（借）減価償却累計額	99,009	（貸）リ ー ス 資 産	99,009

第Ⅱ編　借　手　編

15　リース会計と重要性

(1)　重要性の原則とリース会計

　会計では重要性の原則という概念がある。重要性の原則とは，財務諸表の利用者の意思決定や判断に影響を与える可能性のある重要な事項は適切な会計処理を行うと同時に詳細に表示し，重要でない項目は簡便な会計処理によって簡潔に表示することができるというものである。

　リース取引の会計処理においても，リース資産総額や個々のリース資産などに重要性がない場合には，簡便な会計処理によって簡潔に表示することが認められている。リース会計の借手の処理においては，具体的には以下の場面において重要性の原則が適用されている。

① ファイナンス・リース取引について，個々のリース資産に重要性がないと認められた場合（少額リース資産，短期リース取引）に，オペレーティング・リース取引に準じて賃貸借取引に係る方法に準じた会計処理ができる。
② ファイナンス・リース取引のうち，所有権移転外ファイナンス・リース取引について，リース資産総額に重要性がないと認められる場合，簡便的な会計処理及び表示が認められている。
③ オペレーティング・リース取引について，重要性に乏しい場合，解約不能のものに係る未経過リース料の注記を省略できる。

(2)　少額リース資産及び短期のリース取引の取扱い

①　概　　要

　まず，ファイナンス・リース取引と判定された場合でも，個々のリース資産に重要性が乏しいと認められる場合には，簡便的にオペレーティング・リース取引の会計処理に準じて通常の賃貸借取引に係る方法に準じて会計処理を行う

ことができる（適用指針第34項，第45項）。具体的には，以下の①から③のいずれかを満たすような少額リース資産又は短期のリース取引の場合である（適用指針第35項，第46項）。

1） 通常，会社は自己所有の固定資産について一定の基準額を設定した上で，当該基準に満たなければ，金額的に重要ではないとして購入時に費用処理する。リース資産についても，同様に，リース料総額が当該基準に満たなければ重要性がない少額のリース資産として賃貸借取引に係る方法に準じて会計処理をすることができる。この場合，一つのリース契約に複数のリース物件が含まれている場合には，リース料総額を物件単位に分けた上で基準額と比較する。また，リース料総額に含まれる利息相当額分だけ基準額を高く設定できる。例えば会社が30万円未満の自己所有の減価償却資産を費用処理している場合，リース資産に対してはこれに利息相当分を加えた金額（例えば35万円）を基準額として設定することができる。

2） リース期間がリース取引開始日から1年以内のリース取引については，賃貸借取引に係る方法に準じて会計処理を行うことができる。

3） 企業の事業内容に照らして重要性の乏しいリース取引で，リース契約1件当たりのリース料総額が300万円以下の取引については，賃貸借取引に係る方法に準じて会計処理を行うことができる。なお，リース料総額に対して維持管理費相当額又は通常の保守等の役務提供相当額の占める割合が重要な場合には，その合理的な見積額をリース料総額から除いた額で比較することができる（ただし，③は所有権移転外ファイナンス・リース取引のみに適用）。

② 背　　景

通常，自己所有の固定資産においては，取得価額が一定額未満であったり耐用年数が1年以下であったりする場合には費用処理される。リース資産についても自己所有の固定資産の処理方針との整合性を保つため，少額リース資産やリース期間が1年以内の短期のリース取引については，重要性の原則を適用し

てオペレーティング・リース取引の会計処理に準じて通常の賃貸借取引に係る方法に準じて会計処理を行うことができるとしている。

また，日本のリース取引は，事務機器等の比較的少額なリース資産に利用されることが多く，このような場合リース料総額も少額になる可能性が高い。このような背景を踏まえ，日本のリース取引で比較的多いと思われるリース料総額が300万円以下の取引は，重要性の原則を適用してオペレーティング・リース取引の会計処理に準じて通常の賃貸借取引に係る方法に準じて会計処理を行うことができる。

図表Ⅱ－1－44　少額リース資産，短期リース取引の重要性の判断のフロー

ファイナンス・リース取引 → 個々のリース資産に重要性があるか？
① 個々のリース物件のリース料総額 ≦ 減価償却資産を費用処理する基準額（基準額の修正あり）
② リース期間 ≦ 1年以内
③ リース料総額 ≦ 300万円

重要性なし → 通常の賃貸借処理
重要性あり → 通常の売買処理に準じた会計処理

(3) リース資産総額に重要性がない場合

① 概　　要

ファイナンス・リース取引では，原則的にリース料総額は利息相当額とリース債務の元本返済部分に区分され，このうち，利息相当額については利息法により各期に配分される。しかしながら，所有権移転外ファイナンス・リース取引については，リース資産総額に重要性がないと認められた場合には，1）利息相当額を計上しない方法，2）利息相当額を定額法により各期に配分する方法のいずれかを採用できるとしている（適用指針第31項）。具体的には，リース資産総額に重要性がない場合には，まずリース料総額を全額リース資産及びリース債務額とした上で，リース料の支払をリース債務の元本返済だけに充てることができる。さらに，この方法によらず，利息相当額を計上したとしても，

その利息相当額は利息法ではなく定額法によって各期に配分することができるとしている。

なお，これらの方法が適用可能となるためには，次の算式が成立し，リース資産総額に重要性がないと認められた場合に限られる（適用指針第32項）。

$$リース比率＝\frac{未経過リース料の期末残高^{(注)}}{未経過リース料の期末残高^{(注)}＋有形固定資産残高＋無形固定資産残高}＜10\%$$

(注) リース資産総額の重要性を判断するので，本来は未経過リース料ではなくリース資産額を使うべきであるが，リース資産の算定は割引計算等煩雑なので未経過リース料の期末残高を代替的に使用している。なお，未経過リース料は個々のリース資産に重要性が乏しいと判定された少額リース資産や短期のリース取引，また利息法によって利息相当額をリース期間中の各期に配分しているリース資産に係るものを除く。

② 利息相当額を計上しない方法

リース資産総額に重要性がない場合，まずリース料総額から利息相当額の合理的な見積額を控除しない方法によることができる。この方法ではリース料総額をリース債務の元本返済だけに充てることになるので，リース料総額＝リース債務額という関係式が成立する。

③ 利息相当額を定額法により各期へ配分する方法

リース資産総額に重要性がない場合，②の方法によらず，リース料総額を利息相当額とリース債務の元本返済部分に区分した場合においても，利息法ではなく，リース期間中に一定額の利息相当額を均等に配分する定額法によって利息相当額を各期に計上することができる。

④ 設例による比較

以下の設例をもとに，1）利息相当額については利息法により各期に配分される方法（原則法），2）利息相当額を計上しない方法，3）利息相当額を定額

第Ⅱ編　借　手　編

法により各期へ配分する方法を比較する。

① 条　件

<table>
<tr><td rowspan="9">基本情報</td><td>（解約不能の）リース期間</td><td>10年（×1年4月1日から×11年3月31日）</td></tr>
<tr><td>貸手の購入価格</td><td>不明</td></tr>
<tr><td>借手の見積残存価格</td><td>不明</td></tr>
<tr><td>借手の見積購入価格</td><td>100,000千円</td></tr>
<tr><td>リース料総額</td><td>120,000千円</td></tr>
<tr><td>リース物件の経済的耐用年数</td><td>15年</td></tr>
<tr><td>借手の追加借入利子率</td><td>3.0%</td></tr>
<tr><td>リース料</td><td>毎月末12,000千円の後払い，全10回</td></tr>
<tr><td>その他の条件</td><td>・所有権移転条項……なし
・割安購入権…………なし
・リース物件は特別仕様ではない</td></tr>
<tr><td colspan="2">固定資産の償却方法</td><td>定額法（企業の実態に応じた償却方法）</td></tr>
</table>

② 利息相当額については利息法により各期に配分される方法（原則法）

（基礎情報）

① リース料総額は，120,000千円

② 支払いは，毎期末12,000千円ずつ支払いで10回（10年）

③ 開始年度のリース資産及びリース債務の計上価額は100,000千円

④ リース料計算に適用される利率3.46%

⑤ 減価償却率は0.100%（定額法）

図表Ⅱ－1－45　リース債務の返済スケジュール表，リース資産の減価償却表

(単位：千円)

回数	支払月	リース債務 期首残高 A	支払リース料 B=②	返済内訳 支払利息 a=A×④	返済内訳 元本返済 b=B-a	期末残高 C=A-b	リース資産 期首簿価 D	減価償却費 E	期末簿価 F=D-E
0	×1／4／1					100,000			100,000
1	×2／3／31	100,000	12,000	3,460	8,540	91,460	100,000	10,000	90,000
2	×3／3／31	91,460	12,000	3,165	8,835	82,625	90,000	10,000	80,000
3	×4／3／31	82,625	12,000	2,859	9,142	73,484	80,000	10,000	70,000
4	×5／3／31	73,484	12,000	2,543	9,457	64,026	70,000	10,000	60,000
5	×6／3／31	64,026	12,000	2,215	9,785	54,242	60,000	10,000	50,000
6	×7／3／31	54,242	12,000	1,877	10,123	44,119	50,000	10,000	40,000
7	×8／3／31	44,119	12,000	1,527	10,473	33,645	40,000	10,000	30,000
8	×9／3／31	33,645	12,000	1,164	10,836	22,809	30,000	10,000	20,000
9	×10／3／31	22,809	12,000	789	11,211	11,599	20,000	10,000	10,000
10	×11／3／31	11,599	12,000	401	11,599	0	10,000	10,000	0
			120,000	20,000	100,000			100,000	

（注）　表中の網掛けした数値は，以下の仕訳で使用する数値である。

③　利息相当額を計上しない方法

(基礎情報)

① リース料総額は，120,000千円

② 支払いは，毎期末12,000千円ずつ支払いで10回（10年）

③ 開始年度のリース資産及びリース債務の計上価額は120,000千円

④ 減価償却率は0.100％（定額法）

第Ⅱ編　借　手　編

図表Ⅱ－1－46　リース債務の返済スケジュール表，リース資産の減価償却表

(単位：千円)

回数	支払月	リース債務 期首残高 A	支払リース料 B=②	返済内訳 支払利息 a=A×④	返済内訳 元本返済 b=B-a	期末残高 C=A-b	リース資産 期首簿価 D	減価償却費 E	期末簿価 F=D-E
0	1／4／1					120,000			120,000
1	2／3／31	120,000	12,000	0	12,000	108,000	120,000	12,000	108,000
2	3／3／31	108,000	12,000	0	12,000	96,000	108,000	12,000	96,000
3	4／3／31	96,000	12,000	0	12,000	84,000	96,000	12,000	84,000
4	5／3／31	84,000	12,000	0	12,000	72,000	84,000	12,000	72,000
5	6／3／31	72,000	12,000	0	12,000	60,000	72,000	12,000	60,000
6	7／3／31	60,000	12,000	0	12,000	48,000	60,000	12,000	48,000
7	8／3／31	48,000	12,000	0	12,000	36,000	48,000	12,000	36,000
8	9／3／31	36,000	12,000	0	12,000	24,000	36,000	12,000	24,000
9	10／3／31	24,000	12,000	0	12,000	12,000	24,000	12,000	12,000
10	11／3／31	12,000	12,000	0	12,000	0	12,000	12,000	0
			120,000	0	120,000			120,000	

(注1)　表中の網掛けした数値は，以下の仕訳で使用する数値である。
(注2)　斜体の数値が，特徴的な部分である。

④　利息相当額を定額法により各期へ配分する方法利息

(基礎情報)

① リース料総額は，120,000千円
② 支払いは，毎期末12,000千円ずつ支払いで10回 (10年)
③ 開始年度のリース資産及びリース債務の計上価額は100,000千円
④ 利息相当額を定額法で計上 (2,000千円)
⑤ 減価償却率は0.100% (定額法)

第1章 会　　計

図表Ⅱ－1－47　リース債務の返済スケジュール表，リース資産の減価償却表

（単位：千円）

回数	支　払　月	リース債務					リース資産		
		期首残高 A	支払リース料 B=②	返済内訳		期末残高 C=A-b	期首簿価 D	減価償却費 E	期末簿価 F=D-E
				支払利息 a=A×④	元本返済 b=B-a				
0	×1／4／1					100,000			100,000
1	×2／3／31	100,000	12,000	2,000	10,000	90,000	120,000	12,000	90,000
2	×3／3／31	90,000	12,000	2,000	10,000	80,000	108,000	12,000	80,000
3	×4／3／31	80,000	12,000	2,000	10,000	70,000	96,000	12,000	70,000
4	×5／3／31	70,000	12,000	2,000	10,000	60,000	84,000	12,000	60,000
5	×6／3／31	60,000	12,000	2,000	10,000	50,000	72,000	12,000	50,000
6	×7／3／31	50,000	12,000	2,000	10,000	40,000	60,000	12,000	40,000
7	×8／3／31	40,000	12,000	2,000	10,000	30,000	48,000	12,000	30,000
8	×9／3／31	30,000	12,000	2,000	10,000	20,000	36,000	12,000	20,000
9	×10／3／31	20,000	12,000	2,000	10,000	10,000	24,000	12,000	10,000
10	×11／3／31	10,000	12,000	2,000	10,000	0	12,000	12,000	0
			120,000	20,000	100,000			120,000	

（注）　表中の網掛けした数値は，以下の仕訳で使用する数値である。

⑤　仕　　　訳

それぞれの方法による仕訳は次の通りである。

第Ⅱ編　借手編

図表Ⅱ－1－48　原則的な方法と簡便法との比較

(単位：千円)

	原則的な方法	利息相当額を計上しない方法	定額法
リース取引開始日	(借) リース資産 100,000 (貸) リース債務 100,000	(借) リース資産 120,000 (貸) リース債務 120,000 ※リース料総額を計上する。	(借) リース資産 100,000 (貸) リース債務 100,000 ※計上価額は原則法と同じ。
リース料支払時 減価償却時 (第1回)	(借) リース債務 8,540 　　 支 払 利 息 3,460 (貸) 現 金 預 金 12,000 (借) 減 価 償 却 費 10,000 (貸) 減価償却累計額 10,000	(借) リース債務 12,000 (貸) 現 金 預 金 12,000 (借) 減 価 償 却 費 12,000 (貸) 減価償却累計額 12,000	(借) リース債務 10,000 　　 支 払 利 息 2,000 (貸) 現 金 預 金 12,000 (借) 減 価 償 却 費 10,000 (貸) 減価償却累計額 10,000 ※毎期一定額の支払利息 (20,000千円×1/10年) を計上する。
リース料支払時 減価償却時 (第2回)	(借) リース債務 8,835 　　 支 払 利 息 3,165 (貸) 現 金 預 金 12,000 (借) 減 価 償 却 費 10,000 (貸) 減価償却累計額 10,000	(借) リース債務 12,000 (貸) 現 金 預 金 12,000 (借) 減 価 償 却 費 12,000 (貸) 減価償却累計額 12,000	(借) リース債務 10,000 　　 支 払 利 息 2,000 (貸) 現 金 預 金 12,000 (借) 減 価 償 却 費 10,000 (貸) 減価償却累計額 10,000
︙	︙	︙	︙
リース物件の返却時	(借) 減価償却累計額 100,000 (貸) リース資産 100,000	(借) 減価償却累計額 120,000 (貸) リース資産 120,000	(借) 減価償却累計額 100,000 (貸) リース資産 100,000

第1章 会　　計

⑥ 所有権移転外ファイナンス・リース取引で簡便的な方法が容認される理由

　図表Ⅱ－1－48の通り，採用する方法によって各期の仕訳や数値に差が生じるが，リース期間中の費用総額（支払利息と減価償却費の合計額）は，いずれの方法でも120,000千円で一致する。

　このように，所有権移転外ファイナンス・リース取引では，原則的な方法と簡便的な二つの方法のどれを採用してもリース期間中の費用の総額は一致する。一方，所有権移転ファイナンス・リース取引で，このような簡便法を認めた場合，残存価額（ゼロではなく自己所有の固定資産と同じ残存価額）や耐用年数（リース期間ではなく経済的使用可能予測期間）などの考え方の違いによって，採用した方法によりリース期間中の費用の総額には差が生じる。

　簡便的な方法は，所有権移転外ファイナンス・リース取引のみに認められ，所有権移転ファイナンス・リース取引には認められないが，この理由は所有権移転外ファイナンス・リース取引と所有権移転ファイナンス・リース取引の損益に及ぼす影響に差があるためである。

16　会計基準適用開始前からのファイナンス・リース取引の取扱い

(1) 概　　要

　平成19年に公表されたリース会計基準及び適用指針は，平成20年4月1日以降開始する連結会計年度及び事業年度から適用される（会計基準第23項，適用指針第76項）。この改正で最も影響を受けるのは，従来，所有権移転外ファイナンス・リース取引で，賃貸借取引に係る方法に準じて処理をしていた場合である。この場合の取扱いについて，適用指針では，改訂会計基準適用後に通常の売買取引に係る方法に準じた会計処理に変更する方法と，従来のまま，通常の賃貸借取引に係る方法のまま処理する方法を示している。

第Ⅱ編　借　手　編

図表Ⅱ－1－49　適用初年度開始前の所有権移転外ファイナンス・リース取引の取扱い
　　　　　　　（通常の売買取引に係る方法に準じた会計処理に変更する方法）

取扱い		改正リース会計基準の適用開始日		その他
		リース資産	リース債務	
①	リース取引開始日から本基準，適用指針を適用する方法（原則法）（適用指針第77項）	適用開始日のリース資産の帳簿価額	利息相当額控除後の未経過リース料残高	変更による過年度の損益に与える影響額は，特別損益として処理
②	未経過リース料残高（利息相当額控除前）を取得価額とする方法（適用指針第78項）	利息相当額控除前の未経過リース料残高	利息相当額控除前の未経過リース料残高	適用開始後は，支払利息は計上されず
③	未経過リース料残高（利息相当額控除後）を取得価額とする方法（その1）（適用指針第78項）	利息相当額控除後の未経過リース料残高	利息相当額控除後の未経過リース料残高	利息相当額を利息法により各期に配分
④	未経過リース料残高（利息相当額控除後）を取得価額とする方法（その2）（適用指針第78項）	利息相当額控除後の未経過リース料残高	利息相当額控除後の未経過リース料残高	利息相当額を定額法により各期に配分

図表Ⅱ－1－50　適用初年度開始前の所有権移転外ファイナンス・リース取引の取扱い
　　　　　　　（通常の賃貸借取引に係る方法のまま処理する方法）

取扱い		処理
①	改正リース会計基準の適用前に実施していた方法を継続（適用指針第79項）	従来の処理を継続。ただし，賃貸借取引に係る方法のまま処理している旨その他の注記が必要

第1章 会　　計

(2) 設　　例

① 条　　件

<table>
<tr><td rowspan="9">基本情報</td><td>（解約不能の）リース期間</td><td>10年（×1年4月1日から×11年3月31日）</td></tr>
<tr><td>貸手の購入価格</td><td>不明</td></tr>
<tr><td>借手の見積残存価格</td><td>不明</td></tr>
<tr><td>借手の見積購入価格</td><td>100,000千円</td></tr>
<tr><td>リース料総額</td><td>120,000千円</td></tr>
<tr><td>リース物件の経済的耐用年数</td><td>15年</td></tr>
<tr><td>借手の追加借入利子率</td><td>3.0％</td></tr>
<tr><td>リース料</td><td>毎月末12,000千円の後払い，全10回</td></tr>
<tr><td>その他の条件</td><td>・所有権移転条項……なし
・割安購入権…………なし
・リース物件は特別仕様ではない</td></tr>
<tr><td></td><td>固定資産の償却方法</td><td>定額法（企業の実態に応じた償却方法）</td></tr>
<tr><td>追加情報</td><td colspan="2">従来，賃貸借取引に係る方法に準じて処理をしていたが，×7年4月1日以降開始する事業年度から，改正リース会計基準・適用指針を適用する。</td></tr>
</table>

② リース債務の返済スケジュール表，リース資産の減価償却表

（基礎情報）

① リース料総額は，120,000千円

② 支払いは，毎期末12,000千円ずつ支払いで10回（10年）

③ 開始年度のリース資産及びリース債務の計上価額は100,000千円

④ リース料計算に適用される利率3.46％

⑤ 減価償却率は0.100％（定額法）

第Ⅱ編　借　手　編

図表Ⅱ－1－51　リース債務の返済スケジュール表，リース資産の減価償却表

(単位：千円)

回数	支払月	リース債務					リース資産		
		期首残高 A	支払リース料 B=②	返済内訳		期末残高 C=A-b	期首簿価 D	減価償却費 E	期末簿価 F=D-E
				支払利息 a=A×④	元本返済 b=B-a				
0	×1/4/1					100,000			100,000
1	×2/3/31	100,000	12,000	3,460	8,540	91,460	100,000	10,000	90,000
2	×3/3/31	91,460	12,000	3,165	8,835	82,625	90,000	10,000	80,000
3	×4/3/31	82,625	12,000	2,859	9,142	73,484	80,000	10,000	70,000
4	×5/3/31	73,484	12,000	2,543	9,457	64,026	70,000	10,000	60,000
5	×6/3/31	64,026	12,000	2,215	9,785	54,242	60,000	10,000	50,000
6	×7/3/31	54,242	12,000	1,877	10,123	44,119	50,000	10,000	40,000
7	×8/3/31	44,119	12,000	1,527	10,473	33,645	40,000	10,000	30,000
8	×9/3/31	33,645	12,000	1,164	10,836	22,809	30,000	10,000	20,000
9	×10/3/31	22,809	12,000	789	11,211	11,599	20,000	10,000	10,000
10	×11/3/31	11,599	12,000	401	11,599	0	10,000	10,000	0
			120,000	20,000	100,000			100,000	

(注)　表中の網掛けした数値は，以下の仕訳で使用する数値である。

図表Ⅱ－1－52　×7年3月31日の所有権移転外ファイナンス・リース取引
について賃貸借処理を採用していた場合の注記

① リース物件の取得価額相当額，減価償却累計額相当額，減損損失累計額相当額及び期末残高相当額

	固定資産
取得価額相当額	100,000千円
減価償却累計額相当額	60,000千円
期末残高相当額	40,000千円

② 未経過リース料期末残高相当額等

1年以内	1年超	合　計
10,473千円	33,645千円	33,645千円

③ 支払リース料，リース資産減損勘定の取崩額，減価償却相当額，支払利息相当額及び減損損失

	固定資産
取得価額相当額	12,000千円
減価償却累計額相当額	10,000千円
期末残高相当額	1,877千円

④ 減価償却費相当額の算定方法
　　リース期間を耐用年数とし，残存価額をゼロとする定額法
⑤ 利息相当額の算定方法
　　リース料総額とリース物件の取得価額の差額を利息相当額とし，利息法により配分する。

第Ⅱ編 借手編

図表Ⅱ－1－53 適用初年度開始前の所有権移転外ファイナンス・リース取引の仕訳

(単位:千円)

	リース取引開始日から本基準、適用指針を適用する方法(原則法)	未経過リース料残高(利息相当額控除前)を取得価額とする方法	未経過リース料残高(利息相当額控除後)を取得価額とする方法(利息法)
リース取引開始日 (×7年4月1日)	(借)リース資産　40,000 　　特別損失　4,119 (貸)リース債務　44,119	(借)リース資産　48,000 (貸)リース債務　48,000	(借)リース資産　44,119 (貸)リース債務　44,119 ※ 未経過リース料残高(利息相当額控除後)を計上する。
リース料支払時 減価償却時 (×8年3月1日)	(借)リース債務　10,473 　　支払利息　1,527 (貸)現金預金　12,000 (借)減価償却費　10,000 (貸)減価償却累計額　10,000	(借)リース債務　12,000 (貸)現金預金　12,000 (借)減価償却費　12,000 (貸)減価償却累計額　12,000 ※ 未経過リース料残高(×4年)を計上する。	(借)リース債務　10,473 　　支払利息　1,527 (貸)現金預金　12,000 (借)減価償却費　11,030 (貸)減価償却累計額　11,030
リース料支払時 減価償却時 (×9年3月1日)	(借)リース債務　10,836 　　支払利息　1,164 (貸)現金預金　12,000 (借)減価償却費　10,000 (貸)減価償却累計額　10,000	(借)リース債務　12,000 (貸)現金預金　12,000 (借)減価償却費　12,000 (貸)減価償却累計額　12,000	(借)リース債務　10,836 　　支払利息　1,164 (貸)現金預金　12,000 (借)減価償却費　11,030 (貸)減価償却累計額　11,030
	⋮	⋮	⋮
リース物件の返却時	(借)減価償却累計額　40,000 (貸)リース資産　40,000	(借)減価償却累計額　48,000 (貸)リース資産　48,000	(借)減価償却累計額　44,119 (貸)リース資産　44,119

※ 未経過リース料残高(利息相当額控除後)を取得価額とする場合については、(48,000－44,119)×1/4年＝970を支払利息として各期に配分(仕訳は省略)。

第2章

租　税　法

1　リース取引の意義

　法人税法におけるリース取引とは，資産の賃貸借で次に掲げる要件を満たすものである（法人税法第64条の2第3項）。
(1)　その賃貸借にかかる契約が，賃貸借期間の中途においてその解除をすることができないものであること又はこれに準ずるものであること。
(2)　その賃貸借にかかる賃借人がその賃貸借にかかる資産からもたらされる経済的な利益を実質的に享受することができ，かつ，その資産の使用に伴って生ずる費用を実質的に負担すべきこととされているものであること。
　この二つの要件は第Ⅰ編第1章で述べた会計基準における中途解約不可の要件及びフルペイアウトの要件と同じものである。したがって，法人税におけるリース取引とは，会計基準でいうファイナンス・リース取引を指すことになる。但し，会計の要件より広い範囲を包括する。それが(1)の規定にある「これに準ずるもの」である。
　上記(1)の「これに準ずるもの」とは，例えば，次に掲げるものを指すのである（法人税基本通達12の5－1－1）。
①　資産の賃貸借に係る契約に解約禁止条項がない場合であって，賃借人が契約違反をした場合又は解約する場合において，賃借人が，その賃貸借に

第Ⅱ編　借　手　編

係る賃貸借期間のうちの未経過期間に対応するリース料の額の合計額の概ね全部（原則は100分の90以上）を支払うこととされているもの
② 資産の賃貸借に係る契約において，その賃貸借期間中に解約をする場合の条項として，次のような条件が付されているもの
　　i 賃貸借資産（その賃貸借の目的となる資産をいう。）を更新するための解約で，その解約に伴いより性能の高い機種又は概ね同一の機種を同一の賃貸人から賃貸を受ける場合は解約金の支払を要しないこと。
　　ii 上記 i 以外の場合には，未経過期間に対応するリース料の額の合計額（賃貸借資産を処分することができたときは，その処分価額の全部又は一部を控除した額）を解約金とすること。

　①は賃貸期間中の解約禁止条項がなくても，期間中の契約違反や中途解約をすると未経過リース期間に対応するリース料を支払うものであり，②はバージョンアップであれば中途解約に無償で応じるが，バージョンアップ以外の解約では未経過リース期間に対応するリース料を支払うことになり，①，②とも実質上，中途解約ができないことと同様である。
　では，要件の上記(2)にある「資産の使用に伴って生ずる費用を実質的に負担すべきこと」とはいかなる内容だろうか。
　(2)の「資産の使用に伴って生ずる費用を実質的に負担すべきこと」とは，資産の賃貸借について，その賃貸借期間（中途契約解除をすることができない期間に限る。）における賃借人が支払う賃借料の金額の合計額が，その資産の取得のために通常要する価額の概ね100分の90に相当する金額を超える場合には，その資産の賃貸借は「資産の使用に伴って生ずる費用を実質的に負担すべきこと」とされているものに該当することになる（法人税法施行令第131条の2第2項）。
　さらに資産取得に通常要する価額の「概ね100分の90」の判定にあたっては，次のように取り扱うことに留意しなければならない（法人税基本通達12の5－1－2）。
　(1) 資産の賃貸借に係る契約等において，賃借人が賃貸借資産を購入する権利を有し，その権利の行使が確実であると認められる場合には，その権利

の行使により購入するときの購入価額をリース料の額に加算する。この場合，その契約書等にその購入価額についての定めがないときは，残価に相当する金額を購入価額とする。

(注)　「残価」とは，賃貸人におけるリース料の額の算定に当たって賃貸借資産の取得価額及びその取引に係る付随費用（賃貸借資産の取得に要する資金の利子，固定資産税，保険料等その取引に関連して賃貸人が支出する費用をいう。）の額の合計額から，リース料として回収することとしている金額の合計額を控除した残額をいう。

(2)　資産の賃貸借に係る契約等において，中途解約に伴い賃貸借資産を賃貸人が処分し，未経過期間に対応するリース料の額からその処分価額の全部又は一部を控除した額を賃借人が支払うこととしている場合には，その全部又は一部に相当する金額を賃借人が支払うこととなる金額に加算する。

この(1)及び(2)は，賃貸借資産の取得に通常要する価額の計算にあたって，加算しなければならない項目を示したものである。

ただし，資産の賃貸借のうち，土地の賃貸借について次に掲げるものはリース取引から除くことになる（法人税法施行令第131条の2第1項）。

(1)　法人税法施行令第138条《借地権の設定により地価が著しく低下する場合の土地等の帳簿価額の一部損金算入》の規定の適用があるもの

(2)　次の要件（これらに準ずるものを含む。）のいずれにも該当しないもの

①　その土地の賃貸借にかかる契約において定められているその賃貸借期間（以下「賃貸借期間」という。）の終了の時又はその賃貸借期間の中途においてその土地が無償又は名目的な対価の額でその賃貸借にかかる賃借人に譲渡されるものであること。

②　その土地の賃貸借にかかる賃借人に対して賃貸借期間終了の時又は賃借貸期間の中途においてその土地を著しく有利な価額で買い取る権利が与えられているものであること。

なお，これらに準ずる要件とは，次に掲げるものをいう（法人税基本通達12の5－1－3）。

③　賃貸借期間の終了後，無償と変わらない名目的な賃料によって更新す

ることが賃貸借契約において定められている賃貸借（契約上そのことが明示されていない賃貸借であって，事実上，当事者間においてそのことが予定されていると認められるものを含む。）

④　賃貸人に対してその賃貸借に係る土地の取得資金の全部又は一部を貸し付けている金融機関等が，賃借人から資金を受け入れ，その資金をしてその賃借人の賃貸料等の債務のうちその賃貸人の借入金の元利に対応する部分の引受けをする構造になっている賃貸借

この①及び②の要件は賃貸借期間中か賃貸期間終了時には売買されるということであるから，賃貸期間中か賃貸期間終了後に売買に結びつかない土地の賃貸借はリース取引から除かれることになる。

③の要件も無償と変わらない更新料で賃貸借が継続できるという通常の土地の賃貸借契約とは異なる契約であり，④は賃借人が借受ける土地取得費を金融機関を通じて融資している賃貸借であり，いずれも何らかの理由でもって，賃借人が自ら土地を購入せずに賃貸借契約で土地を賃借している形をとっている。言い換えれば，売買の変形であると考えられる。したがって，①，②同様に売買以外の土地の賃貸借はリース取引から除かれる。

2　リース取引の種類

(1)　ファイナンス・リース取引

①　所有権移転外リース取引

所有権移転外リース取引とは，リース取引のうち，次のいずれかに該当するもの（これらに準ずるものを含む。）以外のものをいう（法人税法施行令第48条の2第5項第5号）。

　i　リース期間終了の時又はリース期間の中途において，そのリース取引に係る契約において定められているそのリース取引の目的とされている資産（以下「目的資産」という。）が無償又は名目的な対価の額で，そのリース取

引に係る賃借人に譲渡されるものであること。

ii そのリース取引に係る賃借人に対し，リース期間終了の時又はリース期間の中途において，目的資産を著しく有利な価額で買い取る権利が与えられているものであること。

iii 目的資産の種類，用途，設置の状況等に照らし，その目的資産がその使用期間中そのリース取引に係る賃借人によってのみ使用されると見込まれるものであること又は目的資産の識別が困難であると認められるものであること。

iv リース期間が目的資産の法人税施行令第56条《減価償却資産の耐用年数，償却率等》に規定する財務省令で定める耐用年数に比して相当短いもの（そのリース取引に係る賃借人の法人税の負担を著しく軽減することになると認められるものに限る。）であること。

かっこ書きの「これらに準ずるもの」とは，次に掲げるものをいう（法人税基本通達7－6の2－1）。

v リース期間（リース資産の賃貸借期間をいう。以下同じ。）の終了後，無償と変わらない名目的な再リース料によって再リースすることがリース契約において定められているリース取引（リース契約上そのことが明示されていないリース取引であって，事実上，当事者間においてそのことが予定されていると認められるものを含む。）。

vi 賃貸人に対してそのリース取引に係るリース資産の取得資金の全部又は一部を貸付けている金融機関等が，賃借人から資金を受け入れ，その資金をしてその賃借人のリース料等の債務のうちその賃貸人の借入金の元利に対応する部分の引き受けをする構造になっているリース取引

判断するにあたって注意すべき点を何点か挙げておく。

iiにおける「著しく有利な価額」とは目的資産を購入する対価の額が，法定耐用年数を基礎として定率法により計算するものとした場合におけるその購入時の未償却残額に相当する金額（その未償却残額がそのリース資産の取得価額の5％相当額を下回る場合には5％相当）以上の金額とされている場合は，その対価

第Ⅱ編　借　手　編

の額がその権利行使時の公正な市場価額に比して著しく下回るものでない限り，「著しく有利な価額」に該当しない（法人税基本通達7－6の2－2）。

　ⅲにおける「その使用可能期間中そのリース取引に係る賃借人によってのみ使用されると見込まれるもの」には，次に掲げるものが該当することになる（法人税基本通達7－6の2－3）。

　　ア　建物，建物付属設備又は構築物（建築工事等の用に供する簡易建物，広告宣伝用の構築物等で移設が比較的容易に行い得るもの又は賃借人におけるそのリース資産と同一種類のリース資産に係る既往のリース取引の状況，そのリース資産の性質その他の状況からみて，リース期間終了後にその資産が賃借人に返還されることが明らかなものを除く。）を対象とするリース取引

　　イ　機械装置等で，その主要部分が賃借人における用途，その設置場所の状況等に合わせて特別な仕様により製作されたものであるため，その賃貸人がそのリース資産の返還を受けて再び他に賃貸又は譲渡することが困難であって，その使用可能期間を通じてその賃借人においてのみ使用されると認められるものを対象とするリース取引

　ただし，次に掲げる機械装置等を対象とするリース取引は，上記イのリース取引には該当しない（法人税基本通達7－6の2－4）。

　　ア　一般に配布されているカタログに示された仕様に基づき製作された機械装置等

　　イ　その主要部分が一般に配布されているカタログに示された仕様に基づき製作された機械装置等で，その付属部分が特別の仕様を有するもの

　　ウ　上記ア及びイに掲げる機械装置等以外の機械装置等で，改造を要しない又は一部の改造の上，容易に同業者等において実際に使用することができると認められるもの

　機械装置等を対象とするリース取引が，そのリース取引に係る資産の耐用年数の100分の80に相当する年数（1年未満の端数は切捨て）以上の年数をリース期間とするものである場合には，ⅲでいう「その使用可能期間中そのリース取引に係る賃借人によってのみ使用されると見込まれるもの」には該当しないもの

として取り扱うことが認められる（法人税基本通達7－6の2－5）。また，同じくⅲでいう「目的資産の識別が困難であると認められるもの」であるかどうかは，賃貸人及び賃借人において，そのリース資産の性質及び使用条件等に適合した合理的な管理方法によりリース資産が特定できるように管理されているかどうかにより判定する（法人税基本通達7－6の2－6）。

　ⅳでいう「相当短いもの」とは，リース期間がそのリース資産の耐用年数の100分の70（耐用年数が10年以上のリース資産の場合には100分の60）に相当する年数（1年未満の端数は切捨て）を下回る期間であるものをいう（法人税基本通達7－6の2－7）。

　ただし，一のリース取引において耐用年数が異なる数種の資産を取引の対象としている場合（その数種の資産について，同一のリース期間を設定しているものに限る。）において，それぞれの資産につき耐用年数を加重平均した年数（賃借人における取得価額をそれぞれの資産ごとに区分した上で，その金額ウエイトを計算の基礎として算定した年数をいう。）により判定を行っているときは，これを認める。また，再リースをすることが明らかな場合には，リース期間に再リースの期間を含めて判定することになる。

　ⅳにおいて，賃借人におけるそのリース資産と同一種類のリース資産に係るリース取引の状況，そのリース資産の性質その他の状況からみて，リース期間の終了後にそのリース資産が賃貸人に返還されることが明らかなリース取引については，「賃借人の法人税の負担を著しく軽減することになると認められるもの」には該当しない（法人税基本通達7－6の2－8）。

②　所有権移転リース取引

　上記(1)の所有権移転外リース取引の規定からすれば，ⅰ～ⅵに該当するリース取引は所有権移転外リース取引とはならない。つまり所有権移転リースとなる。会計基準からいけば，ⅰは所有権移転条項あり，ⅱは割安購入選択権あり，ⅲは特別仕様物件にそれぞれ相当する。ⅳ～ⅵは法人税法上の規定であり，租税回避行為等になると認められるリース取引，あるいはリース取引契約ではな

く実質は分割払いの売買取引等については所有権移転リース取引とするものである。

③ 会計基準との異同

会計基準においては，既に述べたように，次のようなフローでもってリース取引の判定をする。

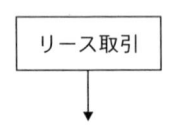

```
           ┌─────────────┐
           │  リース取引  │
           └──────┬──────┘
                  ↓
以下の二つの条件を満たすか。
  ┌──────────────────────────┐   No    ┌──────────────────────┐
  │ o 解約不能のリース取引    ├────────→│ オペレーティング・    │
  │ o フルペイアウトのリース取引│         │ リース取引           │
  └──────────┬───────────────┘          └──────────────────────┘
             │ Yes
             ↓
  ┌──────────────────────┐
  │ ファイナンス・リース取引 │
  └──────────────────────┘

さらに，次にいずれかに該当するか。
  ┌──────────────────┐   Yes   ┌──────────────────────────────┐
  │ o 所有権移転条項  ├────────→│ 所有権移転ファイナンス・      │
  │ o 割安購入選択権  │         │ リース取引                   │
  │ o 特別仕様物件    │         └──────────────────────────────┘
  └────────┬─────────┘
           │ No
           ↓
  ┌──────────────────────────────────┐
  │ 所有権移転外ファイナンス・リース取引 │
  └──────────────────────────────────┘
```

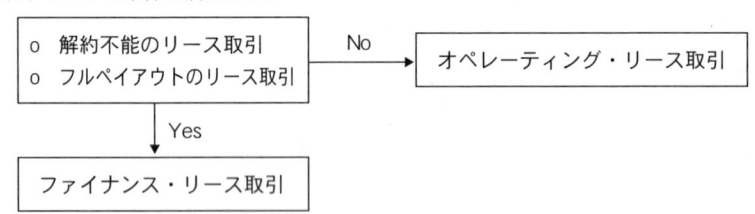

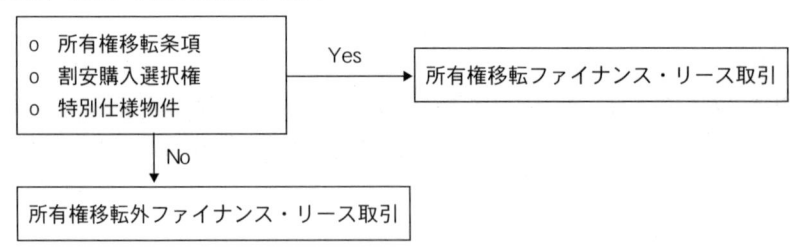

税務上も同様な判定方法をとっている。まず，リース取引を定義し，リース取引とは以下の条件を満たすものが該当する。

・　リース期間での中途解約不可

・　経済的利益を享受し，かつその費用を負担する。

つまりこの定義は，ファイナンス・リース取引について定義したものである。オペレーティング・リース取引それ自体については規定していない。税法上，オペレーティング・リースについては取り扱わないことになる。ファイナン

第2章 租　税　法

ス・リース取引の規定としては会計上の定義と実質変わらないものである。
　次いで

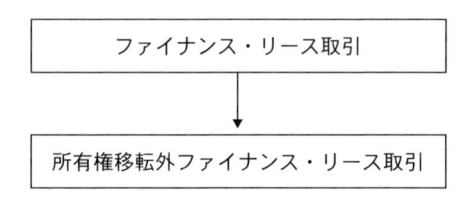

```
┌─────────────────────────┐
│   ファイナンス・リース取引   │
└─────────────────────────┘
              │
              ▼
┌─────────────────────────────────┐
│ 所有権移転外ファイナンス・リース取引 │
└─────────────────────────────────┘
```

について規定する。それは，税法独特の表現である。
　つまり

以下の条件のいずれにも該当しないもの

```
┌────────────────────────────────────────────────────┐
│ ・ リース期間終了時または期間の中途において譲渡されるもの（会計上の中途解 │
│   約条項）                                              │
│ ・ リース期間終了時または期間の中途において著しく有利な価格で買い取ること │
│   ができるもの。（会計上の割安購入権条項）                      │
│ ・ リースの目的となる資産が特別仕様のもの（会計上の特別仕様物件条項）     │
│ ・ リース期間が法定耐用年数に比して相当短く，租税回避行為と認められるもの │
│ ・ リース期間終了後，無償と変わらないような金額で再リースされるもの      │
│ ・ リースの目的となる資産を賃借人が実質的に負担しているもの           │
└────────────────────────────────────────────────────┘
              │
              ▼
┌─────────────────────────────────┐
│ 所有権移転外ファイナンス・リース取引と判定 │
└─────────────────────────────────┘
```

逆に，以上のいずれかの条件に該当するもの

```
              │
              ▼
┌──────────────────────────────┐
│ 所有権移転ファイナンス・リース取引と判定 │
└──────────────────────────────┘
```

　所有権移転ファイナンス・リース取引となるリース上の条件のうち，最後の三つは，会計上にはみられない税法独特のものである。
　税法上，租税回避行為とみられるものや，実際には無償と変わらない名目的な金額による再リースや実質的にリース賃貸業者がリース物件の金銭の負担がないような（つまり賃借側が金銭を負担している。）リースは所有権移転ファイナン

195

ス・リース取引とするのである。また，最後の三つの条件をクリアーしていれば，会計上での所有権移転外ファイナンス・リース取引の判断は税法上のそれと違わないと考えられる。税法上は所有権移転(外)リース取引と記述されているが，会計上の所有権移転(外)ファイナンス・リース取引という言葉と同義語として考える。

(2) オペレーティング・リース取引

法人税法上では，すでに述べたようにオペレーティング・リース取引に関する規定は存在しない。法人税法上の「リース取引」といった場合には，ファイナンス・リース取引を暗黙の前提としており，第Ⅰ編のオペレーティング取引に関する会計処理を見ていただければ分かる通りで，借手の法人は支払リース料を経費処理，例えば賃借料として経費処理すればよく，いわば本来のリース取引であるので税務上の斟酌は何も必要ないのである。

(3) 金銭の貸借とされるリース取引

法人が譲受人から譲渡人に対する賃貸(リース取引に該当するものに限る。)を条件に資産の売買を行った場合において，その資産の種類，その売買及び賃貸に至るまでの事情その他の状況に照らし，これら一連の取引が実質的に金銭の貸借であると認められるときは，その資産の売買はなかったものとし，かつその譲受人から譲渡人に対する金銭の貸付があったものとして，その譲受人又は譲渡人である法人の各事業年度の所得の金額を計算することになる(法人税法第64条の2第2項)。

しかし，例えば次のような場合は金銭の貸借から除かれる。
① 譲渡人が資産を購入し，当該資産をリース契約により賃貸借(所有権が移転しない土地等一定のものを除く。)するために譲受人に譲渡する場合において，譲渡人が譲受人に代わり資産を購入することに次のような相当の理由

があり，かつ，当該資産につき，立替金，仮払金等の仮勘定で経理し，譲渡人の購入価額により譲受人に譲渡するもの。
  ⅰ 多種類の資産を購入する必要があるため，譲渡人において当該資産を購入したほうが事務の効率化が図られること
  ⅱ 輸入機器のように通関事務等に専門的知識が必要とされること
  ⅲ 既往の取引状況に照らし，譲渡人が資産を購入したほうが安く購入できること
② 法人が事業の用に供している資産について，当該資産の管理事務の省力化等のために行われるもの（法人税基本通達12の5－2－1）

この規定により，たとえリース取引に該当したとしてもその実質は金銭の貸借，つまり金融取引である場合には，その実質に即して借手側も貸手側も所得計算をすることになる。

3 ファイナンス・リース取引におけるリース資産の計上

法人がリース取引を行った場合には，そのリース取引の目的となる資産の賃貸人から賃借人への引渡しの時にそのリース資産の売買があったものとして，その賃貸人又は賃借人である法人の所得を計算することになる（法人税法第64条の2第1項）。

したがって，賃借人はリース取引開始日においてそのリース資産を資産として貸借対照表に計上しなければならない。このことは，所有権移転リース取引も所有権移転外リース取引も同様である。

(1) リース資産の取得価額

賃借人におけるリース資産の取得価額は，原則としてそのリース期間中に支

払うべきリース料の額の合計額である。ただし，リース料の額の合計額のうち利息からなる部分の金額を合理的に区分することができる場合には，そのリース料の額の合計額からその利息相当額を控除した金額をそのリース資産の取得価額とすることができる。

　ただし，再リースの額は，原則としてリース資産の取得価額に算入しない。が，再リースすることが明らかな場合には，その再リース料の額は，リース資産の取得価額に含まれる。

　リース資産を事業の用に供するために賃借人が支出する付随費用の額はリース資産の取得価額に含める。

　資産の取得価額に含めなかった利息相当額は，リース期間の経過に応じて利息法又は定額法により損金の額に算入する（法人税基本通達 7 − 6 の 2 − 9）。

(2) リース期間終了後にそのリース資産を購入した場合の取得価額

　賃借人がリース期間終了の時にそのリース資産を購入した場合には，その購入直前におけるその資産の取得価額に購入代価の額を加算した金額とする。ただし，上記 2 (1)①の i 及び ii に該当するものまたはこれに準ずるものは除かれる（法人税基本通達 7 − 6 の 2 − 10）。

4　減価償却

(1) 所有権移転外リース取引の場合

　所有権移転外リース取引によって取得した資産は，「リース期間定額法」によって減価償却費を計算する（法人税法施行令第48条の 2 第 1 項第 6 号）。

計算式

$$(\text{リース資産の取得価額} - \text{残価保証額}) \times \frac{\text{その事業年度のリース資産のリース期間の月数}}{\text{リース資産のリース期間の月数}}$$

　上記計算式における「残価保証額」とは，リース期間終了時に，リース資産の処分価額が所有権移転外リース取引に係る契約において定められている保証額に満たない場合に，その満たない部分の金額をそのリース取引に係る賃借人がその賃貸人に払うこととされている場合におけるその保証額をいうのである（法人税法第48条の2第5項第6号）。

　また，上記計算式における月数は暦に従って計算し，1ケ月に満たない端数が生じたときはこれを1ケ月とする（法人税法施行令第48条の2第6項）。

　分子の月数を事業の用に供した日からカウントするのは，通常の減価償却の計算となんら変更はない。

① 既存のリース資産の資本的支出をした場合

　既存の所有権移転外リース取引に係るリース資産に資本的支出を行った場合に，新たなリース資産を取得したものとされるときは，上記計算式の分母の「リース期間」は資本的支出をした日から既存のリース資産のリース期間の終了の日までの期間となる（法人税法施行令第55条第3項）。

② リース期間終了時にリース資産を購入した場合

　リース期間終了時に購入したリース資産は，法人がその資産と同じ資産の区分である他の減価償却資産（リース資産に該当するものを除く。）について採用している償却方法に応じ，それぞれ次のように計算する（法人税基本通達7－6の2－10）。

　　定率法……その資産と同じ資産の区分である他の減価償却資産に適用される耐用年数に応ずる償却率，改定償却率，保証率による。

定額法……その購入の直前におけるその資産の帳簿価額にその購入代価の額を加算した金額を取得価額とみなし，その資産と同じ資産の区分である他の減価償却資産に適用される耐用年数からそのリース期間を控除した年数（その年数に1年未満の端数がある場合には端数を切り捨てて，その年数が2年に満たない場合には2年とする。）に応ずる償却率により計算する。

事業年度の中途にリース期間が終了する場合のその事業年度の償却限度額は，リース期間終了の日以前の期間につきリース期間定額法により計算した金額とリース期間終了の日以後につき上記により計算した金額の合計額による。

(2) 所有権移転リース取引の場合

リース取引のうち所有権移転リース取引により取得した資産は，その法人の資産であるから，法人が採用している通常の減価償却方法によって償却費を計算すればよいのである。

リース期間終了時に購入したリース資産は，引き続きその資産に採用している償却方法により計算する（法人税基本通達7－6の2－10）。

(3) 賃貸処理をしている場合

平成20年4月1日以後に締結された所有権移転外リース取引は売買があったものとして処理をしなければならないが，賃借人が以前と同様に賃借料を経費処理した場合には，その金額は償却費として損金経理した金額に含まれるのである（法人税法施行令第131条の2第3項）。

リース料が一定額でリース期間中に発生するのであれば，ある事業年度を想定した場合，その金額はリース期間定額法で計算した減価償却費と同額になるはずである。したがって申告調整は不要であり，減価償却に関する明細書の添付も必要ない。

しかし，リース期間におけるリース料の金額が一定でないというような場合には，当該事業年度におけるリース料の総額とリース期間定額法による減価償却費限度額との間に差額が生ずることになる。このような場合には，減価償却費に関する申告調整が必要になる（法人税基本通達7－6の2－16）。

5　消費税の取扱い

(1)　所有権移転外リース取引

平成20年4月1日より，法人がリース取引を行った場合には，リース取引の目的となる資産が賃貸人から賃借人へ引き渡されたときに，そのリース資産の売買があったものとする。事業の用に供した日ではなく，引き渡しがあった日が売買のあった日となることに注意していただきたい。例えば，決算が3月の法人の場合，3月中にリース物件が引き渡され，翌4月に事業の用に供した場合，消費税の計算は引き渡しを受けた今期の3月で行うことになる。しかし，減価償却は事業の用に供した翌期の4月から行うことになり，今期では減価償却費の計上はできないことになる。

所有権移転外リース取引も売買とされるので，そのリース資産を貸借対照表に計上し減価償却の計算を行うか，賃借料として以前とかわらずに費用処理することもできることは前述したところである。では，その売買に際しての消費税の処理は，どうすればよいか。

①　売買処理をした場合

法人が一括して資産計上した場合には，リース資産引き渡し時に一括してリース料の総額に係る消費税の額を引渡日の属する課税期間の課税仕入れとして税額控除することになる（消費税基本通達5－1－9，11－3－2）。

具体的な例として，119頁の仕訳を取り上げる。

第Ⅱ編　借　手　編

① リース取引開始時（×1年4月1日）

（借）リ ー ス 資 産	50,000	（貸）リ ー ス 債 務	52,500
（借）仮 払 消 費 税	2,500		

　設例は税抜きで表示してあるが，実際には仮払消費税が発生しているので，仮払消費税を表示するとともに，リース債務の金額が消費税相当額だけ増加する。

② 第1回リース料支払時（×1年4月30日）

（借）リ ー ス 債 務	691	（貸）現 金 預 金	1,000
（借）同　　　　上	41.6(注)	（貸）同　　　　上	41.6
（借）支 払 利 息	309		
（借）減 価 償 却 費	833	（貸）減価償却累計額	833

（注）　41.6≒2,500÷60回

　現金預金を60回に分けて支払時に1,000だけ支払うが，実際には「①リース取引開始時」で発生した消費税相当額分が60回に分割されて毎回加算されることになる。元利均等返済方法によっているので毎回の消費税相当額は同額になる。

③ 第2回リース料支払時（×1年5月31日）

（借）リ ー ス 債 務	695	（貸）現 金 預 金	1,000
（借）同　　　　上	41.6	（貸）同　　　　上	41.6
（借）支 払 利 息	305		
（借）減 価 償 却 費	833	（貸）減価償却累計額	833

④ 最終回リース料支払時・リース物件の返却時・決算日（×6年3月31日）

（借）リ ー ス 債 務	994	（貸）現 金 預 金	1,000
（借）同　　　　上	41.6	（貸）同　　　　上	41.6

(借)支払利息	6		
(借)減価償却費	833	(貸)減価償却累計額	833
(借)減価償却累計額	50,000	(貸)リース資産	50,000

　さらに，122頁の設例も再掲しよう。
　リース取引の判定，利息相当額の算定等は法人税法上の判断と異なるところはない。この設例も税抜きで表示してあるので，消費税の仕訳を加えたところで表示する。

① リース取引開始時の仕訳（×1年4月1日）

(借)リース資産	50,000	(貸)リース債務	50,000
(借)仮払消費税	2,500(注)	(貸)同　　　上	2,500

　（注）　2,500千円＝50,000千円×5％

　仮払消費税を計上すると共に，消費税相当額をリース負債に加算する。

② 第1回リース料支払時の仕訳（×1年6月30日）

(借)リース債務	2,099	(貸)現金預金	3,000
(借)同　　　上	125(注)	(貸)同　　　上	125
(借)支払利息	901		
(借)減価償却費	2,500	(貸)減価償却累計額	2,500

　（注）　125＝2,500÷20回

　20回の支払回数で毎回3,000千円の元利均等返済であるが，実際にはリース債務の支払いには消費税相当額だけ現金預金の出金が増える。

③ 最終回リース料支払時，リース物件返却時，決算日（×6年3月31日）

(借)リース債務	2,947	(貸)現金預金	3,000
(借)同　　　上	125	(貸)同　　　上	125
(借)支払利息	53		

第Ⅱ編　借　手　編

| （借）減価償却費 | 2,500 | （貸）減価償却累計額 | 2,500 |
| （借）減価償却累計額 | 50,000 | （貸）リース資産 | 50,000 |

同様に，半期ごとに支払う場合は次のようである。

① リース取引開始時（×1年4月1日）

| （借）リース資産 | 50,000 | （貸）リース債務 | 52,500 |
| （借）仮払消費税 | 2,500 | | |

仮払消費税を計上し，同相当額をリース債務に上乗せ計上する。元利均等返済方法なので，消費税相当額も毎回同額とする。

② 第1回半期末リース料支払時（×1年9月30日）

（借）リース債務	4,270	（貸）現金預金	6,000
（借）同　　　　上	250	（貸）同　　　　上	250
（借）支払利息	1,730		
（借）減価償却費	5,000	（貸）減価償却累計額	5,000

（注）　250＝2,500÷10回

実際には，リース債務を解消するために，上乗せした消費税相当額が現金預金から多く支出されることになる。

③ 最終回リース料支払時，リース物件の返却時，決算日（×6年3月31日）

（借）リース債務	5,799	（貸）現金預金	6,000
（借）同　　　　上	250	（貸）同　　　　上	250
（借）支払利息	201		
（借）減価償却費	5,000	（貸）減価償却累計額	5,000
（借）減価償却累計額	50,000	（貸）リース資産	50,000

年度ごとに支払う場合は以下のようである。

① リース取引開始時（×1年4月1日）

| (借)リース資産 | 50,000 | (貸)リース債務 | 52,500 |
| (借)仮払消費税 | 2,500 | | |

（注） 2,500＝50,000×5％

② 第1回年度末リース料支払時（×2年3月31日）

(借)リース債務	8,799	(貸)現金預金	12,000
(借)同上	500	(貸)同上	500
(借)支払利息	3,201		

（注） 500＝2,500÷5回

元利均等返済方法なので，消費税相当額も毎回同額とする。

③ 最終回リース料支払時，リース物件の返却時，決算日（×6年3月31日）

(借)リース債務	11,278	(貸)現金預金	12,000
(借)同上	500	(貸)同上	500
(借)支払利息	722		
(借)減価償却費	10,000	(貸)減価償却累計額	10,000
(借)減価償却累計額	50,000	(貸)リース資産	50,000

四半期，半期，年度ごとと支払い方は色々あるが，リース取引が終了する時点では，リース債務を解消するための現金預金の出金額合計及び減価償却累計額は同額となる。

② 賃借料で費用処理する場合

原則として，リース資産の引渡日に一括して課税仕入とし税額控除する。上記設例（その1）でいけば，次のような仕訳となる。

第Ⅱ編　借　手　編

① リース資産引渡日

| (借) 仮 払 消 費 税 | 2,500 | (貸) リース債務(消費税分) | 2,500 |

(注)　2,500＝リース資産50,000×5％

消費税分だけリース債務を増額する。その分，リース料支払時の金額が多くなる。元利均等返済方法によるので消費税相当額も毎回同額とする。

② 第1回目以降のリース料支払日

(借) 賃 借 料	691	(貸) 現 金 預 金	1,000
(借) リース債務(消費税分)	41.6	(貸) 現 金 預 金	41.6
(借) 支 払 利 息	309		

(注)　41.6≒2,500÷60回

③ 第2回リース料支払時

(借) 賃 借 料	695	(貸) 現 金 預 金	1,000
(借) リース債務	41.6	(貸) 現 金 預 金	41.6
(借) 支 払 利 息	305		

④ 最終回リース料支払時・リース物件返却時（×6年3月31日）

(借) 賃 借 料	994	(貸) 現 金 預 金	1,000
(借) リース債務	41.6	(貸) 現 金 預 金	41.6
(借) 支 払 利 息	6		

賃借料で処理をしてきたのでリース資産の計上はない。したがってリース物件の減価償却もない。

ただし，このような煩雑な仕訳では実務上の混乱も予想されるため，法人が会計上で賃貸借として処理した場合，いままで同様の消費税の計算をしても良いこととなった。日本税理士会連合会から「(所有権)移転外リース取引につき，事業者(賃借人)が賃貸借処理をしている場合で，そのリース料について支払

うべき日の属する課税期間における課税仕入れ等として消費税の申告をしているときは，これによって差し支えない。」旨が示されたのである。一括して控除する方法に対して分割控除とでも言える方法である。

したがって，次のような消費税の処理が認められることになった。上記の例の場合で示せば，以下のような仕訳である。

① 第1回リース料支払日（×1年4月30日）

(借) 賃 借 料	691	(貸) 現 金 預 金	1,000
(借) 支 払 利 息	309		
(借) 仮 払 消 費 税	50(注)	(貸) 現 金 預 金	50

（注）　50＝1,000×5％

② 第2回リース料支払日（×1年5月31日）

(借) 賃 借 料	695	(貸) 現 金 預 金	1,050
(借) 支 払 利 息	305		
(借) 仮 払 消 費 税	50		

以後，リース料支払時に仮払消費税を計上する。

あわせて，以下のようなことも示された。

ⅰ　リース資産ごとに一括控除と分割控除を併用することの可否

大規模な機械装置であるＡ資産と少額なＢ資産を所有権移転外リース取引により賃借した場合，賃借人はリース基準及びリース適用指針に従い，Ａ資産を売買で会計処理し，したがって消費税の仕入控除に当たっては課税期間に一括して控除する。一方，Ｂ資産については少額でもあるので賃貸借処理をし，消費税の仕入控除については分割控除方式をとることも認められる。

会計基準に基づいた経理処理を踏まえ，事業者の経理実務の簡便性という観点から，賃貸借処理した所有権移転外リース取引に係る資産については分割控除することを認めることが相当とされた。

第Ⅱ編　借　手　編

ii　仕入税額控除の時期を変更することの可否

　例えば，賃貸借処理しているリース期間が3年の所有権移転外リース取引（リース料総額945,000円）について，リース期間の初年度のその課税期間に支払うべきリース料（315,000円）について仕入税額控除（初年度分割控除）を行い，2年目にその課税期間に支払うべきリース料と残額の合計額（630,000円）について一括して仕入税額控除を行うことは認められない。

　この場合は，リース資産の引渡しを受けた日の属する課税期間（リース期間の初年度）において一括控除することが原則となる。

　分割控除はその仕入税額控除の時期において，賃貸借処理に基づいて分割控除をすることが認められるものであり，このような事例は該当しない。

iii　賃貸借処理に基づいて仕入税額控除した場合の更正の請求の可否

　事業者が，賃貸借処理した所有権移転外リース取引について分割控除して消費税の申告をしたものを，後日，リース資産の引渡しを受けた日の属する課税期間において一括控除したいとする更正の請求は，認められない。

　事業者が仕入税額控除の時期について，分割控除を選択して計算を行い申告した以上，その計算は法律の規定に従っており，また，その計算に誤りはないことから，一括控除への変更を求める請求は，請求要件に該当しない。

iv　簡易課税から原則課税へ移行した場合の取扱い

　賃貸借処理している所有権移転外リース取引について，次に掲げるような場合のリース期間の2年目以降の課税期間については，その課税期間に支払うべきリース料について仕入税額控除を行うことができる。

　　ア　リース期間の初年度において分割控除（簡便法）を適用し，リース期間の2年目以降は一括控除（原則法）に移行した場合
　　イ　リース期間の初年度において免税事業者であった者が，リース期間の2年目以降は課税事業者となった場合

　なぜなら，今回の取扱いは　賃貸借処理している移転外リース取引に係る賃借人における仕入税額控除の時期について，分割控除して差し支えないとするものであるから，事例のような場合でも仕入税額控除を行うことができるもの

である。

以上のことを会計処理との関係で整理してみれば、以下のようである。

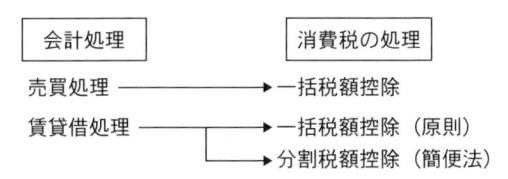

```
  会計処理              消費税の処理
売買処理    ───────▶ 一括税額控除
賃貸借処理 ──┬─────▶ 一括税額控除（原則）
            └─────▶ 分割税額控除（簡便法）
```

あくまでも、消費税の控除は一括税額控除が原則であるが、現行のリース会計基準およびリース適用指針、中小企業等に関する会計指針に基づいて、事業者の選択により分割税額控除も認められるのである。

(2) 所有権移転リース取引

所有権移転リース取引は、従来どおり、目的資産の引渡の日に売買があったものとし、原則として引渡日の属する事業年度においてそのリース料の総額に係る消費税の全額が税額控除の対象となる（消費税基本通達5－1－9）。

第1章の「5 所有権移転ファイナンス・リースの設例」の仕訳を見ていただきたい。会計上のリース取引の判定は法人税法上の判定と異なるところはない。リース資産及びリース債務の計上について、消費税を考慮して仕訳をすれば、以下のようになる。

① リース取引開始時（×1年4月1日）の仕訳

（借）リ ー ス 資 産	50,000	（貸）リ ー ス 債 務	52,500
（借）仮 払 消 費 税	2,500		

設例では消費税を税抜きで表示してあるが、消費税も仕訳に加えると仮払消費税額2,500千円分だけリース債務の金額が増えることになる。

② 第1回リース料支払時（×1年4月30日）の仕訳

（借）リ ー ス 債 務	691	（貸）現 金 預 金	1,000
（借）同　　　　　上	41.6(注)	（貸）同　　　　　上	41.6
（借）支 払 利 息	309		
（借）減 価 償 却 費	1,488	（貸）減価償却累計額	1,488

（注） 41.6≒2,500÷60回

元利均等返済方法によるので消費税相当額も毎回同額にする。

③ 第2回リース料支払時（×1年5月31日）

（借）リ ー ス 債 務	695	（貸）現 金 預 金	1,000
（借）同　　　　　上	41.6	（貸）現 金 預 金	41.6
（借）支 払 利 息	305		
（借）減 価 償 却 費	1,488	（貸）減価償却累計額	1,488

支払時には，消費税分だけ増加したリース債務を現金預金で支払うことになり，以後最終回まで続くことになる。

④ 最終回リース料支払時・リース物件の返却時・決算日（×6年3月31日）

（借）リ ー ス 債 務	994	（貸）現 金 預 金	1,000
（借）同　　　　　上	41.6	（貸）同　　　　　上	41.6
（借）支 払 利 息	6		
（借）減 価 償 却 費	254	（貸）減価償却累計額	254
（借）固 定 資 産	50,000	（貸）リ ー ス 資 産	50,000

(3) 転リース取引

転リース取引とは，リース物件の所有者（以後，元受会社という。）から当該物件のリースを受けた会社（以後，転リース会社という。）が，元受会社とのリース

取引と概ね同一の条件で，さらに同一物件を第三者（以後，エンドユーザーという。）にリースする取引をいう。

　転リース会社の会計処理については，リース会計基準では，借手としてのリース取引および貸手としてのリース取引の双方が所有権移転外リース取引に該当する場合において，貸借対照表上にエンドユーザーとのリース取引に係るリース債権またはリース投資資産を計上するとともに，元受会社とのリース取引に係るリース債務を計上するが，支払利息，売上高，売上原価等は計上せずに，エンドユーザーからの受取リース料総額と元受会社に対する支払リース料総額の差額を手数料収入として各期に配分し，転リース料差益等の名称で損益計算書に計上することとしている（適用指針第47項）。

　法人税法上では，転リース会社において，借手としてのリース取引及び貸手としてのリース取引の双方が所有権移転外リース取引に該当する場合には，元受会社から借り受ける所有権移転外リース取引については元受会社から物件を購入したものとして，また，同一物件をエンドユーザーに貸し付ける所有権移転外リース取引については当該物件をエンドユーザーに売却したものとして所得計算をする。

　なお，法人税法第63条第1項の適用に際しては，エンドユーザーからリース期間中に収受するリース料の合計額を長期割賦販売等の対価として，元受会社に支払うリース料の合計額を長期割賦販売等の原価の額と取り扱い，その所得計算の結果とリース会計基準の処理によって計算される転リース差益の金額に差異がないと認められる場合には，リース会計基準の処理を延払基準の方法に計算したものと取り扱っても差し支えない。

　消費税法上でも，転リース会社が所有権移転外リース取引により賃借した資産を他の事業者に所有権移転外リース取引として賃貸する転リース取引とする場合，賃借人として元受会社からのリース資産を譲り受ける取引と，賃貸人としてエンドユーザーに同一リース資産を譲渡する二つの取引として処理することになる。したがって，転リース会社は，リース資産の引渡し時に，原則として，賃貸人として受け取るリース料総額を一括して資産の譲渡等の対価に加算

し，賃借人として支払うリース料総額を一括して課税仕入に係る支払対価の額に加算することになる。

なお，法人税法上で延払基準の方法による経理処理が行われたと認められた場合には，消費税法上においても長期割賦販売等に係る資産の譲渡等の時期の特例を適用することができる。

(4) 維持管理費用相当額，通常の保守等の役務提供相当額の処理

157頁の設例の仕訳を見ていただきたい。設例は税抜表示なのでリース取引開始時に仮払消費税を計上する。維持管理費用相当額は維持管理費と略して表記し，元利均等返済方法なので毎回の消費税相当額は同額とする。返済スケジュール表より消費税相当額分だけ返済金額が多くなる。

① リース取引開始時（×1年4月1日）

（借）リース資産	100,000	（貸）リース債務	105,000
（借）仮払消費税	5,000		

② 第1回リース料支払時（×2年3月31日）

（借）リース債務	8,540	（貸）現金預金	13,200
（借）支払利息	3,460		
（借）維持管理費	1,200		
（借）リース債務	500(注)	（貸）現金預金	500

（注） 500＝5,000÷10回

③ 第2回リース料支払日（×3年3月31日）

（借）リース債務	8,835	（貸）現金預金	13,200
（借）支払利息	3,165		

（借）維 持 管 理 費	1,200		
（借）リ ー ス 債 務	500	（貸）現 金 預 金	500

④ 最終回リース料支払時・リース物件の返却（×6年3月31日）

（借）リ ー ス 債 務	11,599	（貸）現 金 預 金	13,200
（借）支 払 利 息	401		
（借）維 持 管 理 費	1,200		
（借）リ ー ス 債 務	500	（貸）現 金 預 金	500

維持管理費用相当額の内容は，会計の追加情報に記してあるように，固定資産税，保険料，通常の保守料であるので，ここでは不課税扱いとする。

(5) 残存リース料の取扱い

所有権移転外リース取引の会計上の処理を売買とした場合，つまり，リース資産取得時に一括して消費税を控除したことを前提に幾通りかに分けて残存リース料の取扱いを考える。

① 賃借人の倒産，リース料の支払遅延等の契約違反があったとき

中途解約が禁止されている所有権移転外リース契約であっても，賃借人の倒産，リース料の支払遅延等の契約違反があったときは，賃貸人は契約を解除することができる。この場合，リース物件の資産の譲受けはその引渡しの際に行われているので，賃借人から賃貸人への残存リース料の支払いは当該譲受けに係るリース債務の返済にすぎないため，消費税法上は課税の対象外となる。

また，賃借人が賃貸人にリース物件を返還し残存リース料の一部又は全部が減額された場合，賃借人はリース物件の返還があった時に代物弁済による資産の譲渡があったものと認められ，代物弁済により消滅する債務の額として，こ

の減額した金額を対価とする資産の譲渡が行われたものとして取り扱う（消費税法第2条第1項第8号，消費税法施行令第45条第2項第1号，消費税基本通達9－3－6の3）。

② リース物件が滅失・毀損し，修復不能となったとき

　リース物件が滅失・毀損し，修復不能となったときは，賃借人は賃貸人に残存リース料を支払いリース契約が終了する。この場合，賃借人から賃貸人への残存リース料の支払いは，上記①と同様にリース債務の返済にすぎないため，課税の対象外となる。

　また，賃貸人にリース物件の滅失等を起因として保険金が支払われることにより，残存リース料の一部又は全部が減額される場合，リース料の値引きがあったものと認められ，この残存リース料の減額は仕入に係る対価の返還等として扱われる。

③ リース物件の陳腐化のための借換えなどにより，賃借人と賃貸人との合意に基づき解約するとき

　リース物件の陳腐化のための借換えなどにより，賃借人と賃貸人との合意に基づきリース契約を解約するときは，賃借人は賃貸人に残存リース料を支払うことになる。この場合，賃借人から賃貸人への残存リース料の支払いは，①と同様にリース債務の返済にすぎないため，やはり課税の対象外となる。

　また，賃借人と賃貸人との合意に基づきリース物件の陳腐化のため，リース物件を廃棄するとともに残存リース料の一部または全部を減額する場合は，リース料の値引きがあったものと認められ，この残存リース料の減額は仕入に係る対価の返還等として取り扱われる。

　これらは，所有権移転外リース取引を原則どおりに売買として会計処理をした場合のケースである。前述したように，1年未満のリース期間でのリース取引又は総額300万円未満のリース取引は賃貸借での経理処理も認められる。したがって，賃貸借処理をしている場合には，解約時点での支払時期が到来して

いないリース料に係る消費税額は控除していないことになる。上記①，②，③のケースにおいて，残存リース料の一部または全部を支払うことで賃借人と賃貸人との間で合意がなされた場合には，支払った金額を支払った日の属する事業年度で仕入に係る対価の額に算入することになる。

具体的には160頁の設例を参考にしよう。

この設例において，リース資産の使用開始時点で，リース債務返済スケジュール表を作成したが，リース資産の取得の仕訳をせず，法人がリース資産を賃貸借として処理したとしよう。そうすると，リース資産取得時には何の仕訳もしていないから，第１回目にリース料の支払い時から仕訳が起きる。設例は税抜きなので，消費税の仕訳を追加すると，

① **第１回目リース料支払時**（×２年３月31日）

(借) リ ー ス 料	8,540	(貸) 現 金 預 金	12,000
(借) 仮 払 消 費 税	500(注)	(貸) 同　　　　上	500
(借) 支 払 利 息	3,460		

　　（注）　500＝100,000×５％÷10年

⋮

⑥ **第６回目リース料支払時**（×７年３月31日）

(借) リ ー ス 料	10,123	(貸) 現 金 預 金	12,000
(借) 仮 払 消 費 税	500	(貸) 同　　　　上	500
(借) 支 払 利 息	1,877		

となる。第６回の支払いまでは，仮払消費税500千円が加わり，現金預金の支払いが増額になる。支払金額は元利均等方法なので12,500千円で同額となるが，リース料と支払利息の金額がリース債務返済スケジュール表に従って毎回異なってくる。

前述した理由，例えばリース物件の陳腐化によりリース契約を解約し，その解約に伴う損害金として50,000千円を支払うことで合意したので第７回目の支

払いはなし。解約（リース資産の未償却残高の処理）の仕訳は不要となる。なぜなら，もともとこのリース物件は賃貸借で処理をしてきたのであり，リース資産及びリース債務の計上が行われていないからである。変わるのは解約の仕訳で規定損害金が50,000千円（税抜金額）で合意した仕訳である。

解約の仕訳（規定損害金の処理）

（借）リース契約解約損 50,000	（貸）現　金　預　金	52,500
（借）仮　払　消　費　税 2,500		

実際に規定損害金を支払った時点で消費税を控除することになる。

(6) 残価保証等の取扱い

　所有権移転外リース取引を会計上で売買処理をした場合を前提として考えると，リース期間終了時にリース資産等の処分価額がリース取引に係る契約において定められている保証額に満たない場合，その満たない部分の金額をそのリース取引に係る賃借人が賃貸人に支払うこととされている場合における残価保証額は，リース取引開始時において消費税の課税対象とはならない。

　なぜなら，リース資産の譲渡の対価の額とは，リース契約書等において「リース料総額」又は「月額リース料及びリース期間における月数」を記載してリース資産の譲渡に係る当事者間で授受することとした対価の額をいうのであるから，リース資産に係るリース契約の残価保証額の定めが付されたリース取引であっても，リース資産の引渡し時には，当該リース契約書等で収受することとしたリース料総額を対価としてリース譲渡が行われたことになるからである。

　リース契約において残価保証額を定めていた場合には，リース資産が賃貸人に返還され賃貸人が当該リース資産を第三者に売却した後に精算金額が確定し，賃貸人から賃借人に対して請求される。したがって，リース契約における残価保証額等の定めに基づいて賃借人が賃貸人に支払う残価保証金は，その支払うべき金額が確定した日の属する課税期間における資産の譲渡等の対価の額に加

算することとなる（消費税法第28条，消費税基本通達９－３－６の４）。

以上のことを150頁の設例で解説する。

リース取引の判定，リース資産及びリース負債の計上価額等については，法人税法上の判断と異なることはない。ただ，この設例は税抜きでの数字であり，また残価保証額をリース料総額に含めてあるので注意すること。消費税を考慮したところで仕訳を再掲する。

① リース取引開始時（×１年４月１日）

（借）リース資産	100,000	（貸）リース負債	100,000
（借）仮払消費税	5,000(注)	（貸）リース債務	5,000

　（注）　5,000＝100,000×５％

② 第１回リース料支払時（×２年３月31日）

（借）リース債務	7,862	（貸）現金預金	12,000
（借）同　　　上	500	（貸）同　　　上	500
（借）支払利息	4,138		
（借）減価償却費	9,500	（貸）減価償却累計額	9,500

　（注）　500＝5,000÷10回

実際は，現金預金の出が仮払消費税の分だけ増えることになる。第２回目から最終回リース支払時まで同様である。

③ 第２回リース料支払時・決算日（×３年３月31日）

（借）リース債務	8,188	（貸）現金預金	12,000
（借）同　　　上	500	（貸）同　　　上	500
（借）支払利息	3,812		
（借）減価償却費	9,500	（貸）減価償却累計額	9,500

④ 最終回リース料支払時・決算日（×11年3月31日）

（借）リース債務	16,325	（貸）現金預金	12,000
（借）同上	500	（貸）同上	500
（借）支払利息	675	（貸）その他流動負債	5,000
（借）減価償却費	9,500	（貸）減価償却累計額	9,500

リース料総額に含めた残価保証額は実際の支払金額が確定するまで流動負債に計上する。

⑤ リース物件の返却時

（借）減価償却累計額	95,000	（貸）リース資産	100,000
（借）その他流動資産	5,000		

リース資産と減価償却累計額との差額の残存価額を流動資産に計上する。残存価額は残価保証額と同額である。

リース物件を返却した後で，そのリース物件の処分価額が2,000千円と確定した。残価保証は5,000千円であるから，差し引き3,000千円の支払義務が確定する。このときの3,000千円は税抜きであるから

⑥ 処分価額（2,000千円）の確定時

（借）その他流動負債	5,000	（貸）その他流動資産	5,000
（借）リース資産売却損	3,000	（貸）未払金	3,000
（借）仮払消費税	150(注)	（貸）同上	150

（注） 150＝3,000×5％

という仕訳になる。

所有権移転外リース取引を会計上賃貸借として処理した場合は上記(5)の残価リース料の取扱いのケースと同様に考えられる。残存リース料の他に，残価保証額を支払うことで賃借人と賃貸人との間で合意が成立した場合には，支払った金額を支払った日の属する事業年度で仕入れの対価に算入することになる。

(7) リース料の前払い

リース料を前払いするケースについては，161頁で解説してあるので，この設例に基づいて消費税を示す。

リース取引の判定，リース資産及びリース債務の計上は法人税法上と異なるところはない。リース資産をリース取引開始時に取得したものと処理すれば，以下のような仕訳となる。

① リース取引開始時（×1年4月1日），第1回リース料支払時

(注) $5,000=100,000×5\%$

(借) リ ー ス 資 産	100,000	(貸) リ ー ス 債 務	100,000
(借) 仮 払 消 費 税	5,000(注)	(貸) 同 上	5,000
(借) リ ー ス 債 務	12,000	(貸) 現 金 預 金	12,000
(借) 同 上	500	(貸) 同 上	500

② 第2回リース料支払時，決算時（×2年3月31日）

(注) $500=5,000÷10年$

(借) リ ー ス 債 務	8,212	(貸) 現 金 預 金	12,000
(借) 同 上	500(注)	(貸) 同 上	500
(借) 支 払 利 息	3,788		
(借) 減 価 償 却 費	10,000	(貸) 減価償却累計額	10,000

元利均等方法なので消費税相当額も毎回同額とする。

以後，第3回支払時から第10回の支払いまで消費税分のリース債務500千円が解消され，その分現金預金の支払いが増えることになる。支払利息と本来のリース資産に係るリース債務の数字は返済スケジュール表の通りである。

第Ⅱ編　借　手　編

(8) 会計基準適用開始前からのファイナンス・リース取引の取扱い

　平成20年4月1日以前に開始した所有権移転外ファイナンス・リース取引については，改正前の税法が適用される。したがって，事業者が会計処理をどう選択するのか，従来通りの賃貸借で処理するのかあるいは売買として処理するのか，によって消費税の計算が異なる。

　従来通りの賃貸借での処理であれば，リース料を支払うごとに仮払消費税を控除すればよい。前述した分割控除の方法である。売買処理については，会計処理の設例に従って説明しよう。

　「会計基準適用開始前からのファイナンス・リース取引の取扱い」の186頁の仕訳をご覧いただきたい。会計基準の取扱いのうち，どの方法を選択するかによって異なる売買に関する仕訳が一覧表になっている。消費税に関しては，これまで述べてきたように，税抜きの数字で記載されているので，仮払消費税を加えて仕訳を考える。

① リース取引開始日から本基準，適用指針を適用する方法（原則法）
〔リース取引開始日（×7年4月1日）〕

```
(借) リース資産　　40,000　　(貸) リース債務　　44,119
(借) 特 別 損 失　　 4,119
```

　この時点で消費税を認識しないこと。改正前のリース取引については改正前の税法が適用されるから，所有権移転外ファイナンス・リース取引を賃貸借として経理していた場合には，従前のようにリース料の支払時に仮払消費税を計上する。

〔×8年3月31日〕

```
(借) リース債務　　10,473　　(貸) 現 金 預 金　　12,000
(借) 支 払 利 息　　 1,527
```

第2章 租　税　法

```
（借）仮 払 消 費 税      500(注)  （貸）現 金 預 金      500
（借）減 価 償 却 費   10,000     （貸）減価償却累計額  10,000
```

（注）　500＝100,000×5％÷10回

　改正後のリース会計基準の適用により，×7年4月1日にリース資産を計上したので，今年度より減価償却費を計上する。

　翌年度以降の仕訳を示しておこう。

〔×9年3月31日〕

```
（借）リ ー ス 債 務   10,836   （借）現 金 預 金   12,000
（借）支 払 利 息    1,164
（借）仮 払 消 費 税      500   （借）現 金 預 金      500
（借）減 価 償 却 費   10,000   （貸）減価償却累計額  10,000
```

〔×10年3月31日〕

```
（借）リ ー ス 債 務   11,211   （借）現 金 預 金   12,000
（借）支 払 利 息      789
（借）仮 払 消 費 税      500   （借）現 金 預 金      500
（借）減 価 償 却    10,000   （貸）減価償却累計額  10,000
```

〔×11年3月31日〕

```
（借）リ ー ス 債 務   11,599   （貸）現 金 預 金   12,000
（借）支 払 利 息      401
（借）仮 払 消 費 税      500   （貸）現 金 預 金      500
（借）減 価 償 却    10,000   （貸）減価償却累計額  10,000
```

②　未経過リース料残高（利息相当額控除前）を取得価額とする方法

　①同様に消費税の仕訳を加えたものを示す。

第Ⅱ編　借　手　編

〔リース取引開始日（×7年4月1日）〕

| （借）リース資産 | 48,000 | （貸）リース債務 | 48,000 |

この時点で消費税を計上しない。

〔リース料支払時（×8年3月31日）〕

（借）リース債務	12,000	（貸）現金預金	12,000
（借）仮払消費税	500	（貸）現金預金	500
（借）減価償却費	12,000	（貸）減価償却累計額	12,000

リース料支払時の×9年3月31日から×11年3月31日まで上記仕訳と同様の仕訳となる。

③　未経過リース料残高（利息相当額控除後）を取得価額とする方法

〔リース取引開始時（×7年4月1日）〕

| （借）リース資産 | 44,119 | （貸）リース債務 | 44,119 |

〔リース料支払時（×8年3月31日）〕

（借）リース債務	10,473	（貸）現金預金	12,000
（借）支払利息	1,527		
（借）仮払消費税	500	（貸）現金預金	500
（借）減価償却費	11,031	（貸）減価償却累計額	11,031

以後リース料支払時に仮払消費税を計上するのは，①，②の方法と同様である。

①，②，③のいずれの方法でも消費税の計上方法は同じである。つまり，リース資産を計上した事業年度では仮払消費税を控除せず，リース料の支払時に仮払消費税を計上する方法である。②，③どちらの方法でも①同様にリース料支払時の仮払消費税の額は500千円となる。これは，（注）で示したように500＝100,000×5％÷10回の計算による。

第 2 章　租　税　法

(9)　セール・アンド・リースバック取引

　セール・アンド・リースバック取引の場合は，原則として，目的資産に係る譲渡代金の支払時に金銭の貸付けがあったものとする（消費税法基本通達 5 - 1 - 9）。

　ただし，金銭の貸借ではないセール・アンド・リースバック取引を考えよう。第1章「14　セール・アンド・リースバック取引における借手の会計処理」の設例をもとに消費税を説明する。

① 　資産売却・リース取引開始時（×1年4月1日）

（借）減価償却累計額　32,500	（貸）有形固定資産　130,000
（借）現　金　預　金　102,500	（貸）仮 受 消 費 税　6,500(注1)
（借）現　金　預　金　6,500	（貸）長 期 前 受 収 益　5,000
（借）リ ー ス 資 産　99,099	（貸）リ ー ス 債 務　99,099
（借）仮 払 消 費 税　4,950(注2)	（貸）同　　　　　上　4,950

（注1）　6,500＝130,000×5％
（注2）　4,950≒99,099×5％

　設例は消費税が考慮されてないので，消費税を考慮した仕訳を考えると，有形固定資産の売却時には仮受消費税を計上し，リース資産を計上するときには仮払消費税も計上することになる。注1及び注2の仕訳が消費税分である。

② 　第1回リース料支払時，決算時（×2年3月31日）の仕訳

（借）リ ー ス 債 務　8,378	（貸）現　金　預　金　12,000
（借）同　　　　　上　495(注)	（貸）同　　　　　上　495
（借）支 払 利 息　3,622	
（借）減 価 償 却 費　9,900	（貸）減価償却累計額　9,900
（借）長 期 前 受 収 益　500	（貸）長期前受収益償却　500

（注）　495＝4,950÷10年

①のリース取引開始時に示したように，リース債務が仮払消費税相当額分だけ増額になっている。全10回でこの消費税相当額のリース債務を現金預金で支払っていくことになる。毎回の支払額が均等になるように，消費税相当額のリース債務も10回で分割した。

③ 第10回リース料支払時，決算日，返却時（×11年3月31日）

（借）リース債務	11,577	（貸）現金預金	12,000
（借）同　　　　上	495	（貸）同　　　　上	495
（借）支払利息	423		
（借）減価償却費	9,909	（貸）減価償却累計額	9,909
（借）長期前受収益	500	（貸）長期前受収益償却	500
（借）減価償却累計額	99,009	（貸）リース資産	99,009

(10) ファイナンス・リース取引における利息等

ファイナンス・リース取引に係るリース料のうち，利子又は保険料相当額（その契約において利子又は保険料の額として明示されている部分に限る。）は，非課税となる（消費税法基本通達6－3－1(17)）。

(11) オペレーティング・リース取引

オペレーティング・リース取引の場合は，原則として，リース料支払期日においてその都度そのリース料に係る消費税の額を税額控除の対象とする（消費税法基本通達9－1－20）。

6 圧縮記帳

　所有権移転外リース取引により取得したとされるリース資産については，圧縮記帳制度の対象外となる（法人税法第47条，租税特別措置法第65条の7第15項二）。

7　少額減価償却資産等

　法人が取得した減価償却資産のうち，(1)使用可能期間が1年未満のもの，又は(2)取得価額が10万円未満のもの，は少額の減価償却資産となり，その法人がこの減価償却資産を事業の用に供した事業年度において，その取得価額に相当する金額を損金経理した場合には，その損金経理した金額は損金の額に算入される。また取得価額が20万円未満の減価償却資産については，各事業年度ごとにその全部又は一部の合計額を一括し，これを3年間で償却する一括償却資産の損金算入の規定を選択することができる。
　しかし，所有権移転外リース取引により取得したとされるリース資産については，少額な減価償却資産の取得価額の損金算入制度及び一括償却資産の損金算入制度の対象外となる（法人税法施行令第133条，第133条の2）。

8　中小企業者等の少額減価償却資産の取得価額の損金算入の特例

　資本の額又は出資金の額が1億円以下の中小企業者等（青色申告法人に限る。）が，取得価額30万円未満の減価償却資産を平成15年4月1日から平成22年3月31日までの間に取得などをして事業の用に供した場合には，一定の要件のもと

に，その取得価額に相当する金額を損金の額に算入することができる。

　この特例は，取得価額が30万円未満である減価償却資産について適用があるので，器具備品，機械装置の有形減価償却資産のほかに，ソフトウエア，特許権等の無形減価償却資産も対象となるが，所有権移転外リース取引に係る賃借人が取得したとされる資産も適用対象となり特例が受けられる（租税特別措置法第67条の５，租税特別措置法施行令第39条の28）。

9　特別償却等

(1)　所有権移転外リース取引により取得したとされる減価償却資産は，各種租税特別措置法上の特別償却の対象外となる（租税特別措置法第42条の５第６項，第42条の６第６項，第42の７第８項等）。

(2)　所有権移転外リース取引により取得したとされる減価償却資産は，新たに取得した場合の租税特別措置法上の特別税額控除の対象となる（租税特別措置法第42条の５第２項，第42条の６第２項，第42条の７第２項等）。

10　そ の 他

(1)　受取配当等の益金不算入

　賃借人が，リース取引に係るリース料の額の合計額のうち利息相当額をそのリース資産の取得価額に含めないこととしている場合のその利息相当額は，受取配当等の益金不算入額の計算上は控除負債利子の計算対象となる「支払負債利子」に含めることになる。

(2) 事業税の外形標準課税

賃借人が元本と区別して経理処理した支払利息は、事業税の外形標準課税における付加価値の「純支払利子」に含まれる。

(参考文献)
『キーワードでわかるリースの法律・会計・税務』井上雅彦　税務研究会出版局
『リース取引の会計と税務』太田達也　税務研究会出版局
『Q&Aリース会計・税務の実務ガイド』あずさ監査法人・KPMG税理士法人　中央経済社
国税庁ホームページ「質疑応答事例」

第Ⅱ編 借手編

第 3 章

税効果会計

1　税効果会計の意義

　税効果会計とは，会計上の費用及び収益項目が同一事業年度に税務上の損金及び益金とならず，翌事業年度以降損金及び益金となる場合に，この前払税金分を繰延税金資産とし，未払税金分を繰延税金負債とするというものである。
　リース取引において，会計と税務での取扱いが異なれば税効果会計の対象となるが，その取引とは概ね次のような場合である。
(1)　新リース会計基準の早期適用
(2)　既契約取引の所有権移転外ファイナンス・リース取引
(3)　所有権移転外ファイナンス・リース取引の減価償却方法
　詳細は第Ⅰ編を参照のこと。

2　既契約取引の所有権移転外 ファイナンス・リース取引

　平成20年4月1日以降，既契約取引の所有権移転外ファイナンス・リースで賃貸借の方法で会計処理をしていたものを，リース会計基準等に従って資産の

第3章　税効果会計

売買に係る方法に準じた会計処理に変更することがある。この場合の会計処理及び消費税の取扱いについては，第1章及び第2章で概説した。ここでは，第1章の設例を基に税効果を検討する。

税法は平成20年4月1日以降に開始するリース取引について改正されたのであって，それ以前のリース取引について賃貸借の方法に準じた方法から資産の売買に準じた方法に変更した場合については言及していない。ただ，平成20年4月1日以降開始した所有権移転外ファイナンス・リース取引は，売買に準じた会計処理をするのが原則となったこと，その場合におけるリース資産の償却方法はリース期間定額法であることはすでに述べたところである。

第1章の設例によれば，×1年4月1日以前に開始した所有権移転外ファイナンス・リース取引を賃貸借に準じた会計処理から×7年4月1日に資産の売買に準じた会計処理に変更している。ここで新たに所有権移転外ファイナンス・リース取引が発生したと考える。リース資産を計上したことによってリース料支払時に減価償却費が発生する。①から③までの減価償却費とリース期間定額法による減価償却費を比較しよう。

リース期間定額法による減価償却費

・リース資産の取得価額　　　12,000×4回＝48,000

・リース資産のリース期間の月数　48月（×8年3月31日～×11年3月31日）

・×8年3月31日の減価償却費　$48,000 \times \dfrac{12}{48} = 12,000$

この計算から税務上の減価償却限度額は12,000となる。①～③の方法によるリース料支払時の減価償却費は，定額法によっているので各回で同額になる。いま，金額を比較すると以下の通りである。

---

①による減価償却費　　10,000＜12,000

②による減価償却費　　12,000＝12,000

③による減価償却費　　11,030＜12,000

第Ⅱ編　借　手　編

①～③の方法によるリース料支払時の減価償却費は，税務上の減価償却限度額以内であるので，申告調整の必要がない。したがって税効果会計を適用することもない。

設例のような定額法でなく，事業者が定率法を選択した場合には次の事例のように税効果の対象になる。

3　所有権移転外ファイナンス・リース取引の減価償却方法

所有権移転外ファイナンス・リース取引によって取得したリース資産の減価償却方法は，会計上は定額法，定率法，級数法，生産高比例法等の中から企業の実態に応じた方法を採用することができるが（適用指針第28項），法人税法上はリース期間定額法と規定されている（法人税法施行令第48条の2第1項第6号）。

したがって，会計上でリース期間定額法以外の減価償却方法を選択し，税務上の減価償却限度額を超過した場合には，申告調整が必要になる。

次のような設例で税効果について解説する。

《条　件》

基本情報	（解約不能の）リース期間	5年（×1年4月1日から×6年3月31日）
	リース料総額	3,000千円
	リース料	毎月末50,000円の後払い，全60回
	減価償却資産の償却方法	定額法
	減価償却資産の残存価額	ゼロ
追加情報	このリース取引は所有権移転外ファイナンス・リース取引に該当する。	

×1年の期首に所有権移転外ファイナンス・リース取引を開始して，各月末にリース料を支払うことにした。この所有権移転外ファイナンス・リース取引

の場合，減価償却方法について法人税法上はリース期間定額法で行わなければならない。しかし，法人側が定率法による減価償却方法を選択した。会計上の減価償却費と税務上の減価償却費の差額及びそれに係る法人税を計算し，5年分を表示すると次の通りである。法定実効税率は便宜上40％と仮定した。

	会　計　上		税　務　上		申告調整	税　金
	簿　価	減価償却費(A)	簿　価	減価償却費(B)	A－B	40％
	3,000		3,000			
×2年決	1,500	1,500	2,400	600	900	360
×3年決	750	750	1,800	600	150	60
×4年決	375	375	1,200	600	225	△90
×5年決	187.5	187.5	600	600	412.5	△165
×6年決	0	187.5	0	600	412.5	△165

＊　5年の定率法の償却率……0.5

この結果を受けて税金相当額を仕訳する。

（仕　訳）

〔×2年決算時〕

| （借）繰延税金資産 | 360 | （貸）法人税等調整額 | 360 |

〔×3年決算時〕

| （借）繰延税金資産 | 60 | （貸）法人税等調整額 | 60 |

〔×4年決算時〕

| （借）法人税等調整額 | 90 | （貸）繰延税金資産 | 90 |

〔×5年決算時〕

| （借）法人税等調整額 | 165 | （貸）繰延税金資産 | 165 |

第Ⅱ編　借　手　編

〔×6年決算時〕

| （借）法人税等調整額 | 165 | （貸）繰延税金資産 | 165 |

　×2年決算時の繰延税金資産360千円と×3年決算時の繰延税金資産60千円の合計額420千円が×4年決算から×6年決算までの3年間で解消されることになる。

　繰延税金資産は貸借対照表の「流動資産」の部か固定資産の部の「投資その他の資産」に，繰延税金負債は同様に流動負債か固定負債に区分して表示することになる。この流動か固定かの区分は繰延税金資産及び繰延税金負債の要因になった一時差異等を有する資産又は負債が流動か固定かによって区分することとしている。ただし，特定の資産あるいは負債と係わりを持たない税務上の繰越欠損金等に係る繰延税金資産については，翌期に解消する見込みであれば流動資産とし，それ以外は投資その他の資産として表示する。

　法人税等調整額は損益計算書に表示される。×2年から×6年までの決算における損益計算書を示すと以下の通りである。

<損益計算書>

	×2年決算	×3年決算
減 価 償 却 費	△1,500	△750
そ の 他 利 益	12,500	11,750
税引前当期利益	11,000	11,000
法人税・住民税等	△4,760(注1)	△4,460(注2)
法人税等調整額	＋ 360	＋ 60
当 期 利 益	6,600	6,600

（注1）　4,760＝(11,000＋900)×40％
（注2）　4,460＝(11,000＋150)×40％

第3章　税効果会計

＜損益計算書＞

	×4年決算	×5年決算
減価償却費	△375	△187.5
その他利益	11,375	11,187.5
税引前当期利益	11,000	11,000
法人税・住民税等	△4,310 (注3)	△4,235 (注4)
法人税等調整額	△90	△165
当期利益	6,600	6,600

（注3）　$4,310 = (11,000 - 225) \times 40\%$
（注4）　$4,235 = (11,000 - 412.5) \times 40\%$

＜損益計算書＞

	×6年決算
減価償却費	△187.5
その他利益	11,187.5
税引前当期利益	11,000
法人税・住民税等	△4,235 (注5)
法人税等調整額	△165
当期利益	6,600

（注5）　$4,235 = (11,000 - 412.5) \times 40\%$

以上のことから，税効果によって，税引前当期利益が11,000千円で同じ金額であれば，法人・住民税等の税額は40％の4,400千円になり当期利益も同額の6,600千円とすることができる。税効果会計を適用することによって適正な期間比較あるいは企業間比較が可能となる。

つづいて，×2年から×6年までの決算時の別表四と別表五(一)を表示する。

第Ⅱ編　借　手　編

別表四（×2年決算）

区　　　分	総　　額	処　　分	
		留　保	社外流出
	①	②	③
当　期　利　益	6,600	6,600	
加算　損金算入納税充当金	4,760	4,760	
減価償却超過額	900	900	
減算　法人税等調整額	360	360	
所　得　金　額	11,900	11,900	

別表五(一)

区　分	期首現在利益積立金	当期中の増減		当期利益処分等による増減	翌期首利益積立金
		減	増		
	①	②	③	④	⑤
減価償却超過額			900		900
繰延税金資産			△360		△360
納税充当金			4,760		4,760

別表四（×3年決算）

区　　　分	総　　額	処　　分	
		留　保	社外流出
	①	②	③
当　期　利　益	6,600	6,600	
加算　損金算入納税充当金	4,460	4,460	
減価償却超過額	150	150	
減算　法人税等調整額	60	60	
所　得　金　額	11,150	11,150	

第3章 税効果会計

別表五㈠

区分	期首現在利益積立金	当期中の増減 減	当期中の増減 増	当期利益処分等による増減	翌期首利益積立金
	①	②	③	④	⑤
減価償却超過額	900		150		1,050
繰延税金資産	△360		△60		△420
納税充当金	4,760	4,760	4,460		4,460

別表四（×4年決算）

区分	総額	処分 留保	処分 社外流出
	①	②	③
当期利益	6,600	6,600	
加算　損金算入納税充当金	4,310	4,310	
減価償却超過額	90	90	
減算　法人税等調整額	225	225	
所得金額	10,775	10,775	

別表五㈠

区分	期首現在利益積立金	当期中の増減 減	当期中の増減 増	当期利益処分等による増減	翌期首利益積立金
	①	②	③	④	⑤
減価償却超過額	1,050	225			825
繰延税金資産	△420	△90			△330
納税充当金	4,460	4,460	4,310		4,310

第Ⅱ編　借手編

別表四（×5年決算）

区　　　　分	総　額	処　分	
		留　保	社外流出
	①	②	③
当　期　利　益	6,600	6,600	
加算　損金算入納税充当金	4,235	4,235	
減価償却超過額	165	165	
減算　法人税等調整額	412.5	412.5	
所　得　金　額	10,587.5	10,587.5	

別表五㈠

区　分	期首現在利益積立金	当期中の増減		当期利益処分等による増減	翌期首利益積立金
		減	増		
	①	②	③	④	⑤
減価償却超過額	825	412.5			412.5
繰延税金資産	△330	△165			△165
納税充当金	4,310	4,310	4,324		4,325

別表四（×6年決算）

区　　　　分	総　額	処　分	
		留　保	社外流出
	①	②	③
当　期　利　益	6,600	6,600	
加算　損金算入納税充当金	4,235	4,235	
減価償却超過額	165	165	
減算　法人税等調整額	412.5	412.5	
所　得　金　額	10,587.5	10,587.5	

第3章 税効果会計

別表五㈠

区　　分	期首現在利益積立金	当期中の増減		当期利益処分等による増減	翌期首利益積立金
		減	増		
	①	②	③	④	⑤
減価償却超過額	412.5	412.5			0
繰延税金資産	△165	△165			0
納税充当金	4,235	4,235	4,235		4,235

　以上のように，×6年決算において×2年決算に計上された減価償却超過額及び繰延税金資産がすべて解消されることになる。

（参考文献）
『わかりやすい個別企業の税効果会計と税務申告調整』大江晋也　税務経理協会
『税効果会計の実務』手塚仙夫　清文社

第III編

貸手編

第1章

会　　　計

1　リース取引の判定と会計処理の流れ

(1)　貸手が行うリース取引の判定

　貸手も借手と同様に，適切な会計処理を行うため，リース取引を分類しなければならない。貸手が行うリース取引の判定も，借手が行う判定と変わらない。但し，借手と違い，貸手の場合，当然に，貸手の現金購入価額または現金販売価額によって現在価値の判定を行う。また，借手が現在価値基準の判定を行う際に用いる割引率は，貸手の計算利子率を知り得ないときは，借手が割引率を見積ることになるが，貸手の場合，当然に，貸手の計算利子率を使用することになる。

(2)　所有権移転ファイナンス・リース取引の会計処理の基本

　所有権移転ファイナンス・リース取引は，リース物件の売却とリース債権の回収取引と理解することができる。そこで，貸手は，リース取引開始日に，通常の売買取引に係る方法に準じた会計処理によりリース債権を計上した上で，各期のリース債権残高に対して，一定の利益率になるように利息相当額（＝

第Ⅲ編　貸　手　編

リース料総額−リース物件の購入価額）をリース期間にわたり利息法により配分する（会計基準第14項，適用指針第63項，第125項）。

　所有権移転ファイナンス・リース取引では，借手で認められている少額のリース資産や短期のリース取引の場合の通常の賃貸借取引に係る方法に準じた会計処理は認められない。また，重要性が乏しいと認められる場合の取扱いがなく（「会計基準及び適用指針の公表にあたって」の本会計基準等の概要）所有権移転外ファイナンス・リース取引で認められる定額法は認められないことに留意する。

　また，貸手は，リース債権の回収をリース料及び割安購入選択権の行使価額で回収を図る。したがって，割安購入選択権がある場合には，その行使価額をリース料総額に含める（適用指針第61項）。

　なお，このリース債権は金融商品と考えられ，貸倒見積高の算定等において，企業会計基準第10号「金融商品に関する会計基準」の定めに従う（会計基準第41項）。

　具体的な処理方法は，取引の実態に応じて，三つの方法の中から選択し，継続的に適用することになる（適用指針第51項）。

方　法	会　計　処　理	選　択　の　考　え　方
第1法	リース取引開始日に売上高と売上原価を計上する方法	主として製造業，卸売業等を営む企業が製品又は商品を販売する方法としてリース取引を利用する場合を想定
第2法	リース期間中の各期にリース料を売上高として計上する方法	従来の割賦販売の処理を想定
第3法	売上高，売上原価を計上せず利息相当額を各期に配分する方法	リース取引が有する複合的な性格の中でも，金融取引の性格が強い場合を想定

　なお，第1法及び第2法は割賦販売取引で一般的に採用されている方法であり，割賦販売を行っている企業はその処理方法との整合性を考慮しなければならない（適用指針第123項）。

(3) 所有権移転外ファイナンス・リース取引の会計処理の基本

　所有権移転ファイナンス・リース取引と同様，リース物件の売却とリース債権の回収取引と理解することができ，貸手は，リース取引開始日に，通常の売買取引に係る方法に準じた会計処理により，リース投資資産を計上した上で，リース投資資産残高に対して一定の利益率になるように，利息相当額（＝リース料総額－リース物件の購入価額）を，リース期間にわたり利息法により配分することを原則とする（会計基準第14項，適用指針第53項，第126項）。

　所有権移転外ファイナンス・リース取引では，所有権移転ファイナンス・リース取引と同様，少額のリース資産や短期のリース取引の場合の通常の賃貸借取引に係る方法に準じた会計処理は認められないが，重要性が乏しいと認められる場合には，所有権移転ファイナンス・リース取引で認められていない定額法（利息相当額をリース期間中の各期に定額で配分する方法）が認められている（適用指針第59項，第60項，第127項）。ただし，リース取引を主たる事業としている企業は，この定額法を採用することはできないことに留意する（適用指針第60項但書き）。

　なお，所有権移転ファイナンス・リース取引と所有権移転外ファイナンス・リース取引では，回収手段に差異があることから，貸借対照表科目が異なることになる（会計基準第13項，第40項，適用指針第124項）。

第Ⅲ編　貸　手　編

図表Ⅲ－1－1

	所有権移転ファイナンス・リース	所有権移転外ファイナンス・リース
回　収　手　段	リース料 割安購入選択権	リース料 見積残存価額の価値
貸借対照表科目	リース債権	リース投資資産
貸借対照表科目の性格	金融取引	将来のリース料を収受する権利（金融商品的な性格有）と見積残存価額から構成される複合的な資産
流動・固定の分類	・当該企業の主目的たる営業取引により発生したものである場合は流動資産 ・当該企業の主目的以外の取引により発生したものは，貸借対照表日の翌日から起算して1年以内に入金の期限がくるものは流動資産，それ以外は固定資産とする。	
利息相当額の配分	利息法	利息法 （簡便法：利息期間定額法）

出所：吉田博文・青山伸一・鈴木誠著『やさしくわかるリース会計』税務経理協会，平成20年6月初版第2印刷　142頁　参考

(4) 減価償却

　現在，リース会社の減価償却費は，リース期間定額法を原則としている（リース会社の標準財務諸表とその主要な会計処理　昭和58年11月24日改定）。その理由は，従来，所有権移転外ファイナンス・リース取引では，一般的に賃貸借処理を採用していたため，固定的なリース料収入に対応して，費用である減価償却費を固定的に計上させるためであった（費用収益対応の原則）が，新基準においてリース会社の収入は，利息法が原則的処理方法となったことから，リース期間定額法という減価償却費の計上方法に理論的整合性はなくなったためと考えられる。

第1章 会　計

図表Ⅲ-1-2　リース取引の分類と会計処理

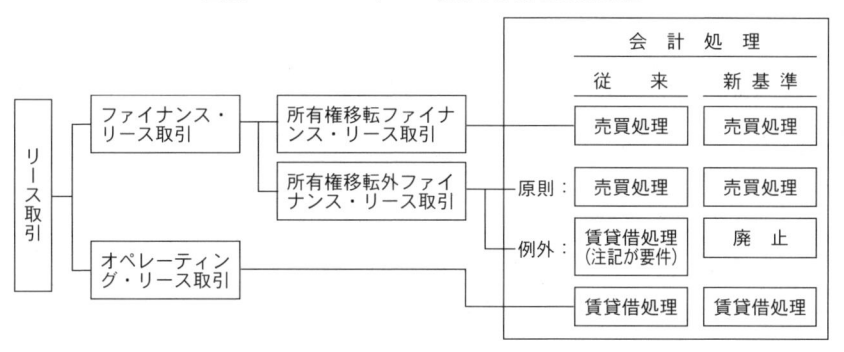

				会 計 処 理	
				従　来	新基準
リース取引	ファイナンス・リース取引	所有権移転ファイナンス・リース取引		売買処理	売買処理
		所有権移転外ファイナンス・リース取引	原則：	売買処理	売買処理
			例外：	賃貸借処理（注記が要件）	廃　止
	オペレーティング・リース取引			賃貸借処理	賃貸借処理

2　所有権移転ファイナンス・リース取引の設例

図表Ⅲ-1-3

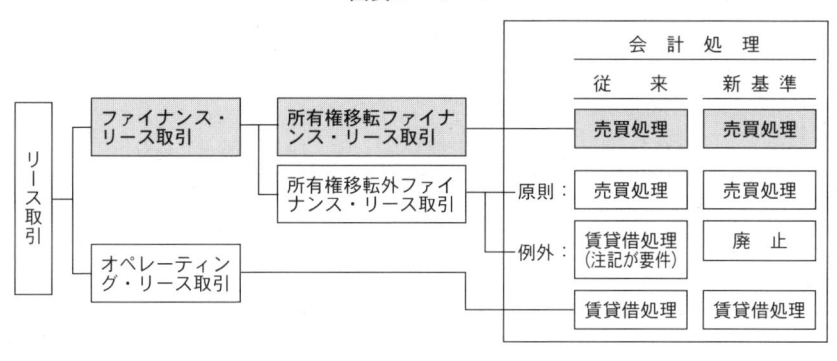

				会 計 処 理	
				従　来	新基準
リース取引	**ファイナンス・リース取引**	**所有権移転ファイナンス・リース取引**		**売買処理**	**売買処理**
		所有権移転外ファイナンス・リース取引	原則：	売買処理	売買処理
			例外：	賃貸借処理（注記が要件）	廃　止
	オペレーティング・リース取引			賃貸借処理	賃貸借処理

第Ⅲ編 貸 手 編

(1) 条　　件

基本情報	（解約不能の）リース期間	5年（×1年4月1日から×6年3月31日）
	貸手の購入価格	50,000千円（追加情報参照）
	リース料総額	60,000千円
	リース物件の経済的耐用年数	7年
	リース料	毎月末1,000千円の後払い、全60回
	その他の条件	・所有権移転条項……なし ・割安購入権…………1,000千円 ・リース物件は特別仕様ではない

(2) リース取引の判定

① 割引率の算定

「貸手の計算利子率」は，「リース料総額（割安購入選択権を含む。）の合計額の現在価値が，当該リース物件の現金購入価額（又は借手に対する現金販売価額）と等しくなるような利率」として計算できる。

$$\frac{1,000}{(1+r\times 1/12)} + \frac{1,000}{(1+r\times 1/12)^2} + \cdots\cdots + \frac{1,000+1,000}{(1+r\times 1/12)^{60}} = 50,000千円$$

$r = 7.99\%$

なお，上記の計算において，リース料総額には割安購入選択権1,000千円も加えることになるので，注意が必要である。

② 現在価値基準による判定

①で算定された「貸手の計算利子率」7.99％をリース料総額（割安購入選択権を含む。）の現在価値を算定するための割引率として使い，リース料総額を現在価値に割り引くと，以下の通りとなる。

$$\text{現在価値} = \frac{1,000}{(1+0.0799 \times 1/12)} + \frac{1,000}{(1+0.0799 \times 1/12)^2} + \cdots\cdots$$
$$+ \frac{1,000+1,000}{(1+0.0799 \times 1/12)^{60}}$$

この計算の結果,現在価値は50,000千円となる。よって判定は,以下の通りである。

現在価値50,000千円 ≧ 見積現金購入価額50,000千円×90％

③ 経済的耐用年基準による判定

次に,経済的耐用年数基準による判定は,次の通りである。

解約不能のリース期間5年＜経済的耐用年数7年×75％

④ 判　　定

解約不能であり,しかもフルペイアウトの具体的判定基準である現在価値基準と経済的耐用年数基準のうち,②の現在価値基準においてフルペイアウトの条件に合致するのでファイナンス・リース取引に該当する。また,リース期間終了時に借手がリース物件を割安価額（1,000千円）で購入できる選択権が付与されており,借手は有利な購入選択権の行使を予定しているので,所有権移転ファイナンス・リース取引に該当する。

第Ⅲ編　貸　手　編

図表Ⅲ－1－4　リース取引の判定フロー

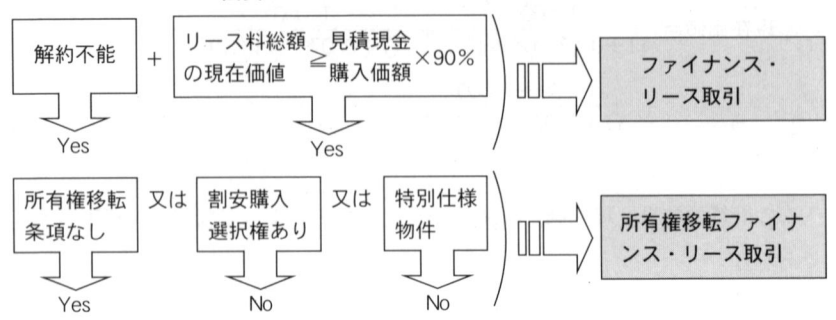

```
[解約不能] + [リース料総額の現在価値 ≧ 見積現金購入価額×90%] ⇒ ファイナンス・リース取引
    Yes              Yes

[所有権移転条項なし] 又は [割安購入選択権あり] 又は [特別仕様物件] ⇒ 所有権移転ファイナンス・リース取引
    Yes              No              No
```

(3) 回収予定表の作成

（基礎情報）
① リース料の総額は，60,000千円
② 支払いは，毎月末1,000千円ずつ支払いで60回（5年×12回）
③ リース料計算に適用される利率は，7.99%

図表Ⅲ-1-5　回収予定表

(単位：千円)

回数	回収月	リース投資資産				リース投資資産
		リース投資資産 A	リース料 B=①／60	回収内訳		C=A-b
				受取利息 a=A×③×1/12	元本回収 b=B-a	
0	×1／4／1					50,000
1	×1／4／30	50,000	1,000	333	667	49,333
2	×1／5／31	49,333	1,000	329	671	48,662
3	×1／6／30	48,662	1,000	324	676	47,986
4	×1／7／31	47,986	1,000	320	680	47,305
5	×1／8／31	47,305	1,000	315	685	46,620
6	×1／9／30	46,620	1,000	310	690	45,931
7	×1／10／31	45,931	1,000	306	694	45,236
8	×1／11／30	45,236	1,000	301	699	44,538
9	×1／12／31	44,538	1,000	297	703	43,834
10	×2／1／31	43,834	1,000	292	708	43,126
11	×2／2／29	43,126	1,000	287	713	42,413
12	×2／3／31	42,413	1,000	282	718	41,696
...	...	...	...	...	...	...
53	×5／8／31	8,714	1,000	58	942	7,772
54	×5／9／30	7,772	1,000	52	948	6,824
55	×5／10／31	6,824	1,000	45	955	5,869
56	×5／11／30	5,869	1,000	39	961	4,908
57	×5／12／31	4,908	1,000	33	967	3,941
58	×6／1／31	3,941	1,000	26	974	2,967
59	×6／2／28	2,967	1,000	20	980	1,987
60	×6／3／31	1,987	2,000	13	1,987	0
			61,000	11,000	50,000	

(注)　表中の網掛けした数値は，以下の仕訳で使用する数値である。

(4) 会計処理

第1法　リース取引開始日に売上高と売上原価を計上する方法

① リース取引開始時（×1年4月1日）

（借）リース債権　61,000	（貸）売　上　高　61,000
（借）売 上 原 価　50,000	（貸）買　掛　金　50,000

② 第1回回収日（×1年4月30日）

（借）現 金 預 金　1,000	（貸）リ ー ス 債 権　1,000

③ 第3回回収日・第1四半期決算日（×1年6月30日）

（借）現 金 預 金　1,000	（貸）リ ー ス 債 権　1,000
（借）繰延リース利益繰入（PL）　10,014	（貸）繰延リース利益（BS）　10,014

利息相当額の総額11,000千円のうち，第1四半期に対応する利息相当額986＝333＋329＋324を差し引いた10,014千円を繰延リース資産（B/S）として繰り延べる。なお，繰延リース利益（BS）はリース債権と相殺表示する。

④ 第12回回収日・決算日（×2年3月31日）

（借）現 金 預 金　1,000	（貸）リ ー ス 債 権　1,000
（借）繰延リース利益（BS）　861	（貸）繰延リース利益繰入（PL）　861

当四半期に対応する利息相当額861＝292＋287＋282

リース取引開始事業年度の第1四半期決算日に繰り入れた繰延リース利益に係る戻し入れは，リース取引開始事業年度については，繰延リース利益繰入のマイナス，翌事業年度以降については，繰延リース利益戻入益として処理する。

以後の各期も同様な処理を行う。

第1章 会　　計

⑤ 最終回回収日・リース物件の受領（×6年3月31日）

| （借）現 金 預 金 | 1,000 | （貸）リ ー ス 債 権 | 1,000 |
| （借）繰延リース利益（BS） | 59 | （貸）繰延リース利益繰入（PL） | 59 |

当四半期に対応する利息相当額59＝26＋20＋13

⑥ 借手が割安購入選択権を行使（×6年3月31日）

| （借）現 金 預 金 | 1,000 | （貸）リ ー ス 債 権 | 1,000 |

第2法　リース料受取時に売上高と売上原価を計上する方法

① リース取引開始時（×1年4月1日）

| （借）リ ー ス 債 権 | 50,000 | （貸）買 　 掛 　 金 | 50,000 |

② 第1回回収日（×1年4月30日）

| （借）現 金 預 金 | 1,000 | （貸）売 　 上 　 高 | 1,000 |
| （借）売 上 原 価 | 667 | （貸）リ ー ス 債 権 | 667 |

受取リース料から利息相当額333千円を差し引いた額をリース物件の売上原価として処理する。

以後の各期も同様な処理を行う。

③ 最終回回収日・リース物件の受領（×6年3月31日）

| （借）現 金 預 金 | 1,000 | （貸）売 　 上 　 高 | 1,000 |
| （借）売 上 原 価 | 987 | （貸）リ ー ス 債 権 | 987 |

④ 借手が割安購入選択権を行使（×6年3月31日）

| （借）現 金 預 金 | 1,000 | （貸）売 　 上 　 高 | 1,000 |
| （借）売 上 原 価 | 1,000 | （貸）リ ー ス 債 権 | 1,000 |

第Ⅲ編　貸　手　編

第3法　売上高を計上せずに利息相当額を各期へ配分する方法

① リース取引開始時（×1年4月1日）

| (借) リ ー ス 債 権　50,000 | (貸) 買　　掛　　金　50,000 |

② 第1回回収日（×1年4月30日）

| (借) 現　金　預　金　　1,000 | (貸) リ ー ス 債 権　　　667 |
| | (貸) 受　取　利　息　　　333 |

　受取リース料から利息相当額を差し引いた額が，リース投資資産の回収額となる。

　以後の各期も同様な処理を行う。

③ 最終回回収日（×6年4月30日）

| (借) 現　金　預　金　　1,000 | (貸) リ ー ス 債 権　　　987 |
| | (貸) 受　取　利　息　　　 13 |

④ 借手が割安購入選択権を行使（×6年3月31日）

| (借) 現　金　預　金　　1,000 | (貸) リ ー ス 債 権　　1,000 |

3 所有権移転外ファイナンス・リース取引の設例（原則法）

図表Ⅲ－1－6

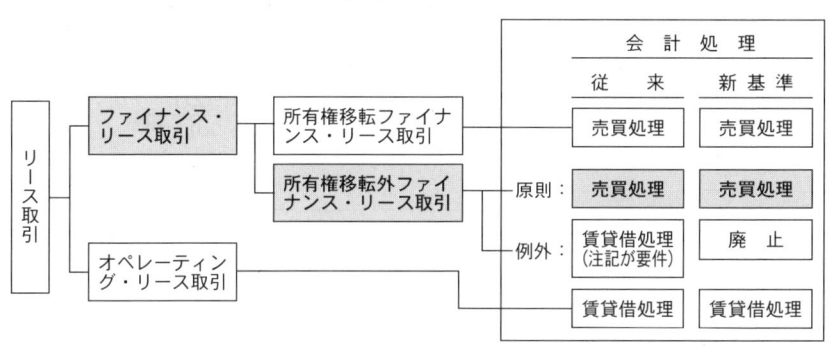

			会　計　処　理	
			従　来	新基準
リース取引	ファイナンス・リース取引	所有権移転ファイナンス・リース取引	売買処理	売買処理
		所有権移転外ファイナンス・リース取引　原則：	売買処理	売買処理
		例外：	賃貸借処理（注記が要件）	廃止
	オペレーティング・リース取引		賃貸借処理	賃貸借処理

(1) 条　　件

基本情報	（解約不能の）リース期間	5年（×1年4月1日から×6年3月31日）
	貸手の購入価格	50,000千円
	リース料総額	60,000千円
	リース物件の経済的耐用年数	7年
	リース料	毎月末1,000千円の後払い，全60回
	その他の条件	・所有権移転条項……なし ・割安購入権…………なし ・リース物件は特別仕様ではない

第Ⅲ編　貸　手　編

(2) リース取引の判定

① 割引率の算定

「貸手の計算利子率」は，「リース料総額の合計額の現在価値が，当該リース物件の現金購入価額（又は借手に対する現金販売価額）と等しくなるような利率」として計算できる。

$$\frac{1,000}{(1+r \times 1/12)} + \frac{1,000}{(1+r \times 1/12)^2} + \cdots\cdots + \frac{1,000}{(1+r \times 1/12)^{60}} = 50,000 千円$$

r ＝7.42％

② 現在価値基準による判定

①で算定された「貸手の計算利子率」7.42％をリース料総額の現在価値を算定するための割引率として使い，リース料総額を現在価値に割り引くと，以下の通りとなる。

$$現在価値 = \frac{1,000}{(1+0.0742 \times 1/12)} + \frac{1,000}{(1+0.0742 \times 1/12)^2} + \cdots\cdots + \frac{1,000}{(1+0.0742 \times 1/12)^{60}}$$

この計算の結果現在価値は50,000千円となる。よって判定は，次の通りである。

現在価値50,000千円≧見積現金購入価額50,000千円×90％

③ 経済的耐用年数基準による判定

次に，経済的耐用年数基準による判定は，次の通りである。

> 解約不能のリース期間5年＜経済的耐用年数7年×75％

④ 判　　　定

　解約不能であり，しかもフルペイアウトの具体的判定基準である現在価値基準と経済的耐用年数基準のうち，②の現在価値基準においてフルペイアウトの条件に合致するのでファイナンス・リース取引に該当する。また，所有権移転条項，割安購入選択権，特別仕様はいずれも該当しないので，所有権移転外ファイナンス・リース取引に該当する。

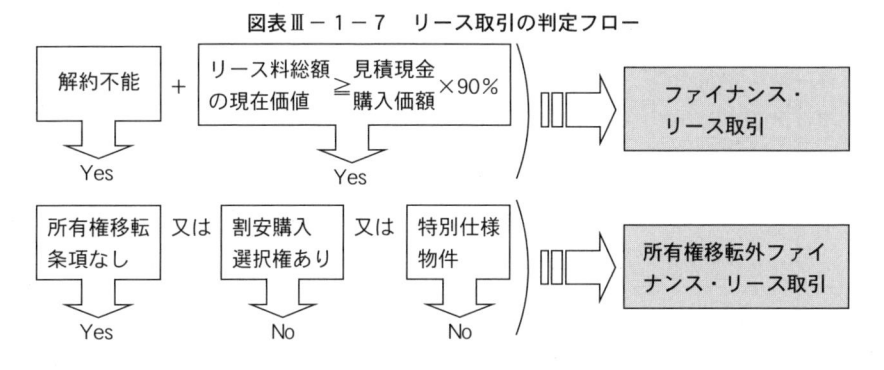

図表Ⅲ－1－7　リース取引の判定フロー

(3) 回収予定表の作成

> **（基礎情報）**
> ①　リース料の総額は，60,000千円
> ②　支払いは，毎月末1,000千円ずつ支払いで60回（5年×12回）
> ③　リース料計算に適用される利率は，7.42％

第Ⅲ編 貸手編

図表Ⅲ－1－8　回収予定表

（単位：千円）

回数	支払月	リース投資資産				
		リース投資資産 A	リース料 B＝①／60	回収内訳		リース投資資産 C＝A－b
				受取利息 a＝A×③×1/12	元本回収 b＝B－a	
0	×1／4／1					50,000
1	×1／4／30	50,000	1,000	309	691	49,309
2	×1／5／31	49,309	1,000	305	695	48,614
3	×1／6／30	48,614	1,000	301	699	47,915
4	×1／7／31	47,915	1,000	296	704	47,211
5	×1／8／31	47,211	1,000	292	708	46,503
6	×1／9／30	46,503	1,000	288	712	45,790
7	×1／10／31	45,790	1,000	283	717	45,074
8	×1／11／30	45,074	1,000	279	721	44,352
9	×1／12／31	44,352	1,000	274	726	43,627
10	×2／1／31	43,627	1,000	270	730	42,896
11	×2／2／29	42,896	1,000	265	735	42,162
12	×2／3／31	42,162	1,000	261	739	41,422
	･･･	･･･	･･･	･･･	･･･	･･･
53	×5／8／31	7,782	1,000	48	952	6,830
54	×5／9／30	6,830	1,000	42	958	5,872
55	×5／10／31	5,872	1,000	36	964	4,909
56	×5／11／30	4,909	1,000	30	970	3,939
57	×5／12／31	3,939	1,000	24	976	2,963
58	×6／1／31	2,963	1,000	18	982	1,982
59	×6／2／28	1,982	1,000	12	988	994
60	×6／3／31	994	1,000	6	994	0
			60,000	10,000	50,000	

（注）　表中の網掛けした数値は，以下の仕訳で使用する数値である。

第1章 会　　計

(4) 会 計 処 理

第1法　リース取引開始日に売上高と売上原価を計上する方法

① リース取引開始日（×1年4月1日）

（借）リース投資資産　60,000	（貸）売　　上　　高　60,000
（借）売　上　原　価　50,000	（貸）買　　掛　　金　50,000

② 第1回回収日（×1年4月30日）

（借）現　金　預　金　1,000	（貸）リース投資資産　1,000

③ 第3回回収日・第1四半期決算日（×1年6月30日）

（借）現　金　預　金　1,000	（貸）リース投資資産　1,000
（借）繰延リース利益繰入(PL)　9,085	（貸）繰延リース利益(BS)　9,085

　利息相当額の総額10,000千円のうち，第1四半期に対応する利息相当額915＝309＋305＋301を差し引いた9,085千円を繰延リース資産（B/S）として繰延べる。なお，繰延リース利益（BS）はリース投資資産と相殺表示する。

④ 第12回回収日・決算日（×2年3月31日）

（借）現　金　預　金　1,000	（貸）リース投資資産　1,000
（借）繰延リース利益(BS)　796	（貸）繰延リース利益繰入(PL)　796

　当四半期に対応する利息相当額796＝270＋265＋261
　リース取引開始事業年度の第1四半期決算日に繰り入れた繰延リース利益に係る戻入れは，リース取引開始事業年度については，繰延リース利益繰入のマイナス，翌事業年度以降については，繰延リース利益戻入益として処理する。
　以後の各期も同様な処理を行う。

⑤ **最終回回収日・リース物件の受領**（×6年3月31日）

| （借）現　金　預　金 | 1,000 | （貸）リース債権 | 1,000 |
| （借）繰延リース利益(BS) | 36 | （貸）繰延リース利益戻入益(PL) | 36 |

（注）　当四半期に対応する利息相当額36＝18＋12＋6

第2法　リース料受取時に売上高と売上原価を計上する方法

① **リース取引開始日**（×1年4月1日）

| （借）リース投資資産 | 50,000 | （貸）買　掛　金 | 50,000 |

② **第1回回収日**（×1年4月30日）

| （借）現　金　預　金 | 1,000 | （貸）売　上　高 | 1,000 |
| （借）売　上　原　価 | 691 | （貸）リース投資資産 | 691 |

受取リース料から利息相当額309千円を差し引いた額をリース物件の売上原価として処理する。

以後の各期も同様な処理を行う。

③ **最終回回収日・リース物件の受領**（×6年3月31日）

| （借）現　金　預　金 | 1,000 | （貸）売　上　高 | 1,000 |
| （借）売　上　原　価 | 994 | （貸）リース投資資産 | 994 |

第3法　売上高を計上せずに利息相当額を各期へ配分する方法

① **リース取引開始日**（×1年4月）

| （借）リース投資資産 | 50,000 | （貸）買　掛　金 | 50,000 |

② 第1回回収日（×1年4月30日）

| （借）現　金　預　金 | 1,000 | （貸）リース投資資産 | 691 |
| | | （貸）受　取　利　息 | 309 |

受取リース料から利息相当額を差し引いた額が，リース投資資産の回収額となる。

以後の各期も同様な処理を行う。

③ ×6年4月30日（最終回回収日）

| （借）現　金　預　金 | 1,000 | （貸）リース投資資産 | 994 |
| | | （貸）受　取　利　息 | 6 |

4　所有権移転外ファイナンス・リース取引の会計処理（原則法）

（支払条件の違い）

　3の設例は，毎月末にリース料を受け取る条件だったが，受取条件を四半期ごと（各四半期末に受け取る。），半期ごと（各半期末に受け取る。），1年ごと（年度末に受け取る。）とした場合も同様の処理をすることになる。

　以下において，3の設例において受取条件が違う場合のリース投資資産の回収スケジュール表及び仕訳を示す。

(1)　四半期ごとに受け取る場合

（基礎情報）
　① リース料の総額は，60,000千円

第Ⅲ編　貸　手　編

② 受取りは，四半期ごと3,000千円ずつ受取りで20回（5年×4回）
③ リース料計算に適用される利率は，7.21％

図表Ⅲ－1－9　回収予定表

（単位：千円）

回数	回収月	リース投資資産 A	リース料 B＝①／20	受取利息 a＝A×③×1/4	元本回収 b＝B－a	リース投資資産 C＝A－b
0	×1／4／1					50,000
1	×1／6／30	50,000	3,000	901	2,099	47,901
2	×1／9／30	47,901	3,000	864	2,136	45,765
3	×1／12／31	45,765	3,000	825	2,175	43,590
4	×2／3／31	43,590	3,000	786	2,214	41,376
5	×2／6／30	41,376	3,000	746	2,254	39,122
6	×2／9／30	39,122	3,000	705	2,295	36,828
7	×2／12／31	36,828	3,000	664	2,336	34,491
8	×3／3／31	34,491	3,000	622	2,378	32,113
9	×3／6／30	32,113	3,000	579	2,421	29,692
10	×3／9／30	29,692	3,000	535	2,465	27,228
11	×3／12／31	27,228	3,000	491	2,509	24,719
12	×4／3／31	24,719	3,000	446	2,554	22,164
13	×4／6／30	22,164	3,000	400	2,600	19,564
14	×4／9／30	19,564	3,000	353	2,647	16,917
15	×4／12／31	16,917	3,000	305	2,695	14,222
16	×5／3／31	14,222	3,000	256	2,744	11,478
17	×5／6／30	11,478	3,000	207	2,793	8,685
18	×5／9／30	8,685	3,000	157	2,843	5,842
19	×5／12／31	5,842	3,000	105	2,895	2,947
20	×6／3／31	2,947	3,000	53	2,947	0
			60,000	10,000	50,000	

（注）　表中の網掛けした数値は，以下の仕訳で使用する数値である。

第2法 リース料受取時に売上高と売上原価を計上する方法

① リース取引開始日（×1年4月1日）

| (借) リース投資資産　50,000 | (貸) 買　　掛　　金　50,000 |

② 第1回四半期リース料回収日（×1年6月30日）

| (借) 現　金　預　金　3,000 | (貸) 売　　上　　高　3,000 |
| (借) 売　上　原　価　2,099 | (貸) リース投資資産　2,099 |

③ 最終回回収日・リース物件の受領（×6年3月31日）

| (借) 現　金　預　金　3,000 | (貸) 売　　上　　高　1,000 |
| (借) 売　上　原　価　2,947 | (貸) リース投資資産　2,947 |

(2) 半期ごとに受け取る場合

（基礎情報）
① リース料の総額は，60,000千円
② 受取りは，半期ごと6,000千円ずつ受取りで10回（5年×2回）
③ リース料計算に適用される利率は，6.92%

第Ⅲ編　貸　手　編

図表Ⅲ－1－10　回収予定表

(単位：千円)

回数	回収月	リース投資資産 A	リース料 B=①/10	リース投資資産 回収内訳 受取利息 a=A×③×1/4	リース投資資産 回収内訳 元本回収 b=B－a	リース投資資産 C=A－b
0	×1／4／1					50,000
1	×1／9／30	50,000	6,000	1,730	4,270	47,901
2	×2／3／31	45,730	6,000	1,582	4,418	45,765
3	×2／9／30	41,312	6,000	1,429	4,571	43,590
4	×3／3／31	36,742	6,000	1,271	4,729	41,376
5	×3／9／30	32,013	6,000	1,108	4,892	39,122
6	×4／3／31	27,121	6,000	938	5,062	36,828
7	×4／9／30	22,059	6,000	763	5,237	34,491
8	×5／3／31	16,823	6,000	582	5,418	32,113
9	×5／9／30	11,405	6,000	395	5,605	29,692
10	×6／3／31	5,799	6,000	201	5,799	0
			60,000	10,000	50,000	

(注)　表中の網掛けした数値は，以下の仕訳で使用する数値である。

第2法　リース料受取時に売上高と売上原価を計上する方法

① リース取引開始日（×1年4月1日）

| (借)リース投資資産　50,000 | (貸)買　掛　金　50,000 |

② 第1回半期リース料回収日（×1年9月30日）

| (借)現　金　預　金　6,000 | (貸)売　上　高　6,000 |
| (借)売　上　原　価　4,270 | (貸)リース投資資産　4,270 |

③ 最終回回収日・リース物件の受領（×6年3月31日）

（借）現　金　預　金	6,000	（貸）売　　上　　高	6,000
（借）売　上　原　価	5,799	（貸）リース投資資産	5,799

(3) 年度ごとに受け取る場合

（基礎情報）

① リース料の総額は，60,000千円
② 受取りは，年度ごと12,000千円ずつ受取りで5回（5年×1回）
③ リース料計算に適用される利率は，6.40％

図表Ⅲ－1－11　回収予定表

（単位：千円）

回数	回収月	リース投資資産				
		リース投資資産 A	リース料 B=①/5	回収内訳		リース投資資産 C=A-b
				受取利息 a=A×③×1/4	元本回収 b=B-a	
0	×1/4/1					50,000
1	×1/9/30	50,000	12,000	3,201	8,799	41,201
2	×2/3/31	41,201	12,000	2,638	9,362	31,839
3	×2/9/30	31,839	12,000	2,038	9,962	21,877
4	×3/3/31	21,877	12,000	1,401	10,599	11,278
5	×6/3/31	11,278	12,000	722	11,278	0
			60,000	10,000	50,000	

（注）　表中の網掛けした数値は，以下の仕訳で使用する数値である。

第Ⅲ編 貸手編

第2法 リース料受取時に売上高と売上原価を計上する方法

① リース取引開始日（×1年4月1日）

| （借）リース投資資産 50,000 | （貸）買 掛 金 50,000 |

② 第1回年度リース料回収日（×2年3月31日）

| （借）現 金 預 金 12,000 | （貸）売 上 高 12,000 |
| （借）売 上 原 価 8,799 | （貸）リース投資資産 8,799 |

③ 最終回回収日・リース物件の受領（×6年3月31日）

| （借）現 金 預 金 12,000 | （貸）売 上 高 12,000 |
| （借）売 上 原 価 11,278 | （貸）リース投資資産 11,278 |

なお，この設例は，第Ⅳ編第3章連結財務諸表の事例で使用している。

5 所有権移転外ファイナンス・リース取引の会計処理（簡便法）

(1) 条 件

3の「所有権移転外ファイナンス・リース取引(原則法)」の設例と同一とする。

(2) 回収予定表の作成

（基礎情報）
① リース料の総額は，60,000千円
② 支払いは，毎月末1,000千円ずつ支払いで60回（5年×12回）
③ 利息相当額は各期に定額で配分

図表Ⅲ-1-12 回収予定表

(単位:千円)

回数	回収月	リース投資資産				リース投資資産
		リース投資資産 A	リース料 B=①/60	回収内訳		リース投資資産 C=A-b
				受取利息 a=A×③×1/12	元本回収 b=B-a	
0	×1/4/1					50,000
1	×1/4/30	50,000	1,000	166	834	49,166
2	×1/5/31	49,166	1,000	166	834	48,332
3	×1/6/30	48,332	1,000	166	834	47,498
4	×1/7/31	47,498	1,000	166	834	46,664
5	×1/8/31	46,664	1,000	166	834	45,830
6	×1/9/30	45,830	1,000	166	834	44,996
7	×1/10/31	44,996	1,000	166	834	44,162
8	×1/11/30	44,162	1,000	166	834	43,328
9	×1/12/31	43,328	1,000	166	834	42,494
10	×2/1/31	42,494	1,000	166	834	41,660
11	×2/2/29	41,660	1,000	166	834	40,826
12	×2/3/31	40,826	1,000	174	826	40,000
	...	...	...	...	...	...
53	×5/8/31	6,664	1,000	166	834	5,830
54	×5/9/30	5,830	1,000	166	834	4,996
55	×5/10/31	4,996	1,000	166	834	4,162
56	×5/11/30	4,162	1,000	166	834	3,328
57	×5/12/31	3,328	1,000	166	834	2,494
58	×6/1/31	2,494	1,000	166	834	1,660
59	×6/2/28	1,660	1,000	166	834	826
60	×6/3/31	826	1,000	174	826	0
			60,000	10,000	50,000	

(注1) 表中の網掛けした数値は,以下の仕訳で使用する数値である。
(注2) 利息相当額は,定額で各期に配分する。なお,各月の配分については,各年度末の3月に端数を調整する。

第Ⅲ編　貸　手　編

第1法　リース取引開始日に売上高と売上原価を計上する方法

① リース取引開始時（×1年4月1日）

（借）リース投資資産	60,000	（貸）売　　上　　高	60,000
（借）売　上　原　価	50,000	（貸）買　　掛　　金	50,000

② 第1回回収日（×1年4月30日）

（借）現　金　預　金	1,000	（貸）リース投資資産	1,000

③ 第3回回収日・第1四半期決算日（×1年6月30日）

（借）現　金　預　金	1,000	（貸）リース投資資産	1,000
（借）繰延リース利益繰入(PL)	9,652	（貸）繰延リース利益(BS)	9,652

　利息相当額の総額10,000千円のうち，第1四半期に対応する利息相当額498＝166＋166＋166を差し引いた9,502千円を繰延リース資産（B/S）として繰り延べる。なお，繰延リース利益（BS）はリース投資資産と相殺表示する。

④ 第12回回収日・決算日（×2年3月31日）

（借）現　金　預　金	1,000	（貸）リース投資資産	1,000
（借）繰延リース利益(BS)	506	（貸）繰延リース利益繰入(PL)	506

　当四半期に対応する利息相当額506＝166＋166＋174
　リース取引開始事業年度の第1四半期決算日に繰り入れた繰延リース利益に係る戻入れは，リース取引開始事業年度については，繰延リース利益の繰入のマイナス，翌事業年度以降については，繰延リース利益戻入益として処理する。
　以後の各期も同様な処理を行う。

第1章 会　　計

⑤　最終回回収日・リース物件の受領（×6年3月31日）

| （借）現　金　預　金 | 1,000 | （貸）リース投資資産 | 1,000 |
| （借）繰延リース利益(BS) | 506 | （貸）繰延リース利益戻入益(PL) | 506 |

（注）　当四半期に対応する利息相当額506＝166＋166＋174

第2法　リース料受取時に売上高と売上原価を計上する方法

①　リース取引開始時（×1年4月1日）

| （借）リース投資資産 | 50,000 | （貸）買　　掛　　金 | 50,000 |

②　×1年4月30日（第1回回収日）

| （借）現　金　預　金 | 1,000 | （貸）売　　上　　高 | 1,000 |
| （借）売　上　原　価 | 834 | （貸）リース投資資産 | 834 |

　受取リース料から利息相当額166千円を差し引いた額をリース物件の売上原価として処理する。

　以後の各期も同様な処理を行う。

③　最終回回収日・リース物件の受領（×6年3月31日）

| （借）現　金　預　金 | 1,000 | （貸）売　　上　　高 | 1,000 |
| （借）売　上　原　価 | 826 | （貸）リース投資資産 | 826 |

（注）　売上原価826＝受取リース料1,000－利息相当額174

第3法　売上高を計上せずに利息相当額を各期へ配分する方法

①　リース取引開始日（×1年4月1日）

| （借）リース投資資産 | 50,000 | （貸）買　　掛　　金 | 50,000 |

② **第1回回収日**（×1年4月30日）

（借）現　金　預　金	1,000	（貸）リース投資資産	834
		（貸）受　取　利　息	166

受取リース料から利息相当額を差し引いた額が、リース投資資産の回収額となる。

以後の各期も同様な処理を行う。

③ **最終回回収日**（×6年4月30日）

（借）現　金　預　金	1,000	（貸）リース投資資産	826
		（貸）受　取　利　息	174

6　貸手の見積残存価額がある場合

(1)　基本となる会計処理

リース期間の終了によって借手からリース物件の返還を受けた場合には、貸手は当該リース物件を見積残存価額でリース投資資産からその後の保有目的に応じて、貯蔵品または固定資産等に振り替える。また、当該リース物件を処分した場合は、処分価額と帳簿価額との差額を処分損益に計上する。

再リース期間を解約不能のリース期間に含めない場合の再リース料は、発生時の収益に計上し、リース投資資産から振替えた固定資産については、再リース開始時点の見積再リース期間にわたり減価償却を行う（適用指針第57項、第67項）。

以下、貸手の見積残存価額のある場合の設例を示す。

(2) 条　　件

基本情報	（解約不能の）リース期間	5年（×1年4月1日から×6年3月31日）
	貸手の購入価格	50,000千円
	貸手の見積残存価額	5,000千円
	リース料総額	60,000千円
	リース物件の経済的耐用年数	7年
	リース料	毎月末1,000千円の後払い，全60回
	その他の条件	・所有権移転条項……なし ・割安購入権…………なし ・リース物件は特別仕様ではない

(3) リース取引の判定

① 割引率の算定

「貸手の計算利子率」は，「リース料総額と見積残存価額の合計額の現在価値が，当該リース物件の現金購入価額（又は借手に対する現金販売価額）と等しくなるような利率」として計算できる。

$$\frac{1,000}{(1+r \times 1/12)} + \frac{1,000}{(1+r \times 1/12)^2} + \cdots\cdots + \frac{1,000+5,000}{(1+r \times 1/12)^{60}} = 50,000千円$$

r = 10.08%

② 現在価値基準による判定

①で算定された「貸手の計算利子率」10.08％をリース料総額の現在価値を算定するための割引率として使い，リース料総額を現在価値に割り引くと，以下の通りとなる。

$$現在価値 = \frac{1,000}{(1+0.1008 \times 1/12)} + \frac{1,000}{(1+0.1008 \times 1/12)^2} + \cdots\cdots$$
$$+ \frac{1,000}{(1+0.1008 \times 1/12)^{60}}$$

この計算の結果現在価値は46,974千円となる。よって判定は,次の通りである。

現在価値46,974千円≧見積現金購入価額50,000千円×90％

③ 経済的耐用年基準による判定

次に,経済的耐用年数基準による判定は,次の通りである。

解約不能のリース期間5年＜経済的耐用年数7年×75％

④ 判　　定

解約不能であり,しかもフルペイアウトの具体的判定基準である現在価値基準と経済的耐用年数基準のうち,②の現在価値基準においてフルペイアウトの条件に合致するのでファイナンス・リース取引に該当する。また,所有権移転条項,割安購入選択権,特別仕様はいずれも該当しないので,所有権移転外ファイナンス・リース取引に該当する。

第1章 会　　計

図表Ⅲ－1－13　リース取引の判定フロー

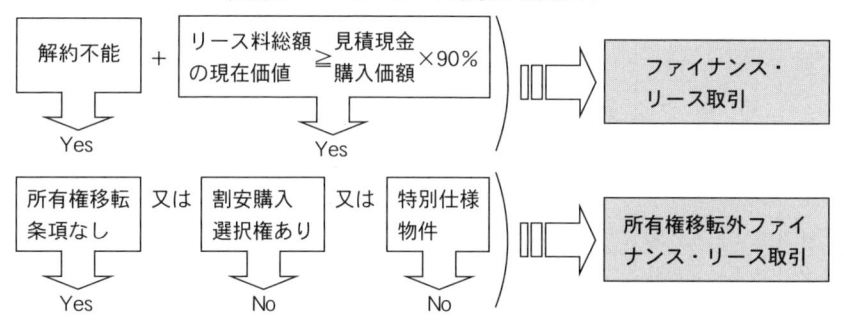

解約不能 [Yes] ＋ （リース料総額の現在価値 ≧ 見積現金購入価額×90％） [Yes] ⇒ **ファイナンス・リース取引**

所有権移転条項なし [Yes] 又は 割安購入選択権あり [No] 又は 特別仕様物件 [No] ⇒ **所有権移転外ファイナンス・リース取引**

(4) 回収予定表の作成

(基礎情報)
① リース料の総額は，60,000千円
② 支払いは，毎月末1,000千円ずつ支払いで60回（5年×12回）
③ リース料計算に適用される利率は，10.08％

第Ⅲ編　貸手編

図表Ⅲ－1－14　回収予定表

（単位：千円）

回数	回収月	リース投資資産				リース投資資産
		リース投資資産 A	リース料 B=①/60	回収内訳		
				受取利息 a=A×③×1/12	元本回収 b=B－a	C=A－b
0	×1／4／1					50,000
1	×1／4／30	50,000	1,000	420	580	49,420
2	×1／5／31	49,420	1,000	415	585	48,835
3	×1／6／30	48,835	1,000	410	590	48,246
4	×1／7／31	48,246	1,000	405	595	47,651
5	×1／8／31	47,651	1,000	400	600	47,052
6	×1／9／30	47,052	1,000	395	605	46,447
7	×1／10／31	46,447	1,000	390	610	45,837
8	×1／11／30	45,837	1,000	385	615	45,223
9	×1／12／31	45,223	1,000	380	620	44,603
10	×2／1／31	44,603	1,000	375	625	43,977
11	×2／2／29	43,977	1,000	370	630	43,347
12	×2／3／31	43,347	1,000	364	636	42,711
	･･･	･･･	･･･	･･･	･･･	･･･
53	×5／8／31	12,382	1,000	104	896	11,486
54	×5／9／30	11,486	1,000	97	903	10,583
55	×5／10／31	10,583	1,000	89	911	9,671
56	×5／11／30	9,671	1,000	81	919	8,753
57	×5／12／31	8,753	1,000	74	926	7,826
58	×6／1／31	7,826	1,000	66	934	6,892
59	×6／2／28	6,892	1,000	58	942	5,950
60	×6／3／31	5,950	6,000	50	5,950	0
			65,000	15,000	50,000	

（注）　表中の網掛けした数値は，以下の仕訳で使用する数値である。

第1章 会　　　計

(5) 会 計 処 理

第1法　リース取引開始日に売上高と売上原価を計上する方法

① リース取引開始時（×1年4月1日）

（借）リース投資資産　60,000	（貸）売　　上　　高　60,000
（借）売　上　原　価　50,000	（貸）買　　掛　　金　50,000
（借）リース投資資産　5,000	（貸）売　上　原　価　5,000

又は

（借）リース投資資産　65,000	（貸）売　　上　　高　60,000
（借）売　上　原　価　45,000	（貸）買　　掛　　金　50,000

　売上高はリース料総額，リース投資資産はリース料総額と見積残存価額の合計額で計上，売上原価はリース物件の購入価額から見積残存価額を控除する。

② 第1回回収日（×1年4月30日）

（借）現　金　預　金　1,000	（貸）リース投資資産　1,000

③ 第3回回収日・第1四半期決算日（×1年6月30日）

（借）現　金　預　金　1,000	（貸）リース投資資産　1,000
（借）繰延リース利益繰入(PL)　13,755	（貸）繰延リース利益(BS)　13,755

　利息相当額の総額15,000千円のうち，第1四半期に対応する利息相当額1,245＝420＋415＋410を差し引いた13,755千円を繰延リース資産（B/S）として繰り延べる。なお，繰延リース利益（B/S）はリース投資資産と相殺表示する。

273

④ 第12回回収日・決算日（×2年3月31日）

| （借）現　金　預　金 | 1,000 | （貸）リース投資資産 | 1,000 |
| （借）繰延リース利益(B/S) | 1,109 | （貸）繰延リース利益繰入(P/L) | 1,109 |

（注）当四半期に対応する利息相当額1,109＝375＋370＋364

　　リース取引開始事業年度の第1四半期決算日に繰り入れた繰延リース利益に係る戻入れは，リース取引開始事業年度については，繰延リース利益の繰入のマイナス，翌事業年度以降については，繰延リース利益戻入益として処理する。

　　以後の各期も同様な処理を行う。

⑤ 最終回回収日・リース物件の受領（×6年3月31日）

（借）現　金　預　金	1,000	（貸）リース投資資産	6,000
（借）繰延リース利益(B/S)	174	（貸）繰延リース利益戻入益(P/L)	174
（借）貯　蔵　品	5,000		

（注）当四半期に対応する利息相当額174＝66＋58＋50

　　見積残存価額により，その後の保有目的に応じ，貯蔵品または固定資産等に計上する。

第2法　リース料受取時に売上高と売上原価を計上する方法

① リース取引開始時（×1年4月1日）

| （借）リース投資資産 | 50,000 | （貸）買　　掛　　金 | 50,000 |

② 第1回回収日（×1年4月30日）

| （借）現　金　預　金 | 1,000 | （貸）売　　上　　高 | 1,000 |
| （借）売　上　原　価 | 580 | （貸）リース投資資産 | 580 |

　　受取リース料から利息相当額420千円を差し引いた額をリース物件の売上

原価として処理する。

以後の各期も同様な処理を行う。

③ 最終回回収日・リース物件の受領（×6年3月31日）

（借）現 金 預 金	1,000	（貸）売 上 高	1,000
（借）売 上 原 価	950	（貸）リース投資資産	5,950
（借）貯 蔵 品	5,000		

（注） 売上原価950＝受取リース料1,000－利息相当額50

第3法 売上高を計上せずに利息相当額を各期へ配分する方法

① リース取引開始時（×1年4月）

| （借）リース投資資産 | 50,000 | （貸）買 掛 金 | 50,000 |

② 第1回回収日（×1年4月30日）

| （借）現 金 預 金 | 1,000 | （貸）リース投資資産 | 580 |
| | | （貸）受 取 利 息 | 420 |

受取リース料から利息相当額を差し引いた額が，リース投資資産の回収額となる。

以後の各期も同様な処理を行う。

③ 最終回回収日（×6年3月31日）

| （借）現 金 預 金 | 1,000 | （貸）リース投資資産 | 5,950 |
| （借）貯 蔵 品 | 5,000 | （貸）受 取 利 息 | 50 |

第Ⅲ編　貸手編

7　中途解約の処理

(1)　基本となる会計処理

　リース契約が中途解約された場合の規定損害金の処理については以下の方法により処理する（適用指針第58項，第68項）。

　なお，リース契約の途中で，一旦これを解約し，新商品を対象とするリース契約を新たに締結し，旧契約の規定損害金を新契約のリース料に上乗せする場合も，以下の処理に従い，規定損害金は新契約のリース期間に按分せず，解約年度の収益となる。

① 第1法（リース取引開始日に売上高と売上原価を計上する方法）及び第3法（売上高を計上せずに利息相当額を各期へ配分する方法）を採用している場合

　当該規定損害金と中途解約時のリース投資資産残高（中途解約時点での見積残存価額控除後）との差額を収益として計上する。

② 第2法（リース料受取時に売上高と売上原価を計上する方法）を採用している場合

　当該規定損害金は売上高とし，中途解約時のリース投資資産残高（中途解約時点での見積残存価額控除後）を売上原価として計上する。

以下，中途解約の設例を示す。

(2) 条　　件

基本情報	（解約不能の）リース期間	5年（×1年4月1日から×6年3月31日）
	貸手の購入価格	50,000千円
	リース料総額	60,000千円
	リース物件の経済的耐用年数	7年
	リース料	毎月末1,000千円の後払い，全60回
	その他の条件	・所有権移転条項……なし ・割安購入権…………なし ・リース物件は特別仕様ではない
	中途解約	×4年3月31日解約に伴い，規定損害金11,800千円受取

(3) 回収予定表の作成

（基礎情報）
① リース料の総額は，60,000千円
② 支払いは，毎月末1,000千円ずつ支払いで60回（5年×12回）
③ リース料計算に適用される利率は，7.42％

第Ⅲ編 貸手編

図表Ⅲ－1－15 回収予定表

(単位：千円)

回数	支払月	リース投資資産	リース料	リース投資資産 回収内訳 受取利息	元本回収	リース投資資産
		A	B=①/60	a=A×③×1/12	b=B-a	C=A-b
0	×1／4／1					50,000
1	×1／4／30	50,000	1,000	309	691	49,309
2	×1／5／31	49,309	1,000	305	695	48,614
3	×1／6／30	48,614	1,000	301	699	47,915
4	×1／7／31	47,915	1,000	296	704	47,211
5	×1／8／31	47,211	1,000	292	708	46,503
6	×1／9／30	46,503	1,000	288	712	45,790
…	…	…	…	…	…	…
47	×5／2／29	13,372	1,000	83	917	12,454
48	×5／3／31	12,454	1,000	77	923	11,531
49	×5／4／30	11,531	1,000	72	928	10,603
50	×5／5／31	10,603	1,000	65	935	9,668
51	×5／6／30	9,668	1,000	60	940	8,728
52	×5／7／31	8,728	1,000	54	946	7,782
53	×5／8／31	7,782	1,000	48	952	6,830
54	×5／9／30	6,830	1,000	42	958	5,872
55	×5／10／31	5,872	1,000	37	963	4,909
56	×5／11／30	4,909	1,000	30	970	3,939
57	×5／12／31	3,939	1,000	24	976	2,963
58	×6／1／31	2,963	1,000	19	981	1,982
59	×6／2／28	1,982	1,000	12	988	994
60	×6／3／31	994	1,000	6	994	0
			60,000	10,000	50,000	

解約（48回目の行に対応）

（注）表中の網掛けした数値は、以下の仕訳で使用する数値である。

(4) 会計処理

第1法　リース取引開始日に売上高と売上原価を計上する方法

① リース料の受取日（×5年3月31日）

（借）現　金　預　金　1,000	（貸）リース投資資産　1,000
（借）繰延リース利益(B/S)　77	（貸）繰延リース利益繰入(P/L)　77

② 規定損害金の受取日（×5年3月31日）

（借）現　金　預　金　11,800	（貸）リース投資資産　12,000
（借）繰延リース利益(B/S)　469	（貸）リース解約益　269

（注）　12,000＝1,000×12回
（注）　469＝72＋65＋60＋54＋48＋42＋37＋30＋24＋19＋12＋6

第2法　リース料受取時に売上高と売上原価を計上する方法

① リース料の受取日（×5年3月31日）

（借）現　金　預　金　1,000	（貸）売　　上　　高　1,000
（借）売　上　原　価　923	（貸）リース投資資産　923

② 規定損害金の受取日（×5年3月31日）

（借）現　金　預　金　11,800	（貸）売　　上　　高　11,800
（借）貯　　蔵　　品　11,531	（貸）リース投資資産　11,531
（借）売　上　原　価　11,531	（貸）貯　　蔵　　品　11,531

第Ⅲ編 貸 手 編

第3法　売上高を計上せずに利息相当額を各期へ配分する方法

① リース料の受取日（×5年3月31日）

（借）現　金　預　金	1,000	（貸）リース投資資産	923
		（貸）受　取　利　息	77

② 規定損害金の受取日（2010年3月）

（借）現　金　預　金	11,800	（貸）リース投資資産	11,531
		（貸）リース解約益	269

8　借手または第三者による残価保証のある場合

(1)　残価保証のある場合の会計処理

リース契約上に残価保証の取決めがある場合には，残価保証額をリース料総額に含める。また，借手以外の第三者による保証がなされた場合も同様である（適用指針第52項，第62項）。

(2)　条　　件

基本情報	（解約不能の）リース期間	10年（×1年4月1日から×11年3月31日）
	貸手の購入価格	100,500千円
	リース料総額	120,000千円
	リース物件の経済的耐用年数	15年
	リース料	毎月末12,000千円の後払い，全10回
	その他の条件	・所有権移転条項……なし ・割安購入権…………なし ・リース物件は特別仕様ではない

第1章 会 計

追加情報	残価保証	リース契約には,リース終了時に借手がリース物件の処分価額を5,000千円まで保証する条項(残価保証)が付されている。
	処分	実際には,リース期間終了時に2,000千円で処分された。

(3) リース取引の判定

「貸手の計算利子率」は,「リース料総額(残価保証を含む。)の現在価値が,当該リース物件の現金購入価額(又は借手に対する現金販売価額)と等しくなるような利率」として計算できる。

$$\frac{12,000}{(1+r)}+\frac{12,000}{(1+r)^2}+\cdots\cdots+\frac{12,000+5,000}{(1+r)^{10}}=100,000千円$$

r = 4.138%

この「貸手の計算利子率」4.138%をリース料総額の現在価値を算定するための割引率として使い,リース料総額を現在価値に割り引くと,以下の通りとなる。現在価値は100,000千円。

$$現在価値=\frac{12,000}{(1+0.04138)}+\frac{12,000}{(1+0.04138)^2}+\cdots\cdots+\frac{12,000+5,000}{(1+0.04138)^{10}}$$

解約不能で,しかも現在価値(100,000千円)は,見積現金購入価額の90%(100,000千円×90%=90,000千円)以上なので,フルペイアウトの条件に合致することよりファイナンス・リース取引となる。また,所有権移転条項,割安購入選択権,特別仕様にはいずれも該当しないので,所有権移転外ファイナンス・リース取引となる。

(4) 回収予定表の作成

（基礎情報）

① リース料総額は，120,000千円
② 支払いは，毎期末12,000千円ずつ支払いで10回（10年）
③ リース料計算に適用される利率は，4.138%

図表Ⅲ－1－16　回収予定表　　　　　　　（単位：千円）

回数	回収月	リース投資資産				リース投資資産
		リース投資資産 A	リース料 B＝①／10	回収内訳		リース投資資産 C＝A－b
				受取利息 a＝A×③×1/4	元本回収 b＝B－a	
0	×1／4／1					100,000
1	×2／3／31	100,000	12,000	4,138	7,862	92,138
2	×3／3／31	92,138	12,000	3,812	8,188	83,950
3	×4／3／31	83,950	12,000	3,474	8,526	75,424
4	×5／3／31	75,424	12,000	3,121	8,879	66,545
5	×6／3／31	66,545	12,000	2,753	9,247	57,298
6	×7／3／31	57,298	12,000	2,371	9,629	47,669
7	×8／3／31	47,669	12,000	1,972	10,028	37,642
8	×9／3／31	37,642	12,000	1,558	10,442	27,199
9	×10／3／31	27,199	12,000	1,125	10,875	16,325
10	×11／3／31	16,325	*17,000*	675	16,325	0
			125,000	25,000	100,000	

（注1）表中の網掛けした数値は，以下の仕訳で使用する数値である。
（注2）斜体の数値は，残価保証の処理で特徴的な部分となる（12,000＋5,000）。

(5) 会計処理

第1法　リース取引開始日に売上高と売上原価を計上する方法

① リース取引開始時（×1年4月1日）

（借）リース投資資産	125,000	（貸）売　　上　　高	125,000
（借）売　上　原　価	100,000	（貸）買　　掛　　金	100,000

② 第1回回収日・決算日（×2年3月31日）

（借）現　金　預　金	12,000	（貸）リース投資資産	12,000
（借）繰延リース利益繰入(P/L)	20,862	（貸）繰延リース利益(B/S)	20,862

（注）　20,862＝25,000－4,138

なお、繰延リース利益（B/S）はリース投資資産と相殺表示する。

③ 第2回回収日・決算日（×3年3月31日）

（借）現　金　預　金	12,000	（貸）リース投資資産	12,000
（借）繰延リース利益(B/S)	3,812	（貸）繰延リース戻入益(P/L)	3,812

④ リース期間終了時（×11年3月31日）

（借）現　金　預　金	12,000	（貸）リース投資資産	17,000
（借）貯　　蔵　　品	5,000		
（借）繰延リース利益(B/S)	675	（貸）繰延リース戻入益(P/L)	675

⑤ 残価保証受取額及び物件処分額の確定時（×11年3月31日）

（借）売掛金(対借手)	3,000	（貸）貯　　蔵　　品	5,000
（借）売掛金(対処分業者)	2,000		

第Ⅲ編　貸手編

第2法　リース料受取時に売上高と売上原価を計上する方法

① リース取引開始時（×1年4月1日）

| （借）リース投資資産　100,000 | （貸）買　　掛　　金　100,000 |

② 第1回回収日・決算日（×2年3月31日）

| （借）現　金　預　金　12,000 | （貸）売　　上　　高　12,000 |
| （借）売　上　原　価　 7,862 | （貸）リース投資資産　 7,862 |

以後の各年度も同様の処理を行う。

③ リース期間終了時（×11年3月31日）

（借）現　金　預　金　12,000	（貸）売　　上　　高　17,000
（借）貯　　蔵　　品　 5,000	
（借）売　上　原　価　16,325	（貸）リース投資資産　16,325

④ 残価保証受取額及び物件処分額の確定時（×11年3月31日）

| （借）売掛金(対借手)　3,000 | （貸）貯　　蔵　　品　5,000 |
| （借）売掛金(対処分業者)　2,000 | |

第3法　売上高を計上せずに利息相当額を各期へ配分する方法

① リース取引開始日（×1年4月）

| （借）リース投資資産　53,000 | （貸）買　　掛　　金　53,000 |

② 第1回回収日・決算日（×2年3月31日）

| （借）現　金　預　金　12,000 | （貸）リース投資資産　7,862 |
| | （貸）受　取　利　息　4,138 |

③ リース期間終了時（×11年3月31日）

| （借）現 金 預 金 | 12,000 | （貸）リース投資資産 | 16,325 |
| （借）貯 蔵 品 | 5,000 | （貸）受 取 利 息 | 675 |

④ 残価保証受取額及び物件処分額の確定時（×11年3月31日）

| （借）売掛金(対借手) | 3,000 | （貸）貯 蔵 品 | 5,000 |
| （借）売掛金(対処分業者) | 2,000 | | |

9 維持管理費用相当額，通常の保守等の役務提供相当額の処理

(1) 会計処理

　借手の場合，維持管理費用相当額等は，原則としてリース料総額から控除するとしつつも，維持管理費用相当額等が借手に明示されていないことを考慮して，リース料総額に含めたままとすることが認められている。一方，貸手の場合も同様に，維持管理費用相当額等は，原則としてリース料総額から控除する。この場合，維持管理費用相当額等は，収益に計上するか，貸手の固定資産税，保険料等の実際の支払額の控除額として処理する。しかし，維持管理費用相当額等がリース料に占める割合に重要性が乏しい場合には，これをリース料総額と区分しないことができる（適用指針第14項，第54項，第55項，第64項，第65項）。

(2) 条　件

<table>
<tr><td rowspan="5">基本情報</td><td>（解約不能の）リース期間</td><td>10年（×1年4月1日から×11年3月31日）</td></tr>
<tr><td>貸手の購入価格</td><td>100,500千円</td></tr>
<tr><td>リース料総額</td><td>132,000千円</td></tr>
<tr><td>リース物件の経済的耐用年数</td><td>15年</td></tr>
<tr><td>リース料</td><td>毎月末13,200千円の後払い，全10回</td></tr>
<tr><td></td><td>その他の条件</td><td>・所有権移転条項……なし
・割安購入権…………なし
・リース物件は特別仕様ではない</td></tr>
<tr><td>追加情報</td><td>維持管理費用相当額等</td><td>1回の支払13,200千円には，1,200千円の維持管理費用相当額等（固定資産税，保険料，通常保守料）が含まれている。</td></tr>
</table>

(3) リース取引の判定

「貸手の計算利子率」は，「リース料総額に維持管理費用相当額等を差し引いた額の現在価値が，当該リース物件の現金購入価額（又は借手に対する現金販売価額）と等しくなるような利率」として計算できる。

$$\frac{13{,}200-1{,}200}{(1+r)}+\frac{13{,}200-1{,}200}{(1+r)^2}+\cdots\cdots+\frac{13{,}200-1{,}200}{(1+r)^{10}}=100{,}000\text{千円}$$

r = 3.460%

この「貸手の計算利子率」3.460%をリース料総額の現在価値を算定するための割引率として使い，リース料総額を現在価値に割り引くと，以下の通りとなる。現在価値は100,000千円。

$$\text{現在価値} = \frac{13,200-1,200}{(1+0.03460)} + \frac{13,200-1,200}{(1+0.03460)^2} + \cdots\cdots + \frac{13,200-1,200}{(1+0.3460)^{10}}$$

解約不能で,しかも現在価値(100,000千円)は,見積現金購入価額の90%(100,000千円×90%=90,000千円)以上なので,フルペイアウトの条件に合致することよりファイナンス・リース取引となる。また,所有権移転条項,割安購入選択権,特別仕様にはいずれも該当しないので,所有権移転外ファイナンス・リース取引となる。

(4) 回収予定表の作成

（基礎情報）
① リース料総額は,132,000千円
② 支払いは,毎期末13,200千円ずつ支払いで10回(10年)
③ リース料計算に適用される利率は,3.460%
④ 毎回の支払リース料に含まれる維持管理費用相当額等1,200千円

第Ⅲ編　貸手編

図表Ⅲ－1－17　回収予定表

（単位：千円）

回数	回収月	リース投資資産 A	リース料 B=①/10	リース投資資産 回収内訳 維持管理費用等 a=④	回収内訳 受取利息 b=A×③	回収内訳 元本回収 c=B-a-b	リース投資資産 C=A-c
0	×1／4／1						100,000
1	×2／3／31	100,000	13,200	*1,200*	3,460	8,540	91,460
2	×3／3／31	91,460	13,200	*1,200*	3,165	8,835	82,625
3	×4／3／31	82,625	13,200	*1,200*	2,859	9,141	73,484
4	×5／3／31	73,484	13,200	*1,200*	2,543	9,457	64,026
5	×6／3／31	64,026	13,200	*1,200*	2,215	9,785	54,242
6	×7／3／31	54,242	13,200	*1,200*	1,877	10,123	44,119
7	×8／3／31	44,119	13,200	*1,200*	1,527	10,473	33,645
8	×9／3／31	33,645	13,200	*1,200*	1,164	10,836	22,809
9	×10／3／31	22,809	13,200	*1,200*	789	11,211	11,599
10	×11／3／31	11,599	13,200	*1,200*	401	11,599	0
			132,000	12,000	20,000	100,000	

（注1）　表中の網掛けした数値は，以下の仕訳で使用する数値である。
（注2）　斜体の数値は，残価保証の処理で特徴的な部分となる。

(5) 会計処理

維持管理費用相当額を収益に計上する方法

① リース取引開始日（×1年4月1日）

（借）リース投資資産　50,000	（貸）買　　掛　　金　100,000

② 第1回回収日・決算日（×2年3月31日）

（借）現　金　預　金　13,200	（貸）売　　上　　高　12,000
	（貸）売上高(維持管理費用分)　1,200
（借）売　上　原　価　8,540	（貸）リース投資資産　8,540

③ 最終回回収日とリース物件の受領（×11年3月31日）

（借）現 金 預 金 13,200	（貸）売 上 高 12,000
	（貸）売上高(維持管理費用分) 1,200
（借）売 上 原 価 11,599	（貸）リース投資資産 11,599

維持管理費用相当額を実際支払額の控除額として処理する方法

維持管理費用の支払時に売上原価科目で処理した場合，上記仕訳のうち，売上高（維持管理費用分）を売上原価とする。その他は同一である。

10　貸手が製造業者または卸売業者の場合

(1)　概　　要

製品または商品を販売することを主たる事業としている企業が，同時に貸手として同一製品をリース取引の対象としている場合は，貸手における製作価額または現金購入価額と借手に対する現金販売価額に差が生じる。

この差額を区分処理し販売益としてリース契約時に一括計上するか，区分処理せず利息相当額に含めてリース期間に配分するかという問題が生じる。

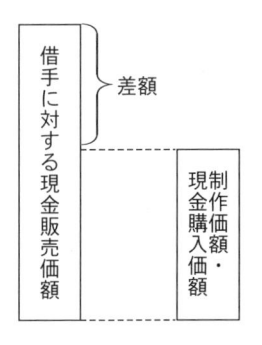

		差額の処理方法	期　　間
原　則		販売基準	一　括
		割賦基準	リース期間に含める
例　外		利息相当額に含める	

第Ⅲ編　貸　手　編

(2)　会計処理

　原則，当該差額は販売益とし，販売基準または割賦基準により処理する（適用指針第56項，第66項，第128項）。

　しかし，この原則処理は煩雑であり，この販売益に重要性が無い場合は，区分処理を行わないことができる。

　また，当該販売益を原則的処理である割賦基準により処理する場合には，結果的に販売益がリース期間に配分され，利息相当額に含める場合と利益計上額に大きな差が生じないため，区分処理せず利息相当額に含めることができる。

(3)　条　件

基本情報	（解約不能の）リース期間	5年（×1年4月1日から×6年3月31日）
	貸手の購入価格	46,800千円
	借手に対する現金販売価額	48,000千円
	リース料総額	60,000千円
	リース料	毎月末12,000千円の後払い，全5回
	その他の条件	・所有権移転条項……なし ・割安購入権………なし ・リース物件は特別仕様ではない
追加情報	その他	貸手はリース料受取時に売上高と売上原価を計上する第2法を採用

※　適用指針（設例8）より

(4)　リース取引の判定

　「貸手の計算利子率」は，「リース料総額の現在価値が，借手に対する現金販売価額と等しくなるような利率」として計算できる。

$$\frac{12,000}{(1+r)} + \frac{12,000}{(1+r)^2} + \cdots\cdots + \frac{12,000}{(1+r)^5} = 48,000千円$$

r＝7.931%

また，現在価値は48,000千円。

$$現在価値 = \frac{12,000}{(1+0.07931)} + \frac{12,000}{(1+0.07931)^2} + \cdots\cdots + \frac{12,000}{(1+0.07931)^5}$$

解約不能で，しかも現在価値（48,000千円）は，現金販売価額の90％（48,000千円×90％＝43,200千円）以上なので，フルペイアウトの条件に合致することよりファイナンス・リース取引となる。また，所有権移転条項，割安購入選択権，特別仕様にはいずれも該当しないので，所有権移転外ファイナンス・リース取引となる。

(5) 回収予定表の作成

（基礎情報）
①　リース料総額は，60,000千円
②　支払いは，毎期末12,000千円ずつ支払いで5回（5年）
③　リース料計算に適用される利率は，7.931％

第Ⅲ編　貸　手　編

図表Ⅲ－1－18　回収予定表

（単位：千円）

回数	回収月	リース投資資産				リース投資資産
		リース投資資産 A	リース料 B＝①／5	回収内訳		リース投資資産 C＝A－b
				受取利息 a＝A×③	元本回収 b＝B－a	
0	×1／4／1					48,000
1	×2／3／31	48,000	12,000	3,807	8,193	39,807
2	×3／3／31	39,807	12,000	3,157	8,843	30,964
3	×4／3／31	30,964	12,000	2,456	9,544	21,420
4	×5／3／31	21,420	12,000	1,699	10,301	11,119
5	×6／3／31	11,119	12,000	881	11,119	0
			60,000	12,000	48,000	

（注）　表中の網掛けした数値は，以下の仕訳で使用する数値である。

(6) 会計処理

（原則法：販売基準）

① リース取引開始日（×1年4月1日）

```
（借）リース投資資産　48,000　　（貸）買　　掛　　金　46,800
　　　　　　　　　　　　　　　　（貸）販　　売　　益　　1,200
```

　　貸手のリース物件の現金購入価額46,800千円と借手に対する現金販売価額48,000千円の差額1,200千円をリース取引開始日に販売益として認識する。

② 第1回回収日・決算日（×2年3月31日）

```
（借）現　金　預　金　12,000　　（貸）売　　上　　高　12,000
（借）売　上　原　価　　8,193　　（貸）リース投資資産　　8,193
```

　　以後の各期も同様の処理を行う。

（原則法：割賦基準）

① リース取引開始日（×1年4月1日）

（借）リース投資資産	48,000	（貸）買　　掛　　金	46,800
		（貸）繰延販売利益	1,200

　貸手のリース物件の現金購入価額46,800千円と借手に対する現金販売価額48,000千円の差額1,200千円を負債として繰り延べ、リース代金の回収の都度収益に振り替える。

② 第1回回収日・決算日（×2年3月31日）

（借）現　金　預　金	12,000	（貸）売　　上　　高	12,000
（借）売　上　原　価	8,193	（貸）リース投資資産	8,193
（借）繰延販売利益	240	（貸）売　買　益	240

（注）　240＝1,200×1／5（リース期間5年）

以後の各期も同様の処理を行う。

（販売益に重要性がない場合、または販売益を割賦基準で処理する場合の簡便法）

　販売益を利息相当額に含めるため、貸手の計算利子率は次のように計算される。

$$\frac{12,000}{(1+r)}+\frac{12,000}{(1+r)^2}+\cdots\cdots+\frac{12,000}{(1+r)^5}=46,800千円$$

r＝8.898％

① リース料総額は、60,000千円
② 支払いは、毎期末12,000千円ずつ支払いで5回（5年）
③ リース料計算に適用される利率は、8.898％

第Ⅲ編　貸　手　編

図表Ⅲ－1－19　回収予定表

(単位：千円)

回数	回収月	リース投資資産				リース投資資産
		リース投資資産 A	リース料 B＝①／5	回収内訳		
				受取利息 a＝A×③	元本回収 b＝B－a	C＝A－b
0	×1／4／1					46,800
1	×2／3／31	46,800	12,000	4,164	7,836	38,964
2	×3／3／31	38,964	12,000	3,467	8,533	30,431
3	×4／3／31	30,431	12,000	2,708	9,292	21,139
4	×5／3／31	21,139	12,000	1,881	10,119	11,020
5	×6／3／31	11,020	12,000	980	11,020	0
			60,000	13,200	46,800	

(注)　表中の網掛けした数値は，以下の仕訳で使用する数値である。

① リース取引開始日（×1年4月1日）

　（借）リース投資資産　46,800　　　（貸）買　掛　金　46,800

② 第1回回収日・決算日（×2年3月31日）

　（借）現　金　預　金　12,000　　　（貸）売　上　高　12,000
　（借）売　上　原　価　　7,836　　　（貸）リース投資資産　7,836

以後の各期も同様の処理を行う。

11　セール・アンド・リースバック取引における貸手の会計処理

(1)　会計処理

　貸手におけるセール・アンド・リースバック取引の会計処理は，通常のリース取引と同様である（適用指針第70項）。

(2) 条　　件

基本情報	（解約不能の）リース期間	5年（×1年4月1日から×6年3月31日）
	売却価額	170,000千円（追加情報参照）
	リース料総額	203,845千円
	リース料	毎月末40,769千円の後払い，全5回
	その他の条件	・所有権移転条項……なし ・割安購入権…………なし ・リース物件は特別仕様ではない
追加情報	その他	貸手はリース料受取時に売上高と売上原価を計上する第2法を採用

(3) リース取引の判定

「貸手の計算利子率」は，「リース料総額の現在価値が，借手に対する現金販売価額と等しくなるような利率」として計算できる。

$$40,769 + \frac{40,769}{(1+r)^2} + \cdots + \frac{40,769}{(1+r)^5} = 170,000 千円$$

r＝10％
また，現在価値は170,000千円。

$$現在価値 = \frac{40,769}{(1+0.1)} + \frac{40,769}{(1+0.1)^2} + \cdots + \frac{40,769}{(1+0.1)^5}$$

解約不能で，しかも現在価値（170,000千円）は，現金販売価額の90％（170,000千円×90％＝153,000千円）以上なので，フルペイアウトの条件に合致することよりファイナンス・リース取引となる。また，所有権移転条項，割安購入選択権，特別仕様にはいずれも該当しないので，所有権移転外ファイナンス・リース取

(4) 回収予定表の作成

（基礎情報）
① リース料総額は，203,845千円
② 支払いは，毎期首40,769千円ずつ支払いで5回（5年）
③ リース料計算に適用される利率は，10％

図表Ⅲ－1－20　回収予定表　　　　　　　　　　（単位：千円）

回数	回収月	リース投資資産	リース料	リース投資資産		リース投資資産
				回収内訳		
				受取利息	元本回収	
		A	B＝①／5	a＝A×③	b＝B－a	C＝A－b
0	×1／4／1	170,000	40,769	0	40,769	129,231
1	×2／4／1	129,231	40,769	12,923	27,846	101,385
2	×3／4／1	101,385	40,769	10,139	30,630	70,755
3	×4／4／1	70,755	40,769	7,076	33,693	37,062
4	×5／4／1	37,062	40,769	3,707	37,062	0
5	×6／3／31	0	0	0	0	0
			203,845	38,845	170,000	

（注）表中の網掛けした数値は，以下の仕訳で使用する数値である。

(5) 会計処理

① 資産購入日・リース取引開始時・第1回回収日（×1年4月1日）

（借）リース投資資産	170,000	（貸）現　金　預　金	170,000
（借）現　金　預　金	40,769	（貸）売　　上　　高	40,769
（借）売　上　原　価	40,769	（貸）リース投資資産	40,769

② 決算日（×2年3月31日）

（借）	売　掛　金	40,769		（貸）	売　上　高	40,769
（借）	売　上　原　価	27,846		（貸）	リース投資資産	27,846

③ 第2回回収日（×2年4月1日）

（借）	現　金　預　金	40,769		（貸）	売　掛　金	40,769

以後の各年度も同様の処理を行う。

(6) 特別目的会社を活用したセール・アンド・リースバック取引

上記設例は所有権移転外ファイナンス・リース取引の場合であり，売買処理によって，譲渡人（もともとの資産所有者であり，現在もその資産の使用者）の貸借対照表にその物件が計上されつづけることとなる。一方，譲渡人が財務比率の向上を目的とする場合には，当該リース・バック取引は賃借処理であるオペレーティング・リース取引とし，オフバランスとされる。このとき，第三者（リース会社等）が組成する特別目的会社が一般的に活用される。このような譲渡人の会計処理を整備することを目的として，平成12年7月に日本公認会計士協会より，「特別目的会社を活用した不動産の流動化に係る譲渡人の会計処理に関する実務指針」及び平成17年9月に「特別目的会社を利用した取引に関する監査上の留意点についてのQ＆A」が公表されている。

第Ⅲ編 貸手編

第2章

租　税　法

　会計基準では，賃貸借の処理を廃止し，売買に準じた処理で収益は利息法で配分をするが，税法では平成20年4月1日から，所有権移転外リース取引契約も売買があったものとされ，長期割賦販売等の範囲に含まれることとなり，延払基準の適用を受けることになった（法人税法第63条第1項，第6項）。

　したがって，賃貸人となる法人がファイナンス・リース資産の売買を行った場合（リース譲渡という。）は，所有権移転か所有権移転外かを問わず，長期割賦販売等に該当する。

1　延払基準

　延払基準により，収益の額と費用の額を計上する場合は，以下のように計算することになる（法人税法施行令第124条第1項第2号）。

　下記の計算における月数は暦にしたがって計算し，1か月に満たない端数が生じたときはこれを1か月とする。

(1) 収益の額（①＋②）

① 元本相当額

$$\text{リース譲渡の対価の額の元本相当額} \times \frac{\text{当該事業年度のリース期間の月数}}{\text{リース期間の月数}}$$

リース譲渡の対価の額の元本相当額とは，リース譲渡の対価の額からその対価の額に含まれる利息相当額を控除した金額をいう。

② 利息相当額

リース譲渡の利息相当額がその元本相当額のうち支払期日が到来していないものの金額に応じて生ずるものとした場合に，その事業年度におけるリース期間に帰せられる利息相当額

(2) 費用の額

$$\text{リース譲渡の原価の額} \times \frac{\text{当該事業年度のリース期間の月数}}{\text{リース期間の月数}}$$

(3) 具体例

以下では，所有権移転外リース取引を前提として具体例を示す。

> **（基礎情報）**
> ① リース料の総額は，60,000千円
> ② 受取りは，年度ごとに12,000千円（税抜）ずつで5回（1回×5年）
> ③ リース料計算に適用される利率は，6.67％

第Ⅲ編第1章を参考にして，延払基準による回収予定表を作成すると次のよ

第Ⅲ編　貸手編

うである。

図表Ⅲ－2－1　回収予定表

（単位：千円）

回数	回収月	リース投資資産 A	リース料 B=①／5	リース投資資産		リース投資資産 C=A－b
				回収予定内訳	元本回収	
				a=A×③	b=A／②	
0	×1／4／1					50,000
1	×2／3／31	50,000	12,000	3,334	10,000	40,000
2	×3／3／31	40,000	12,000	2,667	10,000	30,000
3	×4／3／31	30,000	12,000	2,000	10,000	20,000
4	×5／3／31	20,000	12,000	1,333	10,000	10,000
5	×6／3／31	10,000	12,000	666	10,000	0
			60,000	10,000	50,000	

　延払基準を適用して計算することにする。リース取引開始時には，リース投資資産を計上する（所有権移転ファイナンス・リース取引の場合はリース債権として計上する。）。

① 　リース取引開始時（×1年4月1日）

　（借）リース投資資産　50,000　　　（貸）買　掛　金　50,000

　まず，第1回目の回収年×2年3月31日における収益に関しては，上記(1)の算式より次の①と②の合計額となる。

【収　益】（×2年3月31日）

　① 　元本相当額　　$(60,000-10,000) \times \dfrac{12}{60} = 10,000$

　② 　利息相当額　　3,334

　③ 　①＋②＝13,334

　同様に，費用に関しても(2)の算式により

【費　用】（×2年3月31日）

　$50,000 \times \dfrac{12}{60} = 10,000$

第2章 租　税　法

(4) 仕　　　訳

実際に受け取ったリース料は12,000千円であるから，収益・費用の計上と収受したリース料の仕訳は次の通りである。

(借)現　金　預　金	12,000	(貸)売　　上　　高	13,334
(借)売　　掛　　金	1,334		
(借)売　上　原　価	10,000	(貸)リース投資資産	10,000

売掛金で計上したリース料の入金不足は第2回目のリース料収受まで続くことになるが，第4回目と第5回目のリース料の入金によって解消される。

以下，第2回目の回収年の収益と費用を示すと次のようである。

② 第2回目（×3年3月31日）

【収　益】

① 元本相当額　　$(60,000-10,000) \times \dfrac{12}{60} = 10,000$

② 利息相当額　　2,667

③ ①＋②＝12,667

【費　用】

$50,000 \times \dfrac{12}{60} = 10,000$

リース料の入金と合わせて仕訳をすると次のようである。

(借)現　金　預　金	12,000	(貸)売　　上　　高	12,667
(借)売　　掛　　金	667		
(借)売　上　原　価	10,000	(貸)リース投資資産	10,000

となる。以下，最終回までの各回の仕訳を示すと次のようである。

③ 第3回目（×4年3月31日）

(借)現　金　預　金	12,000	(貸)売　　上　　高	12,000
(借)売　上　原　価	10,000	(貸)リース投資資産	10,000

④　第4回目（×5年3月31日）

（借）現　金　預　金　12,000	（貸）売　　上　　高　11,333
	（貸）売　　掛　　金　　　667
（借）売　上　原　価　10,000	（貸）リース投資資産　10,000

⑤　第5回目（×6年3月31日）

（借）現　金　預　金　12,000	（貸）売　　上　　高　10,666
	（貸）売　　掛　　金　 1,334
（借）売　上　原　価　10,000	（貸）リース投資資産　10,000

となる。

2　延払基準の特例計算

　法人がリース譲渡を行った場合に，その対価の額を政令で定めた利息に相当する部分とそれ以外とに区分した場合には，前記1にかかわらず，次の(1)の金額を当該事業年度の収益の額として益金に算入し，(2)に掲げる金額を当該事業年度の費用の額として損金の額に算入する(法人税法施行令第124条第3項，第4項)。

(1)　収益の額（①＋②）

①　利息相当額

　政令で定めた利息相当額とは，その対価の額から原価の額を控除した金額の100分の20に相当する額をいう。上記元本相当額の算出計算式は，以下のようになる。

$$（そのリース譲渡の対価の額 － そのリース譲渡の原価の額） \times \frac{20}{100}$$

で計算される利息相当額を利息法でリース期間に配分した場合の，当該事業年度に配分される利息額である。

② 元本相当額

$$\text{リース譲渡の対価の額の元本相当額} \times \frac{\text{当該事業年度のリース期間の月数}}{\text{リース期間の月数}}$$

ただし，

$$\text{リース譲渡の対価の額の元本相当額} = \text{リース譲渡の対価の額} - ①$$

(2) 費用の額

$$\text{リース譲渡の原価の額} \times \frac{\text{当該事業年度のリース期間の月数}}{\text{リース期間の月数}}$$

(3) 具体例

前掲した回収予定表を一部修正して特例計算をしてみる。まず，収益の額から計算する。

【収益】

① 利息相当額

対価の額から原価の額を控除した金額の100分の20に相当する金額は，

$$(60,000 - 50,000) \times \frac{20}{100} = 2,000$$

と計算できる。この2,000千円を利息法によってリース期間に配分した場合の各事業年度の回収予定表は次のようである。

（基礎情報）
① リース料の総額は，60,000千円
② 受取りは，年度ごと12,000千円（税込）ずつで5回（1回×5年）
③ リース料計算に適用される利率は，1.334％

図表Ⅲ－2－2　回収予定表

（単位：千円）

回数	回収月	リース投資資産		回収内訳			リース投資資産
				受取利息	元本相当額		
		リース投資資産 A	リース料 B：①/5	利息法で配賦 a	元本回収に含まれる定額配賦額 b	元本回収 C	D＝A－C
0	×1／4／1						50,000
1	×2／3／31	50,000	12,000	667	1,600	10,000	40,000
2	×3／3／31	40,000	12,000	533	1,600	10,000	30,000
3	×4／3／31	30,000	12,000	400	1,600	10,000	20,000
4	×5／3／31	20,000	12,000	267	1,600	10,000	10,000
5	×6／3／31	10,000	12,000	133	1,600	10,000	0
				2,000	8,000		
			60,000	10,000		50,000	

したがって，第1回目の回収年×2年3月31日における利息相当額は667千円となる。

② 元本相当額

第1回目の回収年×2年3月31日における元本相当額の計算式は以下のようである。

$$（リース譲渡の対価の額60,000－利息相当額2,000）\times \frac{12}{60}=11,600$$

③ ①＋②＝12,267

以上により，×2年3月31日における収益の額は③の12,267千円となる。

【費　用】

費用の額は，
$$50{,}000 \times \frac{12}{60} = 10{,}000$$
である。

(4) 仕　訳

リース取引開始時の仕訳

（借）リース投資資産　50,000	（貸）買　掛　金　50,000

第1回目のリース料の入金も含めた仕訳を示すと次のようである。

① 第1回目（×2年3月31日）

（借）現　金　預　金　12,000	（貸）売　上　高　12,267
（借）売　掛　金　　　　267	
（借）売　上　原　価　10,000	（貸）リース投資資産　10,000

同様の計算をした場合の第2回目の仕訳を示すと次のようである。

② 第2回目（×3年3月31日）

（借）現　金　預　金　12,000	（貸）売　上　高　12,133
（借）売　掛　金　　　　133	
（借）売　上　原　価　10,000	（貸）リース投資資産　10,000

③ 第3回目（×4年3月31日）

（借）現　金　預　金　12,000	（貸）売　上　高　12,000
（借）売　上　原　価　10,000	（貸）リース投資資産　10,000

④ 第4回目（×5年3月31日）

（借）現 金 預 金	12,000	（貸）売　　上　　高	11,867
		（貸）売　　掛　　金	133
（借）売 上 原 価	10,000	（貸）リース投資資産	10,000

⑤ 第5回目（×6年3月31日）

（借）現 金 預 金	12,000	（貸）売　　上　　高	11,733
		（貸）売　　掛　　金	267
（借）売 上 原 価	10,000	（貸）リース投資資産	10,000

　第1回目から第3回目までのリース料の入金は売上高よりも少ないので売掛金勘定を立てる必要がある。しかし，第4回目と第5回目のリース料の入金によって売掛金勘定が相殺されることになる。

(5) 特例計算の適用要件

　この規定は，リース譲渡の日の属する事業年度の確定申告書に上記(1)の収益の額及び(2)の費用の額のそれぞれ益金算入及び損金算入に関する明細の記載がある場合に限り適用する（法人税法第63条第7項）。この明細書とは別表14(5)を意味する。

(6) 他勘定で収益計上した場合

　法人の主たる事業がリース業でない場合は，賃借人から受け取るリース料を売上以外の勘定科目で処理するケースも考えられる。そこで，賃貸人が受取リース料を，たとえば，賃貸料として収益の額に計上していれば，それがリース取引の内容が税務上のファイナンス・リース取引に該当すれば，そのリース期間中に収受すべきリース料の合計額を上記の延払基準の計算上の長期割賦販売等の対価の額として取り扱う（法人税基本通達2－4－2の2）。

3　会計処理との関係

　会計処理の部分で説明したように，所有権移転外ファイナンス・リース取引についての会計処理の基本は，取引の実態に応じて三つの方法から選択して継続適用することになる。こうした三つの方法は，税務上の延払基準を満たしていることになる。また，法人の選択によって，特例計算も可能である。

　また，貸手としてのリース取引に重要性がないと認められる場合には，利息相当額をリース期間中の各期に定額で配分することができるが，税務上もこの方法が認められるし，また，法人の選択によって，特例計算も可能である（法人税法第63条第1項，法人税法施行令第124条第1項第1号）。

4　消費税の取扱い

　事業者が行うリース取引が，当該リース取引の目的となる資産の譲渡もしくは貸付又は金銭の貸付のいずれに該当するかは，所得税又は法人税の課税所得の計算における取扱いの例により判定する（消費税法基本通達5－1－9）。

　したがって，所有権移転外リース取引は，リース資産の引渡し時に資産の譲渡があったものとされる。また，この資産の譲渡の対価の額は，当該リース取引に係る契約において定められたリース資産の賃貸期間中に収受すべきリース料の額の合計額となる（消費税法基本通達5－1－9（注））。

　リース取引において法人税法上の延払基準を適用している場合には，消費税についても資産の譲渡等の時期の特例を適用することが認められる。この資産の譲渡等の特例を適用した場合には，リース資産の譲渡に係る課税売上高の計上は，リース資産の譲渡の時ではなく，会計処理で採用した延払基準による収益の認識時期に合わせて計上することになる。

第Ⅲ編　貸手編

第1章の設例に従って消費税を検討する。この設例は税抜き表示なので，消費税の仕訳を加えて再表示する。

(1) 所有権移転ファイナンス・リース取引

第1法　リース取引開始時に売上高と売上原価を計上する方法

リース取引開始時に譲渡があったものとして，売上高と売上原価を計上するのであるから，その時点で消費税を計上することになる。リース債権は消費税分だけ増加する。

① リース取引開始時（×1年4月1日）

（借）リ ー ス 債 権	64,050	（貸）売　　上　　高	61,000
		（貸）仮 受 消 費 税	3,050
（借）売 上 原 価	50,000	（貸）買　　掛　　金	52,500
（借）仮 払 消 費 税	2,500		

② 第1回回収日（×1年4月30日）

（借）現 金 預 金	1,050	（貸）リ ー ス 債 権	1,050

回収するごとにリース債権を減額する。以後，最終回収日まで同様である。

③ 第3回回収日・第1四半期決算日（×1年6月30日）

（借）現 金 預 金	1,050	（貸）リ ー ス 債 権	1,050
（借）繰延リース利益繰入	10,014	（貸）繰延リース利益	10,014

④ 第12回回収日・決算日（×2年3月31日）

（借）現 金 預 金	1,050	（貸）リ ー ス 債 権	1,050
（借）繰延リース利益	861	（貸）繰延リース利益繰入	861

第2章 租税法

⑤ 最終回回収日・リース物件の受領日（×6年3月31日）

| (借) 現 金 預 金 | 1,050 | (貸) リ ー ス 債 権 | 1,050 |
| (借) 繰延リース利益 | 59 | (貸) 繰延リース利益繰入 | 59 |

⑥ 借手が割安購入選択権を行使（×6年3月31日）

| (借) 現 金 預 金 | 1,050 | (貸) リ ー ス 債 権 | 1,050 |

第2法　リース料受取時に売上高と売上原価を計上する方法

　消費税を会計処理で採用した延払基準による収益の認識時期に合わせればよい。したがって，リース開始時（×1年4月1日）に消費税分を加算しておき，回収に従って売上高・仮受消費税を計上することになる。

① リース取引開始時（×1年4月1日）

| (借) リ ー ス 債 権 | 50,000 | (貸) 買　　掛　　金 | 52,500 |
| (借) 仮 払 消 費 税 | 2,500 | | |

　上記仕訳は以下のように分解して理解していただきたい

(借) 売 上 原 価	50,000	(貸) 買　　掛　　金	52,500
(借) 仮 払 消 費 税	2,500		
(借) リ ー ス 債 権	50,000	(貸) 売 上 原 価	50,000

② 第1回回収日（×1年4月30日）

(借) 現 金 預 金	1,000	(貸) 売 　上　 高	1,000
(借) 現 金 預 金	50	(貸) 仮 受 消 費 税	50
(借) 売 上 原 価	667	(貸) リ ー ス 債 権	667

（注）　50＝1,000×5％

　以後，回収するごとに仮受消費税を計上する。

第Ⅲ編　貸　手　編

③　最終回回収日（×6年3月31日）

（借）現 金 預 金	1,000	（貸）売　　上　　高	1,000
（借）現 金 預 金	50	（貸）仮 受 消 費 税	50
（借）売 上 原 価	987	（貸）リ ー ス 債 権	987

④　借手が割安購入選択権を行使（×6年3月31日）

（借）現 金 預 金	1,000	（貸）売　　上　　高	1,000
（借）現 金 預 金	50	（貸）仮 受 消 費 税	50
（借）売 上 原 価	1,000	（貸）リ ー ス 債 権	1,000

第3法　売上高を計上せずに利息相当額を各期へ配分する方法

①　リース取引開始時（×1年4月1日）

（借）リ ー ス 債 権	50,000	（貸）買　　掛　　金	52,500
（借）仮 払 消 費 税	2,500		

この仕訳は第2法同様に次のように分解して考えれば理解しやすい。

（借）売 上 原 価	50,000	（貸）買　　掛　　金	52,500
（借）仮 払 消 費 税	2,500		
（借）リ ー ス 債 権	50,000	（貸）売 上 原 価	50,000

　この方法は，売上高と売上原価という勘定科目を使用しないが，取引としては買掛金の発生時に売上原価に係る仮払消費税を認識し，回収時に売上高に係る仮受消費税を認識する方法と考えられ，消費税に関しては第2法と同様の処理計上となる。

第2章 租　税　法

② 第1回回収日（×1年4月30日）

（借）現　金　預　金	1,000	（貸）売　　上　　高	667
		（貸）受　取　利　息	333
（借）現　金　預　金	50	（貸）仮　受　消　費　税	50

（注）　50＝1,000×5％

③ 最終回回収日（×6年4月30日）

（借）現　金　預　金	1,000	（貸）売　　上　　高	987
		（貸）受　取　利　息	13
（借）現　金　預　金	50	（貸）仮　受　消　費　税	50

④ 借手が割安購入選択権を行使（×6年3月31日）

（借）現　金　預　金	1,000	（貸）リ　ー　ス　債　権	1,000
（借）現　金　預　金	50	（貸）仮　受　消　費　税	50

(2) 所有権移転外ファイナンス・リース取引

第1法　リース取引開始時に売上高と売上原価を計上する方法

① リース取引開始時（×1年4月1日）

（借）リース投資資産	60,000	（貸）売　　上　　高	60,000
（借）リース投資資産	3,000	（貸）仮　受　消　費　税	3,000
（借）売　上　原　価	50,000	（貸）買　　掛　　金	50,000
（借）仮　払　消　費　税	2,500	（貸）買　　掛　　金	2,500

　リース取引開始時に売上高と売上原価を認識するので，その時点で消費税の計上を行う。リース投資資産は仮払消費税の分だけ増加するので注意。以後，回収するごとにリース投資資産を減額していくことになる。

311

② 第1回回収日（×1年4月30日）

| （借）現　金　預　金 | 1,050 | （貸）リース投資資産 | 1,050 |

③ 第3回回収日（×1年6月30日）

| （借）現　金　預　金 | 1,050 | （貸）リース投資資産 | 1,050 |
| （借）繰延リース利益繰入(P/L) | 9,085 | （貸）繰延リース利益 | 9,085 |

④ 第12回回収日・決算日（×2年3月31日）

| （借）現　金　預　金 | 1,050 | （貸）リース投資資産 | 1,050 |
| （借）繰延リース利益 | 796 | （貸）繰延リース利益繰入 | 796 |

⑤ 最終回回収日・リース物件の受領（×6年3月31日）

| （借）現　金　預　金 | 1,050 | （貸）リース投資資産 | 1,050 |
| （借）繰延リース利益 | 36 | （貸）繰延リース利益戻入益 | 36 |

第2法　リース料受取時に売上高と売上原価を計上する方法

① リース取引開始時（×1年4月1日）

| （借）リース投資資産 | 50,000 | （貸）買　掛　金 | 52,500 |
| （借）仮　払　消　費　税 | 2,500 | | |

　以後、回収するに従って、消費税を認識・計上することになる。また、その時点でリース投資資産を減額する。

② 第1回回収日（×1年4月30日）

（借）現　金　預　金	1,050	（貸）売　　上　　高	1,000
		（貸）仮　受　消　費　税	50
（借）売　上　原　価	691	（貸）リース投資資産	691

③ 最終回回収日・リース物件の受領（×6年3月31日）

（借）現 金 預 金	1,050	（貸）売 上 高	1,000
		（貸）仮 受 消 費 税	50
（借）売 上 原 価	994	（貸）リース投資資産	994

第3法　売上高を計上せずに利息相当額を各期に配分する方法

　この方法は，所有権移転ファイナンス・リース取引を設例で説明した第3法と同様の方法であり，買掛金の発生時に，売上原価に係る消費税を認識し，回収するごとに売上高に係る消費税を計上することになる。

① リース取引開始日（×1年4月1日）

（借）リース投資資産	50,000	（貸）買　　　掛　　　金	52,500
（借）仮 払 消 費 税	2,500		

② 第1回回収日（×1年4月30日）

（借）現 金 預 金	1,050	（貸）リース投資資産	691
		（貸）受 取 利 息	309
		（貸）仮 受 消 費 税	50

（注）　50＝1,000×5％

③ 最終回回収日（×6年4月30日）

（借）現 金 預 金	1,050	（貸）リース投資資産	994
		（貸）受 取 利 息	6
		（貸）仮 受 消 費 税	50

第Ⅲ編 貸手編

(3) 貸手の見積残存価額がある場合

第1法 リース取引開始時に売上高と売上原価を計上する方法

① リース取引開始時（×1年4月1日）

（借）リース投資資産	63,000	（貸）売　　上　　高	60,000
		（貸）仮　受　消　費　税	3,000
（借）売　上　原　価	50,000	（貸）買　　掛　　金	52,500
（借）仮　払　消　費　税	2,500		
（借）リース投資資産	5,000(注)	（貸）売　上　原　価	5,000

　リース投資資産は仮払消費税分だけ増額する。(注)のリース投資資産5,000千円は貸手の見積残存価額であり，売上原価からすでに控除し，リース投資資産に計上している。

② 第1回回収日（×1年4月30日）

（借）現　金　預　金	1,050	（貸）リース投資資産	1,050

③ 第3回回収日・第1四半期決算日（×1年6月30日）

（借）現　金　預　金	1,050	（貸）リース投資資産	1,050
（借）繰延リース利益繰入	13,755	（貸）繰延リース利益	13,755

④ 第12回回収日・決算日（×2年3月31日）

（借）現　金　預　金	1,050	（貸）リース投資資産	1,050
（借）繰延リース利益	1,109	（貸）繰延リース利益繰入	1,109

第2章 租　税　法

⑤　最終回回収日・リース物件の受領（×6年3月31日）

（借）現　金　預　金　　1,050	（貸）リース投資資産　　1,050
（借）繰延リース利益　　　174	（貸）繰延リース利益戻入益　174
（借）貯　　蔵　　品　　5,000	（貸）リース投資資産　　5,000

　貸手の見積残存価額であるリース投資資産5,000千円（注）はリース物件の受領後に貯蔵品に振り替えられた。貸手が自社で使用するのであれば，固定資産等に振り替えても良い。ただし税務上では，返還を受けたリース物件は時価評価でもって資産計上しなければならないから，注意していただきたい。

第2法　リース料受取時に売上高と売上原価を計上する方法

①　リース取引開始時（×1年4月1日）

| （借）リース投資資産　50,000 | （貸）買　　掛　　金　52,500 |
| （借）仮 払 消 費 税　　2,500 | |

②　第1回回収日（×1年4月30日）

（借）現　金　預　金　　1,050	（貸）売　　上　　高　　1,000
	（貸）仮 受 消 費 税　　　50
（借）売　上　原　価　　　580	（貸）リース投資資産　　　580

③　最終回回収日・リース物件の受領（×6年3月31日）

（借）現　金　預　金　　1,050	（貸）売　　上　　高　　1,000
	（貸）仮 受 消 費 税　　　50
（借）売　上　原　価　　　950	（貸）リース投資資産　　　950
（借）貯　　蔵　　品　　5,000	（貸）リース投資資産　　5,000

第Ⅲ編　貸手編

回収したリース物件を見積残存価額で貯蔵品と仕訳した。

第3法　売上高を計上せずに利息相当額を各期に配分する方法

① リース取引開始時（×1年4月1日）

| （借）リース投資資産 | 50,000 | （貸）買　　掛　　金 | 52,500 |
| （借）仮 払 消 費 税 | 2,500 | | |

② 第1回回収日（×1年4月30日）

（借）現　金　預　金	1,050	（貸）リース投資資産	580
		（貸）受　取　利　息	420
		（貸）仮 受 消 費 税	50

③ 最終回回収日・リース物件受領（×6年3月31日）

（借）現　金　預　金	1,050	（貸）リース投資資産	950
		（貸）受　取　利　息	50
		（貸）仮 受 消 費 税	50
（借）貯　　蔵　　品	5,000	（貸）リース投資資産	5,000

(4)　中途解約の処理

第1法　リース取引開始日に売上高と売上原価を計上する方法

① リース取引開始日（×1年4月1日）

（借）リース投資資産	63,000	（貸）売　　上　　高	60,000
		（貸）仮 受 消 費 税	3,000
（借）売　上　原　価	50,000	（貸）買　　掛　　金	52,500
（借）仮 払 消 費 税	2,500		

② リース料受取日(×5年3月31日)

```
(借) 現 金 預 金      1,050    (貸) リース投資資産     1,050
(借) 繰延リース利益       77    (貸) 繰延リース利益戻入益    77
```

③ 規定損害金の受取日(×5年3月31日)

```
(借) 現 金 預 金     11,800    (貸) リース投資資産    12,600
(借) 現 金 預 金        590    (貸) 仮 受 消 費 税       590
(借) 繰延リース利益      469
(借) リース解約損       331
```

(注) 590＝11,800×5％

規定損害金は税抜きの金額なので,実際に徴収するときに消費税分を加算して支払いを受けることになる。

第2法　リース料受取時に売上高と売上原価を計上する方法

① リース取引開始時(×1年4月1日)

```
(借) リース投資資産    50,000   (貸) 買 掛 金        52,500
(借) 仮 払 消 費 税    2,500
```

② リース料の受取日(×5年3月31日)

```
(借) 現 金 預 金     1,050    (貸) 売  上  高       1,000
                             (貸) 仮 受 消 費 税        50
(借) 売 上 原 価       923    (貸) リース投資資産       923
```

第Ⅲ編　貸手編

③　規定損害金の受取日（×5年3月31日）

（借）現 金 預 金　11,800	（貸）売　　上　　高　11,800
（借）現 金 預 金　　590	（貸）仮 受 消 費 税　　590
（借）貯　蔵　品　11,531	（貸）リース投資資産　11,531
（借）売 上 原 価　11,531	（貸）貯　蔵　品　11,531

第3法　売上高を計上せず利息相当額を各期に配分する方法

① リース取引開始日（×1年4月1日）

（借）リース投資資産　50,000	（貸）買　　掛　　金　52,500
（借）仮 払 消 費 税　 2,500	

② リース料受取日（×5年3月31日）

（借）現 金 預 金　 1,050	（貸）リース投資資産　　923
	（貸）受 取 利 息　　 77
	（貸）仮 受 消 費 税　　 50

③ 規定損害金の受取日（×5年3月31日）

（借）現 金 預 金　11,800	（貸）リース投資資産　11,531
	（貸）リース解約益　　269
（借）現 金 預 金　　590	（貸）仮 受 消 費 税　　590

(5) 借手または第三者による残価保証がある場合

第1法　リース取引開始日に売上高と売上原価を計上する方法

① リース取引開始日（×1年4月1日）

（借）リース投資資産	125,000	（貸）売　　上　　高	125,000
（借）リース投資資産	6,250	（貸）仮 受 消 費 税	6,250
（借）売 上 原 価	100,000	（貸）買　　掛　　金	100,000
（借）仮 払 消 費 税	5,000	（貸）買　　掛　　金	5,000

② 第1回回収日・決算日（×2年3月31日）

（借）現 金 預 金	12,600	（貸）リース投資資産	12,600
（借）繰延リース利益繰入	20,862	（貸）繰延リース利益	20,862

③ 第2回回収日・決算日（×3年3月31日）

（借）現 金 預 金	12,600	（貸）リース投資資産	12,600
（借）繰延リース利益	3,812	（貸）繰延リース戻入益	3,812

④ リース期間終了時（×11年3月31日）

（借）現 金 預 金	12,600	（貸）リース投資資産	12,600
（借）貯 蔵 品	5,250	（貸）リース投資資産	5,250
（借）繰延リース利益	675	（貸）繰延リース戻入益	675

　残価保証額の付したリース物件は，売却金額が決定するまで一旦貯蔵品に計上した処理である。

第Ⅲ編 貸手編

⑤ 残価保証受取額及び物件処分の確定時（×11年3月31日）

（借）売　掛　金　　3,000（対借手）	（貸）貯　蔵　品　　5,250
（借）売　掛　金　　　150（対借手）	（貸）仮受消費税　　　150
（借）売　掛　金　　2,000（対処分業者）	（貸）仮受消費税　　　100
（借）売　掛　金　　　100（対処分業者）	
（借）資産売却損　　　250	

　リース物件の売却金額が決定したので，あらためて消費税額を決定した日の属する事業年度の対価の額に加算する。

第2法　リース料受取時に売上高と売上原価を計上する方法

① リース取引開始（×1年4月1日）

（借）リース投資資産　100,000	（貸）買　掛　金　100,000
（借）仮払消費税　　　5,000	（貸）買　掛　金　　5,000

② 第1回回収日・決算日（×2年3月31日）

（借）現　金　預　金　12,000	（貸）売　上　高　　12,000
（借）現　金　預　金　　　600	（貸）仮受消費税　　　　600
（借）売　上　原　価　7,862	（貸）リース投資資産　7,862

　以後，リース料を受け取るごとに，売上高と消費税を計上する。

③ リース期間終了時（×11年3月31日）

（借）現　金　預　金　12,000	（貸）売　上　高　　17,000
（借）現　金　預　金　　　600	（貸）仮受消費税　　　　600
（借）貯　蔵　品　　　5,000	
（借）売　上　原　価　16,325	（貸）リース投資資産　16,325

④ 残価保証受取額及び物件処分額の確定時（×11年3月31日）

| （借）売　掛　金 | 3,150（対借手） | （貸）貯　蔵　品 | 5,000 |
| （借）売　掛　金 | 2,100（対処分業者） | （貸）仮受消費税 | 250 |

第3法　売上高を計上せずに利息相当額を各期へ配分する方法

① リース取引開始日（×1年4月1日）

| （借）リース投資資産 | 100,000 | （貸）買　　掛　　金 | 100,000 |
| （借）仮払消費税 | 5,000 | （貸）買　　掛　　金 | 5,000 |

② 第1回回収日・決算日（×2年3月31日）

（借）現　金　預　金	12,000	（貸）リース投資資産	7,862
（借）現　金　預　金	600	（貸）受　取　利　息	4,138
		（貸）仮受消費税	600

③ リース期間終了時（×11年3月31日）

（借）現　金　預　金	12,600	（貸）リース投資資産	16,325
（借）貯　　蔵　　品	5,000	（貸）受　取　利　息	675
		（貸）仮受消費税	600

④ 残価保証受取額及び物件処分額の確定時（×11年3月31日）

| （借）売　掛　金 | 3,150（対借手） | （貸）貯　蔵　品 | 5,000 |
| （借）売　掛　金 | 2,100（対処分業者） | （貸）仮受消費税 | 250 |

第Ⅲ編 貸手編

(6) 維持管理費用相当額,通常の保守等の役務提供相当額の処理

維持管理費用相当額を収益に計上する方法

① リース取引開始日（×1年4月1日）

（借）リース投資資産　100,000	（貸）買　　掛　　金　105,000	
（借）仮 払 消 費 税　　5,000		

② 第1回回収日・決算日（×2年3月31日）

（借）現 金 預 金　13,200	（貸）売　　上　　高　12,000	
（借）現 金 預 金　　　600	（貸）仮 受 消 費 税　　　600(注1)	
（借）現 金 預 金　　　 60	（貸）売上高(維持管理分)　 1,200	
	（貸）仮 受 消 費 税　　　 60(注2)	
（借）売 上 原 価　 8,540	（貸）リース投資資産　 8,540	

(注1) 600＝12,000×5％
(注2) 60＝1,200×5％

以後，回収するたびに売上高・仮受消費税を計上する。

③ 最終回回収日・リース物件の受領（×11年3月31日）

（借）現 金 預 金　13,860	（貸）売　　上　　高　12,000
	（貸）仮 受 消 費 税　　　600
	（貸）売上高(維持管理分)　 1,200
	（貸）仮 受 消 費 税　　　 60
（借）売 上 原 価　11,599	（貸）リース投資資産　11,599

維持管理費用相当額を実際支払額の控除額として処理する方法

① リース取引開始日（×1年4月1日）

（借）リース投資資産 100,000		（貸）買　掛　金 105,000	
（借）仮 払 消 費 税　5,000			
（借）維 持 管 理 費 用 12,000		（貸）買　掛　金 12,600	
（借）仮 払 消 費 税　　600			

② 第1回回収日・決算日（×2年3月31日）

（借）現 金 預 金 13,200		（貸）売　上　高 12,000	
（借）現 金 預 金　　600		（貸）仮 受 消 費 税　600（注）	
		（貸）維 持 管 理 費 用 1,200	
（借）売 上 原 価　8,540		（貸）リース投資資産 8,540	

（注）　600＝12,000×5％

③ 最終回回収日・リース物件の受領（×11年3月31日）

（借）現 金 預 金 13,200		（貸）売　上　高 12,000	
（借）現 金 預 金　　600		（貸）仮 受 消 費 税　600	
		（貸）維 持 管 理 費 1,200	
（借）売 上 原 価 11,599		（貸）リース投資資産 11,599	

(7) 貸手が製造業者または卸売業者の場合

(原則法：販売基準)

① リース取引開始日（×1年4月1日）

(借) リース投資資産	48,000	(貸) 買　　掛　　金	46,800
(借) 仮 払 消 費 税	2,340(注)	(貸) 買　　掛　　金	2,340
		(貸) 販　　売　　益	1,200

(注)　2,340＝46,800×5％

② 第1回回収日・決算日（×2年3月31日）

(借) 現 金 預 金	12,000	(貸) 売　　上　　高	12,000
(借) 現 金 預 金	600	(貸) 仮 受 消 費 税	600
(借) 売 上 原 価	8,193	(貸) リース投資資産	8,193

(原則法：割賦基準)

① リース取引開始日（×1年4月1日）

(借) リース投資資産	48,000	(貸) 買　　掛　　金	46,800
仮 払 消 費 税	2,340	買　　掛　　金	2,340
		繰 延 販 売 利 益	1,200

② 第1回回収日・決算日（×2年3月31日）

(借) 現 金 預 金	12,000	(貸) 売　　上　　高	12,000
(借) 現 金 預 金	600	(貸) 仮 受 消 費 税	600
(借) 繰 延 販 売 益	240	(貸) 売　　買　　益	240

(簡便法：割賦基準)

① リース取引開始時（×1年4月1日）

（借）リース投資資産	46,800	（貸）買　　掛　　金	46,800
（借）仮 払 消 費 税	2,340	（貸）買　　掛　　金	2,340

② 第1回回収日・決算日（×2年3月31日）

（借）現 金 預 金	12,000	（貸）売　　上　　高	12,000
（借）現 金 預 金	600	（貸）仮 受 消 費 税	600
（借）売 上 原 価	7,836	（貸）リース投資資産	7,836

(8) セール・アンド・リースバック取引の場合

セール・アンド・リースバック取引において，税法上は実質その取引が金銭の貸借である場合には，消費税は不課税扱いとなる。したがって，第1章の設例を参考にしていただきたい。

金銭の貸借ではなく，実質上も所有権移転外ファイナンス・リース取引であるならば，第1章の設例に基づいて消費税を計上すると，以下の通りである。

① 資産購入日・リース取引開始時・第1回回収日（×1年4月1日）

（借）リース投資資産	170,000	（貸）現 金 預 金	170,000
（借）仮 払 消 費 税	8,500	（貸）現 金 預 金	8,500
（借）現 金 預 金	40,769	（貸）売　　上　　高	40,769
（借）現 金 預 金	2,038	（貸）仮 受 消 費 税	2,038(注)
（借）売 上 原 価	40,769	（貸）リース投資資産	40,769

（注）　2,038＝40,769×5％

② 決算日（×2年3月31日）

（借）売　掛　金	40,769	（貸）売　　上　　高	40,769
（借）売　掛　金	2,038	（貸）仮　受　消　費　税	2,038
（借）売　上　原　価	27,846	（貸）リ　ー　ス　投　資　資　産	27,846

③ 第2回回収日（×2年4月1日）

| （借）現　金　預　金 | 42,807 | （貸）売　　掛　　金 | 42,807 |

以降，各年度において同様の処理を行うことになる。

5　そ　の　他

(1)　リース期間の終了によるリース資産の返還

リース期間の終了によってリース資産の返還を受けた場合は，リース資産返還時の時価をもって取得価額とし，資産計上しなければならない。この点についてリース会計指針では見積残存価額で目的に応じて貯蔵品か固定資産に計上することになっているので注意を要する。また，残価保証契約が付されている場合には，当該残価保証額とする（法人税基本通達7－6の2－1）。残価保証契約により賃借人から収受した残価保証額は，それが確定した日の属する事業年度において譲渡対価の額に加算する（消費税法基本通達9－3－6の4）。

(2)　減価償却費

リース期間の終了に伴って，取得した資産は減価償却することになる。耐用年数は，以下のいずれかを採用できる。ただし，その年数に1年未満の端数がある場合はその端数を切り捨て，その年数が2年に満たない場合は2年とする（法人税基本通達7－6の2－12）。

① 当該資産につき適正に見積った取得後の使用可能期間
② 当該資産に定められている法定耐用年数以上にリース期間が経過した資産

　　当該法定耐用年数×20％に相当する年数
③ 当該資産に定められた法定耐用年数以下でリース期間が終了した資産

　　リース経過期間×20％＋（当該耐用年数－リース経過期間）で計算される年数

(3) 賃借人の倒産，リース料の支払遅延等の契約違反があった場合

　賃貸人においては，延払基準を適用していたリース取引について，中途解約により延払基準の方法により経理をしなかった決算に係る事業年度終了の日の属する課税期間又はリース譲渡に係る資産の譲渡等の時期の特例を適用していたリース譲渡に係る契約解除等を行った事業年度終了の日の属する課税期間（以下，解除等の日の属する課税期間と呼ぶ。）に残存リース料を対価とする資産の譲渡等を行ったものとみなされ，消費税が課される（法人税法施行令第125条第2項，消費税法施行令第32条第1項，第36条の2第3項）。

　また，賃借人から賃貸人へのリース物件の返還に基づく賃貸人によるリース料の一部または全部の減額分は，リース物件の返還時に代物弁済が行われたものと認められ，資産の譲受けの対価として取り扱われ，消費税が課される（消費税法施行令第32条第1項，第45条第2項第1号，消費税法基本通達9－3－6の3）。

(4) リース物件が滅失・毀損し，修復不能となった場合

　賃貸人においては，解除等の日の属する事業期間に残存リース料を対価とする資産の譲渡等を行ったものとみなされ，消費税が課される（法人税法施行令第125条第2項，消費税法施行令第32条，第36条の2第3項）。

また，賃貸人がリース物件の滅失等を起因として保険金を受け取ることにより残存リース料の一部又は全部を減額する場合，リース料の値引きが行われたとみなされ，この残存リース料の減額は売上に係る対価の返還等と考えられる。

(5) リース物件の陳腐化による買換え等により，賃借人と賃貸人との合意により契約を解約するとき

賃貸人においては，解除日の属する事業年度に残存リース料を対価とする資産の譲渡等があったものとみなされ，消費税が課される（法人税法施行令第125条第2項，消費税法施行令第32条，第36条の2第3項）。

また，リース物件の陳腐化のためリース物件を廃棄するとともに，残存リース料の一部又は全部を減額することが賃借人と賃貸人との間で合意した場合には，この減額は売上に係る対価の返還等と考えられる。

（参考文献）
『キーワードでわかるリースの法律・会計・税務』井上雅彦　税務研究会出版局
『リース取引の会計と税務』太田達也　税務研究会出版局
『Q＆Aリース会計・税務の実務ガイド』あずさ監査法人・KPMG税理士法人　中央経済社
国税庁ホームページ「質問応答事例」

第IV編

特殊編

第1章

特殊リース

1 戦略経営とリース取引関連会計基準

(1) 資源戦略論と会計基準

　戦略経営においては，どのマーケットにいかなる製品／サービスを投入するかを定義する製品／市場戦略が策定されると，この製品／市場戦略をいかに有効に戦うかを定義する機能戦略が策定される。次に，ヒト，モノ，カネ，情報という経営資源の調達，配合，構造化，運用に係る計画すなわち経営計画が樹立され，戦略が実行される。

　換言すれば，戦略の実行過程では資源戦略が具体的に実行され，この資源戦略の実行過程における経営資源の調達，配合と消費，運用加工過程すなわち経営の実態を一定のルールで写像するのが会計という行為であるとされている。

　本書のテーマに即して考察すれば，リース取引はリース資産という物的資源の調達と消費及び運用に関連するが，このほかソフトウェア資産のような情報資源にも関連すると同時に財務的資源すなわち金融商品にも関連する。このように考えれば，物的資源会計関連では従来の固定資産会計に加えて減損会計基準が適用対象となるであろう。また，ソフトウェア資産については研究開発費会計基準がさらに金融商品には金融商品会計基準が適用される。

(2) 戦略経営とリース取引

　資源戦略論の観点から言えば，戦略経営においてリース取引が活用されるのは，物的資源や情報資源である有形，無形の固定資産を迅速かつ容易に調達し，各企業の生産，販売過程に投入することができるからである。

　リース取引にはもう一つ利点がある。かりに，同じ機能を有していても購入によって調達すれば固定資産を貸借対照表上計上し，割賦手形や借入金によって調達すればさらに負債も計上しなければならないが，すでに考察したようにリース取引によって調達し，会計処理上賃貸借処理できるのであれば，企業は資産，負債を圧縮でき，総資産利益率をよく見せることが可能となる。すなわち，財務内容を改善できるのである。

　戦略経営におけるリース取引の意義を理解した上で，まず，企業はリース契約を締結する前にいかなる検討を行うか考察してみよう。

① 調達対象資産または資産流動化によるオフ・バランス化が可能な資産を確定する。
② リース取引によるオフ・バランス化が可能かどうかを検討する。
③ オフ・バランス化が可能な場合いかなる会計基準が適用されるのか研究する。
④ オン・バランスが必要であっても，競争に勝つために必要不可欠で借入や割賦手形によるより調達手続きの簡素化や迅速化が可能であればリース契約によって調達する。
⑤ オン・バランスされたリース取引には，いかなる会計基準が適用されるか考察する。

(3) リース取引会計基準と関連する会計基準

　これまでの解説から，リース取引会計基準による会計処理は，図表Ⅳ－1－1のようにまとめられる。

この会計処理に関連して，リース取引会計基準に関連する会計基準を図表Ⅳ－1－1に併記しておいた。

図表Ⅳ－1－1

		借　　　手	貸　　　手
売買処理	会計処理	リース資産（固定資産）とリース債務（金融負債）を計上	リース債権（金融資産）計上
	関連会計基準	減損会計基準 金融商品会計基準 研究開発費会計基準 外貨建取引等会計処理基準	金融商品会計基準 外貨建取引等会計処理基準
賃貸借処理	会計処理	リース資産とリース債務はオフ・バランスにする。	リース資産（固定資産）計上
	関連会計基準	外貨建取引等会計処理基準	減損会計基準 研究開発費会計基準 外貨建取引等会計処理基準

(4) 本節の構成

本章の構成を上記一覧表に関連付けて示せば，図表Ⅳ－1－2のようになる。

図表Ⅳ－1－2

	借　　手		貸　　手	
	売買処理	賃貸借処理	売買処理	賃貸借処理
従来の固定資産会計	第1章3			第1章3
減損会計基準	第1章2			第1章2
研究開発費会計基準	第1章6			第1章6
金融商品会計基準	第1章7，8，9，10		第1章7，8，10	
外貨建取引等会計処理基準	第1章11			第1章11

本章第2節以降においては，特殊なリース取引の局面を解説する。これらは，

第Ⅳ編　特　殊　編

リース会計に関する基本的会計処理のほかに実務上留意しておくべき重要論点を理解し，さらに深い研究の方向性を探索するための参考資料となるであろう。

2　リース取引と減損会計基準

(1)　減損会計

①　意　義

事業用固定資産の収益性が当初の予想よりも低下し，資産の回収可能性を帳簿価額に反映させなければならない場合に，過大な帳簿価額を減額し，将来に損失を繰り延べないために行われる会計処理である（固定資産の減損にかかる会計基準の設定に係る意見書三－1）。

②　減損の定義

固定資産の減損とは，資産の収益性の低下により投資額の回収が見込めなくなった状態をいう（固定資産の減損にかかる会計基準の設定に係る意見書三－2）。

③　減損処理

減損の状態になった場合に，一定の条件の下に回収可能性を反映させるように帳簿価額を減額させる会計処理であり，取得原価基準の下で行われる帳簿価額の臨時的な減額である（固定資産の減損にかかる会計基準の設定に係る意見書三－1，3）。

(2)　リース会計と減損会計の関係

図表Ⅳ－1－2を本節の目的に即して，より簡素化すると図表Ⅳ－1－3のようになる。なお，図表Ⅳ－1－3はリース取引に関する原則的処理を想定している。

第1章　特殊リース

図表Ⅳ－1－3　リース会計と減損会計の関係

	借　　手	貸　　手
売買処理（ファイナンス・リース取引）	減損会計適用	減損会計不適用(注)
賃貸借処理（オペレーティング・リース取引）	減損会計不適用	減損会計適用

（注）　金融商品会計基準を適用

　ファイナンス・リース取引と判定された場合，原則的には売買処理される。この場合，図表Ⅳ－1－2のように借手はリース資産を計上するから減損会計の適用対象となるが，貸手はリース債権を計上するから，減損会計でなく金融商品会計基準が適用される。

　オペレーティング・リース取引と判定された場合には，賃貸借処理が行われる。この場合，貸手は，リース資産を固定資産として計上するから，減損会計の対象となるが，借手には減損会計は適用されないことに留意されたい。

(3)　借手の減損処理

①　売買処理を行っている場合

　売買処理の場合，リース資産は固定資産に計上されるから減損会計が適用される。減損損失の認識と測定は次のように行う（固定資産の減損に係る会計基準二，三）。

ⅰ）　減損の兆候の判断

ⅱ）　減損損失の認識

この判定及び使用価値の算定に用いられるに当たって用いられる将来キャッシュ・フローと割引率の選定が行われる。

ⅲ）　減損損失の測定

ⅳ）　減損処理後

減価償却を，計画的，規則的に行う。さらに，減損損失の戻し入れは行わない。

(4) 貸手の減損処理

減損会計基準の本則が適用される。

(5) 減損会計基準改訂

上記減損会計基準は，今回のリース取引に関する会計基準改訂前の，所有権移転外ファイナンス・リース取引にかかる例外処理を前提として，定められており，今回のリース取引に関する会計基準改訂に伴い，所有権移転外ファイナンス・リース取引は原則的には売買処理されることとなったため，企業会計基準適用指針第6号「固定資産の減損に係る会計基準の適用指針」が改正された。

すなわち，重要性が乏しい場合や，リース会計基準適用初年度開始前のリース取引については，通常の賃貸借処理が認められているが，減損処理と同様の効果を有する会計処理を行うため，減損処理を検討する際には当該リース資産の未経過リース料の現在価値を当該リース資産の帳簿価額とみなして減損会計基準を適用する（適用指針第60項～第62項，第143項，第144項，減損会計基準注解12）。

3 リース物件の修繕費及び改良費の処理

リース物件にかかる固定資産会計は，減損会計基準制定以前からわが国で採用されてきた固定資産会計を適用すべきである。この固定資産会計を確認すれば次の通りである。

(1) 資本的支出

修繕や改良を行った結果，資産の機能や性能が向上したり，耐用年数が増加する場合，このような経済効果が発生する修繕費や改良費を資本的支出という。この資本的支出は，借手の固定資産の取得原価に追加計上する。

(2) 減価償却

資本的支出により残存耐用年数が延長されるが，この場合残存耐用年数を合理的に見積り，減価償却を行う。なお，償却計算上の耐用年数を変更しなくても資本的支出前の法定耐用年数に見合う減価償却率を用いれば，耐用年数は結果的に自動延長される。

(3) 収益的支出

固定資産にかかる支出でも，耐用年数の延長や機能の向上という経済効果を持たない支出を収益的支出という。この収益的支出については，支出期の費用として処理される。

(4) 中途解約による返還

① 返還

未償却残高を固定資産除却損等として損失処理する。

② 規定損害金

解約会計年度の費用として単年度処理する。

4　不動産リース

(1) 不動産に係るリース取引の判定

土地，建物等の不動産のリース取引（契約上，賃貸借となっているものも含む。）についても，ファイナンス・リース取引に該当するか，オペレーティング・リース取引に該当するかを判定する（適用指針第19項）。

第Ⅳ編　特　殊　編

(2) 土地リース取引

土地については，所有権の移転条項又は割安購入選択権の条項がある場合を除き，オペレーティング・リース取引に該当するものと推定する（適用指針第19項）。

これは，土地の経済的耐用年数は無限であるため，所有権の移転条項又は割安購入選択権の条項がある場合のいずれかに該当する場合を除いては，通常，フルペイアウトのリース取引に該当しないと考えられるからである（適用指針第98項）。

(3) 土地・建物等一括リース取引

土地と建物等を一括したリース取引（契約上，建物賃貸借契約とされているものも含む。）は，原則として，リース料総額を合理的な方法で土地に係る部分と建物等に係る部分に分割した上で，現在価値基準の判定を行う（適用指針第20項）。

土地と建物等を一括したリース取引は，土地が無限の経済的耐用年数を有し建物等と異なる性格を有するため，一括してファイナンス・リース取引かオペレーティング・リース取引かの判定はできない。このため，リース取引の判別を行う際には，リース料総額を合理的な方法で土地に係る部分と建物等に係る部分に分割した上で，現在価値基準の判定を行う（適用指針第99項）。

リース料総額を土地に係る部分と建物等に係る部分に合理的に分割する方法としては以下の原則的処理と簡便法が考えられる（適用指針第99項，第100項）。このうち最も実態に合った方法を採用する。

① 原則的処理
(a) 実際賃借料控除法

賃貸借契約書等で，適切な土地の賃借料が明示されている場合には，全体のリース料総額から土地の賃借料を差し引いた額を，建物等のリース料総額とす

る。

　(b)　**見積賃借料控除法**

　全体のリース料総額から土地の見積賃借料を差し引いた額を，建物等のリース料総額とみなす。見積賃借料には，近隣の水準などを用いることが考えられる。

　(c)　**追加借入利子率活用法**

　全体のリース料総額から土地の時価に借手の追加借入利子率を乗じた額を差し引いた額を，建物等のリース料総額とみなす（借手の場合）。

　(d)　**時価按分法**

　土地の借地部分の時価と建物等の時価を見積り，両者の比で全体のリース料総額を両者に按分する。

②　簡　便　法

　上記①－(a)のように適切な土地の賃借料が契約書で明示されているなどの場合を除いては，リース料に含まれている土地の賃借料相当額の算出は容易ではないことが想定される。したがって，土地の賃借料が容易に判別可能でない場合は，両者を区分せずに現在価値基準の判定を行うこともできる。

　土地の賃借料が容易に判別可能でない場合は，両者を区分せずに現在価値基準の判定を行うことができる。

　ただし，ファイナンス・リース取引に該当するか否かが売却損益の算出に影響を与えるセール・アンド・リースバック取引を除く。

第Ⅳ編　特　殊　編

5　不動産流動化とセール・アンドリースバック取引

(1)　不動産流動化の意義・目的・手法

①　意　　義

不動産流動化とは，不動産を第三者に譲渡し，当該不動産を資金化することである。

②　目　　的

不動産流動化の目的は，資金調達と資産・負債の削減による貸借対照表の簡素化である。

③　代表的手法

不動産流動化を行っても，経営目的遂行上必要不可欠な不動産については，リースバック取引を活用して，譲渡人が譲渡不動産を継続使用するケースがある。

代表的には，特定目的会社が活用される。ここに特定目的会社とは，資産の流動化に関する法律第2条第3項に規定する特定目的会社及び事業内容の変更が制限されているこれと同様の事業を営む事業体をいう（日本公認会計士協会会計制度委員会報告第15号「特定目的会社を活用した不動産の流動化に係る譲渡人の会計処理に関する実務指針」第2項）。

(2)　売却処理の考え方

売却，すなわち保有不動産を売却し，貸借対照表上不動産という資産の消滅を認識する要件については，「金融商品会計基準」が参考となる。

「金融商品会計基準」第57項において，金融資産の譲渡における消滅の認識の考え方として次の二つを解説している。

① リスク・経済アプローチ

金融資産のリスクと経済価値のほとんどすべてが他に移転した場合に当該金融資産の消滅を認識する。

この考え方は，金融資産のリスクと経済価値すなわち将来キャッシュ・フローの流入，回収コスト，貸倒リスクその他を一体のものと考え，金融資産をすべて売却されるかすべて留保されるか分解不可能な単位と考える。この考え方では，オフ・バランスの要件としては，リスクと経済価値の移転の判断が求められる（大塚, 1999, 26頁）。

② 財務構成要素アプローチ

金融資産を構成する財務的要素に対する支配が他に移転した場合に当該移転した財務構成要素の消滅を認識し，留保される財務構成要素の存続を認識する。このアプローチは，金融資産のリスクと経済価値は分解可能と考え，金融資産を分解可能な財務構成要素からなると考えるから，オフ・バランスの要件は，財務構成要素ごとに移転の判断をする（大塚, 1999, 27頁）。

(3) 特定目的会社を活用した不動産の流動化に関する会計処理

金融資産の譲渡に関する消滅の考え方は，「金融商品会計基準」によれば，上記(2)の②の財務構成要素アプローチを提供することになっている（「金融商品に係る会計基準」第57項，第58項）。

これに対し，不動産の流動化については，
① 不動産に係る権利の譲渡であること
② リスクと経済価値が不動産の所有と一体化していること

③　金融商品に比べ時価の算定が容易でなく流通性も劣ること

等の特徴を考慮して，リスク・経済価値アプローチに基づき，判断することとされている（日本公認会計士協会会計制度委員会報告第15号「特定目的会社を活用した不動産の流動化に係る譲渡人の会計処理に関する実務指針」第3項，第27項）。

　すなわち，売却と認識され，オフ・バランス処理できる条件は，次の四つである（日本公認会計士協会会計制度委員会報告第15号「特定目的会社を活用した不動産の流動化に係る譲渡人の会計処理に関する実務指針」第3項，第5項）。これらの条件が認められれば，売却処理され，この条件を充足しなければ，金融取引とされる。

　①　不動産が法的に譲渡されていること
　②　資金が譲渡人に流入していること
　③　不動産の譲渡価額が適正であること
　④　譲渡不動産に係るリスクと経済価値のほとんどすべてが，他人に移転していること

である。

(4) セール・アンド・リースバック取引による不動産流動化の条件

　日本公認会計士協会は，不動産の譲渡後に譲渡人が当該不動産に「継続的に関与」している場合は，リスクと経済価値が他のものに移転していない可能性があるとし，具体例の一つとして，譲渡人がセール・アンド・リースバック取引により，継続的に譲渡不動産を使用している場合を例示している（日本公認会計士協会会計制度委員会報告第15号「特定目的会社を活用した不動産の流動化に係る譲渡人の会計処理に関する実務指針」第7項）。

　これに対し，不動産の流動化がセール・アンド・リースバック取引であっても，次の二つの条件が整えば，リスクと経済価値が他のものに移転していると認められる（同上実務指針第11項）。

① 当該リースバック取引がオペレーティング・リース取引であること
② 譲渡人が適正な賃借料を支払うこと

オペレーティング・リース取引であれば，定義から契約解除も可能であるからリスクと経済価値のほとんどすべてが他のものに移転していると判断され，売買処理が認められる。

リースバック取引がファイナンス・リース取引と識別されたなら，リスクと経済価値のほとんどすべてが他のものに移転しているとは認められないから，売買処理はできず，金融取引として処理され，流入資金に対する相手勘定の負債は，借入金等として処理される。

6　ソフトウェア・リース

(1)　ソフトウェアと環境変化

特許権，商標権等の法律上の権利やソフトウェアは，一般に知的財産と呼ばれ，会計学上は無形固定資産とされる。可視的な資産でなく無形であるため，有形固定資産のようにリース物件としての把握が困難とされてきた。

情報化社会の進展とともに，現代経営における競争力の源泉の一つとしてのソフトウェアの重要性がますます認識されるようになった。このソフトウェアの調達手段として，ソフトウェア・リースがファイナンスの一手法として利用されるようになった。このため，(社)リース事業協会は「プログラムリース標準契約書」(昭和58年)を作成した。

また，平成10年3月には企業会計審議会から「研究開発費等に係る会計基準」が公表され，ソフトウェアは，会計上，無形固定資産として取り扱うこととなった。税務上も平成12年度の税制改正で，「減価償却資産としての無形固定資産」として位置付けられた。

さらに，平成14年7月，政府は「知的財産戦略大綱」を取り纏め，「知的財産立国」の実現を目標とする改革に着手した。具体的な行動計画は，知的財産

第Ⅳ編　特　殊　編

の創造・保護・活用と人的基盤の充実とされている。
　このような環境変化を考えれば，今後ますますソフトウェア・リースが活用されるようにあるであろう。

(2)　ソフトウェア・リースの特徴

　ソフトウェアは無形固定資産であり，通常のリース取引やリース資産と異なる特徴がある。ソフトウェア・リースの特徴は，
　① リースの対象はソフトウェアに設定された使用権である。
　② ソフトウェアに係るリース取引は，貸手が製作者等から取得した使用権を借手に再許諾する契約となる。
　③ ソフトウェア製作者の権利は著作権で保護されているため，事前に製作者と貸手との間でソフトウェアに関する権利関係を取り決めておく必要性がある。

(3)　会 計 処 理

　ソフトウェアに関するリース取引も通常のリース取引と同様，リース会計基準に準拠して会計処理をする。すなわち，リース取引がファイナンス・リースかオペレーティング・リースかの判定をするとともに，ファイナンス・リースと判定された場合には，所有権移転の判定を行う。
　今回の基準改訂に伴い，解約不能とフルペイアウトの要件のみ具備していれば，ファイナンス・リース取引と判断され，原則的に売買処理される。すなわち当該ソフトウェアは無形固定資産として，資産計上され，減価償却が行われる。
　オペレーティング・リース取引と判定されれば，賃貸借処理がなされる。

(4) 基準と租税法

　所有権移転の判定のうち，「特定（特別仕様）物件リース」（専属的使用）に関しては租税法と異なる扱いになる場合があるため慎重な判断が必要となる。租税法上も専属的使用に関する規定がある（旧法人税法施行令第136条の３第１項第３号，法人税基本通達第５章）が，税務上は賃貸借処理が認められる場合でも，会計上は専属的使用の要件に該当し，所有権移転ファイナンス・リース取引として売買処理を要する場合があることに注意が必要である。また，所有権移転外ファイナンス・リース取引と判定されても，会計上は売買処理されるから，租税法とは処理が異なる。

7　債権流動化の会計処理

(1)　リース債権の流動化

　リース会社は，保有リース債権の売却によって，現預金を受け取る。この資金調達方法をリース債権の流動化という。
　リース債権の流動化は，次の方法によって実行される。

①　債権譲渡契約
　リース債権のみを譲受人に売却する。

②　貸主地位譲渡契約
　貸主としての地位を譲受人に譲渡する。
　リース債権の流動化に類似した取引として，転リース契約，すなわち別の第三者に転貸する契約（サブリース契約）による，資産のオフバランス化が行われることもある。転リースについては，次節で解説する。

(2) 債権流動化に伴う借手の会計処理

　現状でのリース債権流動化実務では，債権譲渡はサイレント方式（債務者への個別通知をしない方式）により，債権譲渡後も代金回収業務を行うから，借手は別段の会計処理をする必要はない。

(3) 債権流動化に伴う貸手の会計処理

① 売買処理の場合

　ファイナンス・リースの場合，原則的には売買処理される。このため，貸借対照表上，リース債権が計上され（図表Ⅳ－1－1参照），このリース債権は金融資産に該当するから，債権流動化に伴うリース債権の消滅（オフ・バランス化）については，金融商品会計基準に準拠して処理する。

　債権流動化が，債権の売却と認められれば，金融資産発生の認識は中断されるから，金融資産消滅の認識が行われる。

　すでに解説したように，金融資産消滅の認識は，財務構成要素アプローチによることとされており，金融資産消滅の認識要件は，次の通りである（「金融商品会計基準」第8項）。

（ⅰ）　契約上の権利行使時
（ⅱ）　契約上の権利喪失時
（ⅲ）　契約上の権利に対する支配の移転時

　リース債権の流動化に関して問題となるのは，上記（ⅰ）の支配移転要件である。契約上の権利に対する支配の移転があったと認識されれば，リース資産の売却，すなわちオフ・バランス化が認められる。金融商品会計基準はこの支配移転要件につき，次のすべての要件が満足されている場合には，金融資産に対する支配が他に移転していると定めている（金融商品会計基準第9項）。

（ⅰ）　譲渡された金融資産に対する譲受人の契約上の権利が譲渡人及びその債権者から法的に保全されていること

（ⅱ）譲受人が譲渡された金融資産の契約上の権利を直接又は間接に通常の方法で享受できること
（ⅲ）譲渡人が譲渡した金融資産を当該金融資産の満期日前に買戻す権利及び義務を実質的に有していないこと

② 賃貸借処理の場合

賃貸借処理の場合，リース資産は固定資産として計上される（図表Ⅳ－1－2）。リース債権は財務諸表上計上されないから，金融商品会計基準の適用対象外である。このため，リース債権流動化取引は，資金調達行為とみなし金融取引として処理することとなろう。

以上，貸手の会計処理を整理すれば，図表Ⅳ－1－4のようになる。

図表Ⅳ－1－4　リース取引とリース債権流動化取引の会計処理と金融商品会計基準

		リース債権流動化取引	
		売 買 処 理	金 融 処 理
リース取引	売買処理	金融商品会計基準適用	金融商品会計基準適用
	賃貸借処理	売買処理不能	金融商品会計基準適用対象外

8　転リース取引

① 意　　　義

転リース取引とは，リース物件の所有者から当該物件のリースを受け，さらに同一物件を概ね同一の条件で第三者にリースする取引をいう（適用指針第47項）。

② 会 計 処 理

借手としてのリース取引及び貸手としてのリース取引の双方がファイナンス・リース取引に該当する場合，貸借対照表上はリース債権又はリース投資資

産とリース債務の双方を計上する。支払利息，売上高，売上原価等は計上せずに，貸手として受け取るリース料総額と借手として支払うリース料総額の差額を手数料収入として各期に配分し，転リース差益等の名称で損益計算書に計上する。

リース債権又はリース投資資産とリース債務は利息相当額控除後の金額で計上することを原則とするが，利息相当額控除前の金額で計上することができる（適用指針第47項）。

③ 注　記

指針第47項なお書きによりリース債権又はリース投資資産とリース債務を利息相当額控除前の金額で計上する場合は，貸借対照表に含まれる当該リース債権又はリース投資資産とリース債務の金額を注記する（適用指針第73項）。

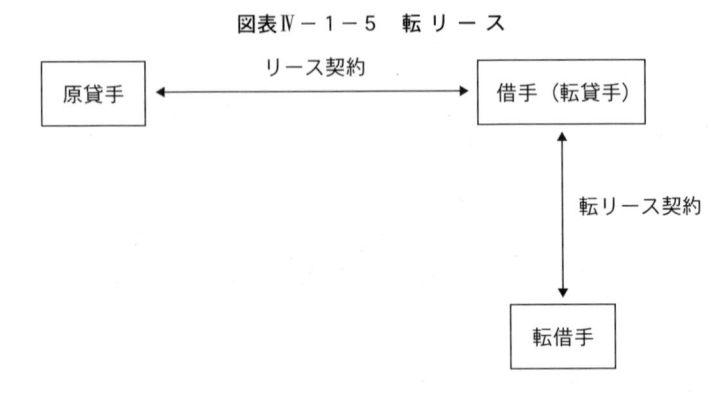

図表Ⅳ－1－5　転リース

```
                  リース契約
    ┌──────┐ ←──────→ ┌──────────┐
    │ 原貸手 │              │ 借手（転貸手）│
    └──────┘              └──────────┘
                                    ↕ 転リース契約
                                ┌──────┐
                                │ 転借手 │
                                └──────┘
```

（設　例）

（基本条件）

1) リース期間，×1年4月1日から×11年3月31日
2) リース料総額120,000千円，支払いは年1回で各期末に支払い，1回の支払い12,000千円で10年間計10回払い
3) 解約不能のリース期間，10年

第1章 特殊リース

4） リース物件の経済的耐用年数，15年
5） 企業の実態に応じたリース物件の償却方法，定額法
5） 借手の見積現金購入価額，100,000千円
6） 借手の追加借入利子率，年3％
7） 貸手のリース物件の購入価額，不明
8） 貸手の見積残存価額，不明
9） 所有権移転条項なし，割安購入選択権なし，特別仕様なし

（追加条件）
1） 借手は，さらにリースを以下の条件で転貸しした。
2） 転貸しの条件は，リース料総額は130,000千円で，1回の支払いは13,000千円で10年間計10回払い
3） 貸手側と借手側のリース料の差額が，手数料となる。
4） 利息相当額の各期への配分は，利息法によっている。

① 仕　訳

このスケジュールを参考に仕訳を作成すると以下の通りとなる。なお，仕訳の数値については，177頁の図表Ⅱ－1－45を参照されたい。

① リース取引開始時（×1年4月1日）の仕訳

（借）リース投資資産　100,000	（貸）リ ー ス 債 務　100,000

② 第1回リース料の転貸し先からの回収時

（借）現 金 預 金　13,000	（貸）リース投資資産　8,540
	（貸）預　　り　　金　3,460[注1]
	（貸）転リース差益　1,000

（注1） リース投資資産の減少額，預り金の計上額は，177頁を参照。

第Ⅳ編 特 殊 編

(注2) 転リースについては，手数料収入以外の利益は生じないため，利息相当額は預り金として処理する。

③ 第1回リース料の貸手への支払時

| (借) リース債務 | 8,540 | (貸) 現金預金 | 12,000 |
| (借) 支払利息 | 3,460 | | |

④ 第2回リース料の転貸し先からの回収時

(借) 現金預金	13,000	(貸) リース投資資産	8,835
		(貸) 預り金	3,165
		(貸) 転リース差益	1,000

⑤ 第1回リース料の転借り先への支払時

| (借) リース債務 | 8,835 | (貸) 現金預金 | 12,000 |
| (借) 支払利息 | 3,165 | | |

∴以後も同様の処理を繰り返す

　なお，①において，リース投資資産とリース債務を利息相当額控除前の金額（120,000千円）で計上することもできる（適用指針第47項なお書き）。この場合，②の第1回リース料の転貸し先からの回収時及び，③の第1回リース料の貸手への支払時において，預り金部分（3,460千円）を，それぞれリース投資資産の回収及びリース債務も返済として処理する

9　レバレッジド・リース

　レバレッジド・リースの仕組みを具体的に理解しておきたい。
　レバレッジド・リースの法的形態には匿名組合方式と任意組合方式がある。

(1) 匿名組合方式

① 匿名組合の定義

匿名組合とは，特定の営業者に投資家が出資して，営業者がその出資をもとに営業を行い，その営業から生ずる利益を投資家に分配する商法上の契約をいう（商法第535条）。

② 匿名組合の仕組

匿名組合方式によるレバレッジド・リースの仕組みは，図表Ⅳ－1－6に示す通りである。

具体的には，次のような仕組みとなっている。

① リース会社が100％出資の子会社を設立する。
② 投資家は匿名組合出資を行う。
③ 営業者は匿名組合出資と借入金をもって資産の購入代金を調達する。
④ 営業者はメーカーからリース資産を購入する。
⑤ 営業者は資産を借手にリース（ファイナンス・リース）する。
⑥ 営業者はリース料収入をもとに元利返済と分配を行う。

我が国では，レバレッジド・リースはこの匿名組合方式によることが多いとされている。

③ 匿名組合の会計処理

匿名組合出資は金融商品であるから，この会計処理は金融商品会計基準と金融商品会計に関する実務指針に準拠する。

金融商品会計に関する実務指針は，匿名組合の出資の会計処理として，「原則として，組合等の営業により獲得した損益の持分相当額を当期の損益として計上し，組合等の財産の持分相当額を出資金として計上する」（金融商品会計に関する実務指針第132項）と規定している。以下，具体的な仕訳を示す。

第Ⅳ編　特　殊　編

図表Ⅳ－1－6　匿名組合方式によるレバレッジド・リースのスキーム

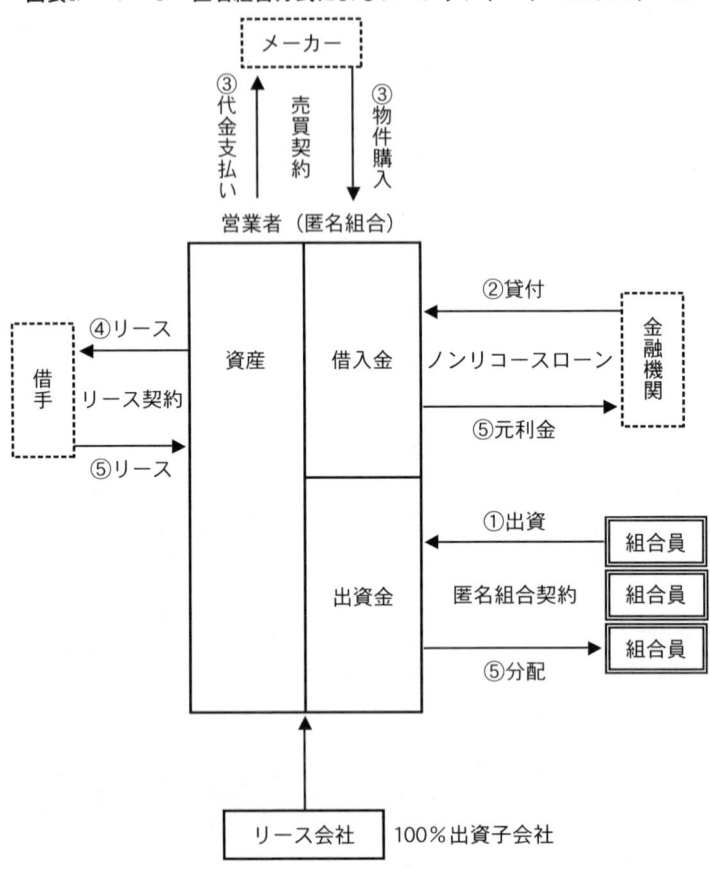

```
                        メーカー
                   ③      ③
                   代  売  物
                   金  買  件
                   支  契  購
                   払  約  入
                   い
                営業者（匿名組合）
         ┌──────┬──────┐
         │      │      │
         │      │ ②貸付      金
    ④リース │ 資産  │ 借入金 ←──── 融
借 ←───── │      │ ノンリコースローン 機
手  リース契約│      │              関
 ─────→ │      │ ⑤元利金 ────→
    ⑤リース  │      │
         │      ├──────┤
         │      │      │
         │      │ ①出資      組合員
         │      │ 出資金 ←────
         │      │ 匿名組合契約  組合員
         │      │              組合員
         │      │ ⑤分配 ────→
         └──────┴──────┘
              ↑
         リース会社　100％出資子会社
```

① 出　　　資

| （借）出　資　金 | ＊＊＊ | （貸）現　預　金 | ＊＊＊ |

② 損 失 処 理

　a．出資金相当額まで

| （借）投　資　損　失 | ＊＊＊ | （貸）投資損失引当金 | ＊＊＊ |

第1章　特殊リース

　　b．追加出資義務特約があり，損失累計額が出資金相当額を超えた場合

（借）投　資　損　失　＊＊＊	（貸）投資損失引当金　＊＊＊
	未　払　金　＊＊＊

　　c．利益が出るまでの損失処理

（借）投　資　損　失　＊＊＊	（貸）未　払　金　＊＊＊

③　利 益 処 理

　　a．追加出資義務の解除

（借）未　払　金　＊＊＊	（貸）投　資　利　益　＊＊＊

　　b．　追加出資義務の完全解除以後

（借）未　払　金　＊＊＊	（貸）投　資　利　益　＊＊＊
未　収　入　金　＊＊＊	

④　最 終 年 度

　　a．精　　　算

（借）現　預　金　＊＊＊	（貸）投　資　利　益　＊＊＊
未　収　入　金　＊＊＊	

　　b．投資損失引当金と出資金の相殺

（借）投資損失引当金　＊＊＊	（貸）出　資　金　＊＊＊

(2)　任意組合方式

①　任意組合の定義

任意組合とは，出資を行った各投資家が，共同の事業を営むことを約する民

第Ⅳ編 特　殊　編

法上の契約をいう（民法第667条）。

② 任意組合の仕組み

任意組合方式によるレバレッジド・リースの仕組みは，図表Ⅳ－1－7に示してある。具体的には，次のような仕組みである。

図表Ⅳ－1－7　任意組合方式によるレバレッジド・リースのスキーム

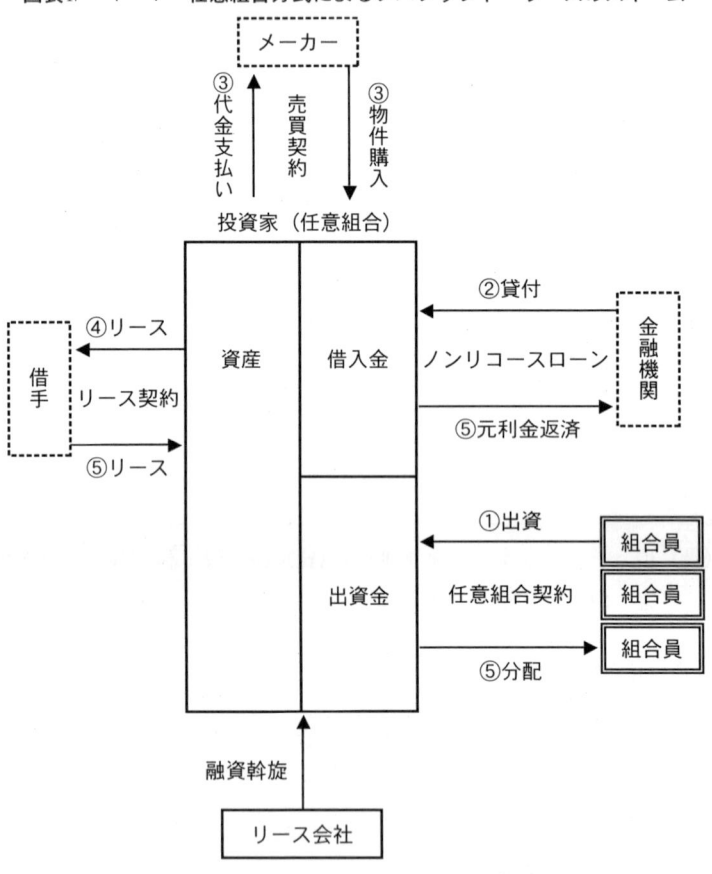

```
                          メーカー
                    ③代金↑ ↓③物件購入
                    支払い  売買契約
                         投資家（任意組合）
        ④リース                            ②貸付         金融
  借手 ←──────  資産   │  借入金  ←───────  機関
       リース契約                ノンリコースローン
        ⑤リース                  ⑤元利金返済 ───→

                         ─────────────
                                        ①出資      組合員
                          出資金    任意組合契約   組合員
                                        ⑤分配      組合員
                            ↑
                          融資斡旋
                         リース会社
```

① 投資家は任意組合出資を行う。

② 任意組合は，任意組合出資金と借入金をもって資産の購入代金を

調達する。
③　任意組合は，メーカーからリース資産を購入する。
④　任意組合は，資産を借手にリース（ファイナンスリース）する。
⑤　任意組合は，リース料収入をもとに元利返済と分配を行う。

③　任意組合の会計処理

　任意組合については，法律上その財産は組合員の共有とされており，単なる出資持分ではないので，組合財産のうち，持分割合に相当する部分を出資者の資産及び負債として貸借対照表に計上し，損益計算書についても同様に処理することが原則的な会計処理である（金融商品会計に関する実務指針第308項）。

10　リース業ヘッジ会計

　リース業におけるヘッジは次の2通りの方法によるとされる（井上, 2006, 351頁）。
(1)　長期固定のリース料債権に対し変動化スワップを取り組み，相場変動を相殺するヘッジ取引を行う。
(2)　変動金利の借入金に対し固定化スワップを取り組み，キャッシュ・フローの変動を固定化するヘッジ取引を行う。

(1)　長期固定リース料債権を対象とする公正価値（フェア・バリュー）ヘッジ

①　売買処理している場合

　リース債権は固定金利の貸付金と同様の金融資産である。このため，ヘッジ会計が適用されるヘッジ対象である（金融商品会計に関する実務指針第148項）。

よって，ヘッジ会計適用要件（金融商品に関する会計基準第31項，金融商品会計に関する実務指針第141項〜第146項）がすべて満足されれば，ヘッジ会計は適用可能である。

② 賃貸借処理している場合

賃貸借処理の場合，貸借対照表にはリース資産が計上される。このリース資産は固定資産であり，市場金利の変動により時価は変動しないから，ヘッジ対象とはならない。このためヘッジ会計は適用されない。

リース資産でなく，将来リース料を確定約定の予定取引としてとらえ，これをヘッジ対象とする（金融商品に関する会計基準第30項）という見方もあるが，予定取引は将来キャッシュ・フローの変動がヘッジ対象とされる（大塚，1999, 12頁）から，相場変動を相殺する公正価値ヘッジの対象ではない。

(2) 変動金利の借入金を対象としたキャッシュ・フロー・ヘッジ

変動金利の借入金は金融商品であり，ヘッジ対象となる（金融商品会計に関する実務指針第149項）。このため，ヘッジ会計適用要件（金融商品に関する会計基準第31項，金融商品会計に関する実務指針第141項〜第146項）がすべて満足されれば，ヘッジ会計は適用可能である。

用語解説

> **ヘッジ会計**
> 　ヘッジ会計とは，ヘッジ取引のうち一定の要件を充たすものについて，ヘッジ対象に係る損益とヘッジ手段に係る損益を同一の会計期間に認識し，ヘッジの効果を会計に反映させるための特殊な会計処理をいう（金融商品に関する会計基準第Ⅵ－1）。

第1章　特殊リース

公正価値ヘッジ 　ヘッジ対象の資産又は負債に係る相場変動を相殺し，ヘッジ対象である資産又は負債の価格変動，金利変動及び為替変動といった相場変動等による損失の可能性を減殺すること。
予定取引 　予定取引とは，未履行の確定契約に係る取引及び契約は成立していないが，取引予定時期，取引予定物件，取引予定量，取引予定価格等の主要な取引条件が合理的に予測可能であり，かつ，それが実行される可能性が極めて高い取引をいう（注解12）。
キャッシュ・フロー・ヘッジ 　ヘッジ対象の資産又は負債に係るキャッシュ・フローを固定してその変動を回避し，ヘッジ対象である資産又は負債の価格変動，金利変動及び為替変動といった相場変動等による損失の可能性を減殺すること。

11　外貨建リース

　外貨建取引に関する会計処理は，「外貨建取引等会計処理基準」や「外貨建取引等の会計処理に関する実務指針」に準拠しなければならない。リース取引が外貨建で行われている場合には，次のように会計処理される。なお以下の会計処理は，借手を想定しているが，貸手はこの逆を考えればよい。両者を対比して示せば，図表Ⅳ－1－8の通りである。

(1) 売買処理の場合

① リース資産及びリース債務の計上

取引発生時の為替相場により円換算する(「外貨建取引等会計処理基準」一―1)。

図表Ⅳ－1－8

	借　　　　手	貸　　　　手
売買処理	1. リース資産，債務 　取引発生時為替相場で換算 2. 減価償却費 　取引発生時換算額 3. リース債務返済 　決済時為替相場で換算 4. 決算 　決算時為替相場で換算 　換算差額は当期の為替差損益	1. リース債権 　取引発生時為替相場で換算 2. 減価償却費 　換算不要 3. リース債権回収 　決済時為替相場で換算 4. 決算 　決算時為替相場で換算 　換算差額は当期の為替差損益
賃貸借処理	1. 支払リース料 　支払時の為替相場で換算 2. 前払リース料 　金銭支払時の為替相場により換算 3. 未払リース料 　決算時の為替相場により換算	1. 受取リース料 　受取時の為替相場で換算 2. 前受リース料 　金銭受領時の為替相場で換算 3. 未収リース料 　決算時の為替相場により換算

② 減価償却費の計上

取引発生時の円換算額を適用する(「外貨建取引等会計処理基準」一―1)。

③ リース債務の返済

リース債務の返済額と支払利息相当額は，決済時の為替相場により円換算する(「外貨建取引等会計処理基準」一―1)。

④ 決　　算

リース債務の期末残高は，決算時の為替相場により円換算し，差額を当期の

為替換算差損益として処理する(「外貨建取引等会計処理基準」一一 2 −(1)−②)。

(2) 賃貸借処理

① 支払リース料

支払時の為替相場により円換算する(「外貨建取引等会計処理基準」一− 1)。

② 前払リース料

金銭支払時の為替相場により円換算する(「外貨建取引等の会計処理に関する実務指針」第25項)。

③ 未払リース料

決算時の為替相場により円換算する(「外貨建取引等の会計処理に関する実務指針」第27項)。

(参考文献)
大塚宗春編著『逐条解説 金融商品会計基準』中央経済社,1999年
井上雅彦著『リース会計の法律 会計・税務』税務研究会出版局,2006年

第Ⅳ編　特　殊　編

第2章

公　的　組　織

1　概　要

　学校法人や公益法人などの組織におけるリース取引の会計処理についても企業会計と変わらない。従来より，リース取引をファイナンス・リース取引とオペレーティング・リース取引に分類し，そのうち，ファイナンス・リース取引については，その経済実態に着目し，通常の売買取引に係る方法に準じた会計処理が原則的な処理とされていた。その一方で，学校法人や公益法人においては，今まで企業会計の取扱いに従い，ファイナンス・リース取引のうち所有権移転外ファイナンス・リース取引については，例外的に，所定の注記を条件として通常の賃貸借取引に係る方法に準じた会計処理を行うこともできるものとされていた。

　しかしながら，企業会計基準第13号「リース取引に関する会計基準」及び同適用指針第16号「リース取引に関する会計基準の適用指針」が平成19年3月30日付けで公表され，企業会計では，平成20年4月1日以降所有権移転外ファイナンス・リース取引について，通常の賃貸借取引に係る方法に準じた会計処理は認められないこととなった。これを受けて，学校法人や公益法人においても，所有権移転外ファイナンス・リース取引は通常の売買取引に係る方法に準じた会計処理を行うこととし，通常の賃貸借取引に係る方法に準じた会計処理は廃

第2章 公的組織

止された。

一方，国立大学法人や独立行政法人については，それぞれ平成16年4月及び平成13年4月以降，国から切り離された法人（独立行政法人の一部については，特殊法人等からの移行もある。）としてスタートしているが，そのスタート当初より，所有権移転外ファイナンス・リース取引は通常の売買取引に係る方法に準じた

図表Ⅵ－2－1　所有権移転外ファイナンス・リース取引の会計処理の比較

	会計処理	適用時期	関係基準等
学校法人	売買取引に係る会計処理（重要性の判断により，通常の賃貸借取引に係る方法に準じた会計処理は可能）	平成21年4月1日以降開始するリース取引から適用	①　リース取引に関する会計処理について（通知）（20高私参第2号）（平成20年9月11日） ②　「リース取引に関する会計処理について（通知）」に関する実務指針（学校法人委員会報告第41号）（平成21年1月14日）
公益法人	売買取引に係る会計処理（重要性の判断により，通常の賃貸借取引に係る方法に準じた会計処理は可能）	平成20年4月1日以降開始するリース取引から適用	非営利法人委員会報告第28号「公益法人会計基準に関する実務指針（その2）」の一部改正について（平成20年10月7日）
国立大学法人	売買取引に係る会計処理（重要性の判断により，通常の賃貸借取引に係る方法に準じた会計処理は可能）	平成16年4月1日（制度のスタート時より）	①　「国立大学法人会計基準」及び「国立大学法人会計基準注解」（平成17年12月22日最終改定） ②　「国立大学法人会計基準」及び「国立大学法人会計基準注解」に関する実務指針（平成20年2月13日最終改定）
独立行政法人	売買取引に係る会計処理（重要性の判断により，通常の賃貸借取引に係る方法に準じた会計処理は可能）	平成13年4月1日（制度のスタート時より）	①　「独立行政法人会計基準」及び「独立行政法人会計基準注解」（平成19年11月19日最終改定） ②　「独立行政法人会計基準」及び「独立行政法人会計基準注解」に関するQ&A（平成20年2月最終改定）

会計処理を行うこととし，通常の賃貸借取引に係る方法に準じた会計処理は認められていなかった。

以上より，公的機関のリース取引に関する会計処理については，概ね企業会計とその取扱いの統一が図られている。

2　学校法人

(1) 概　　要

従来，学校法人におけるリース取引の会計処理については，日本会計士協会から学校法人委員会報告第37号「リース取引に関する会計処理及び監査上の取扱い」が公表されており，これに従うことになっていた。学校法人委員会報告第37号では，企業会計における従来の会計基準と同様に，所有権移転外ファイナンス・リース取引については，例外的に賃貸借処理に準じた処理を行うことも認められていた。

平成19年3月30日に，企業会計において新会計基準が公表され，平成20年4月1日以降，所有権移転外ファイナンス・リース取引について，通常の賃貸借処理に係る方法に準じた会計処理が認められなくなったことより，学校会計においても，何らかの対応が求められていた。文部科学省は，平成20年9月11日付けで，「リース取引に関する会計処理について（通知）」（20高私参第2号）を通知し，リース取引開始日が，平成21年4月1日以降のリース取引では，所有権移転外ファイナンス・リース取引について通常の売買取引に係る方法に準じた会計処理を行うことを要求した。

学校法人のリース取引については，教育研究用のコンピュータをはじめ，医療機器，車両等各種資産に範囲が拡大するとともに，取引量も年々増加する傾向にある中で，企業会計基準改正の背景となったリース取引に係る経済的実態を的確に計算書類に反映させる要請等については，学校法人会

計に関しても同様である。このため，学校法人会計においても，ファイナンス・リース取引については，一定の場合を除き，通常の売買取引に係る方法に準じた会計処理を行うこととし，通常の賃貸借取引に係る方法に準じた会計処理を廃止する等，リース取引に関する会計処理についてその取扱いの統一を図ることとした。

（以上，文部科学省「リース取引に関する会計処理について（通知）」より抜粋）

　また，文部科学省の通知を受けて，日本公認会計士協会は，平成21年１月14日に学校法人委員会報告第41号「「リース取引に関する会計処理について（通知）」に関する実務指針」を公表し，文部科学省の通知を実務に適用するに当たっての具体的な指針とした。

(2) 学校法人におけるリース取引の会計処理

　以下，学校法人のファイナンス・リース取引の会計処理に関して，文部科学省通知及び学校法人委員会報告第41号をもとに記載する。

① ファイナンス・リース取引の会計処理

　リース取引開始日に，通常の売買取引に係る方法に準じた会計処理により，リース物件及びこれに係る債務を，それぞれ該当する固定資産等の科目及び負債の未払金（長期未払金）に計上する（文部科学省通知３(1)①）。

（参考）　企業会計の場合

　　リース取引開始日に，リース物件とこれに係る債務を，リース資産及びリース債務として計上する（適用指針第22項）。

② 重要性の判断基準

　次のいずれかに該当する場合には，通常の賃貸借取引に係る方法に準じた会計処理を行うことができる（文部科学省通知３(1)①但し書き）。

第Ⅳ編　特　殊　編

1）　リース料総額が学校法人の採用する固定資産計上基準額未満のもの
　　（リース物件が少額重要資産の場合を除く。）
2）　リース期間が1年以内のもの
3）　リース契約1件当たりのリース料総額が300万円以下のもの（ただし，所有権移転外ファイナンス・リース取引に限る。）

（参考）　企業会計の場合

　個々のリース資産に重要性が乏しいと認められる場合は，オペレーティング・リース取引の会計処理に準じて，通常の賃貸借取引に係る方法に準じて会計処理を行うことができる（適用指針第35項，第46項）。

1）　重要性が乏しい減価償却資産について，購入時に費用処理する方法が採用されている場合で，リース料総額が当該基準額以下のリース取引

　　　　ただし，リース料総額にはリース物件の取得価額のほかに利息相当額が含まれているため，その基準額は当該企業が減価償却資産の処理について採用している基準額より利息相当額だけ高めに設定することができる。また，この基準額は，通常取引される単位ごとに適用されるため，リース契約に複数の単位のリース物件が含まれる場合は，当該契約に含まれる物件の単位ごとに適用できる。

2）　リース期間が1年以内のリース取引
3）　企業の事業内容に照らして重要性の乏しいリース取引で，リース契約1件当たりのリース料総額（維持管理費用相当額又は通常の保守等の役務提供相当額のリース料総額に占める割合が重要な場合には，その合理的見積額を除くことができる。）が300万円以下のリース取引（所有権移転外ファイナンス・リース取引に限る。）

(3) 重要性の判断の具体例

学校法人のファイナンス・リース取引の会計処理において，通常の賃貸借取引に係る方法に準じた会計処理を行うことができるための重要性の判断の事例を記載する（学校法人委員会報告第41号より）。

① リース料総額が9万9千9百円である場合（学校法人の採用する固定資産計上基準額は税込みで10万円）

学校法人の採用する固定資産計上基準額10万円未満であることから，通常の賃貸借取引に係る方法に準じた会計処理を行うことができる。この場合のファイナンス・リース取引は所有権移転の有無を問わないが，リース物件が少額重要資産の場合は除かれる。

② リース期間が11か月である場合

リース期間11か月は，「リース期間が1年以内」であることから，通常の賃貸借取引に係る方法に準じた会計処理を行うことができる。

③ リース期間は1年を超えており，リース契約金額は400万円，その内訳が教育研究用機器備品1台当たりのリース料総額9万円のものが30台と，車輛1台当たりのリース料総額130万円のものが1台である場合（学校法人の採用する固定資産計上基準額は税込みで10万円）

1) 所有権移転ファイナンス・リースの場合

リース期間が1年を超えているため，リース料総額が学校法人の採用する固定資産計上基準額未満かどうかで判定する。また，リース料総額が学校法人の採用する固定資産計上基準額未満であるか否かの判定は，リース契約に複数の単位のリース物件が含まれる場合には，当該契約に含まれる物件の単位ごとに適用する。教育研究用機器備品9万円×30台＝270万円は，総額としては学校

法人の採用する固定資産計上基準額10万円を超えているが，当該契約に含まれる物件単位ごとに判定すると，教育用研究用機器備品9万円は10万円未満である。したがって，教育研究用機器備品9万円×30台＝270万円は通常の賃貸借取引に係る方法に準じた会計処理を行うことができる。一方，車輌130万円は10万円以上であることから，通常の賃貸借取引に係る方法に準じた会計処理を行うことはできない。

2） 所有権移転外ファイナンス・リース取引の場合

1 ）に示した判定に加え，リース契約1件当たりのリース料総額が300万円以下であるか否かも判定基準となり，いずれかに該当すれば通常の賃貸借取引に係る方法に準じた会計処理を行うことができる。なお，「リース契約1件」とは，契約書1通ごとを意味する。また，一つのリース契約に科目の異なる有形固定資産又はその他の固定資産が含まれている場合は，異なる科目ごとに，その合計金額により判定することができる。リース契約1件400万円は，「リース契約1件当たりのリース料総額が300万円」を超えているため，通常の賃貸借取引に係る方法に準じた会計処理を行うことはできないようにも考えられる。しかし，当該400万円の内訳は，教育研究用機器備品と車輌という異なる科目の有形固定資産が含まれているので，科目ごとに合計金額を算出すると，教育研究用機器備品は270万円，車輌は130万円となり，それぞれ300万円未満となることから，結果として通常の賃貸借取引に係る方法に準じた会計処理を行うことができる。なお，分割することに合理性が認められないリース取引を分割して契約した場合を除く。

(4) 補助金への影響

学校法人においては，ファイナンス・リース取引を対象として経常費補助金が支給されている。しかしながら，この補助金はファイナンス・リース物件が資産計上されると経常費補助金の対象外となってしまう。今後，この問題を解決する何らかの激変緩和措置が必要となる。

第2章　公的組織

3　公益法人

(1)　概　　要

　公益法人におけるリース取引の会計処理についても，学校法人と同様に，企業会計において新会計基準が公表されたことを受けて，平成20年10月7日付けで，日本公認会計士協会の「非営利法人委員会報告第29号「公益法人会計基準に関する実務指針（その2）」の一部改正について」が公表されて，リース取引開始日が，平成20年4月1日以降のリース取引では，所有権移転外ファイナンス・リース取引について通常の売買取引に係る方法に準じた会計処理を行うことを要求した。

(2)　公益法人におけるリース取引の会計処理

　平成20年10月7日に改正された「公益法人会計基準に関する実務指針（その2）」におけるファイナンス・リース取引の会計処理は以下の通りとなる。

①　ファイナンス・リース取引の会計処理

　改正前リース会計基準では，所有権移転外ファイナンス・リース取引については，一定の注記を行うことを条件に通常の賃貸借取引に係る方法に準じて会計処理を行うことができたが，平成20年4月1日以降開始する事業年度からは，当該処理を廃止し，通常の売買取引に係る方法に準じて会計処理を行うことになる（「公益法人会計基準に関する実務指針（その2）」Q15）。

　ファイナンス・リース取引は，リース取引開始日に，リース物件とこれに係る債務を，リース資産及びリース債務として計上する。但し，リース資産については固定資産に属する各科目に含めることもできる（「公益法人会計基準に関する実務指針（その2）」Q16）。

② 重要性の判断基準

リース契約1件当たりのリース料総額（維持管理費用相当額又は通常の保守等の役務提供相当額のリース料総額に占める割合が重要な場合には，その合理的な見積額を除くことができる。）が300万円以下のリース取引等少額のリース資産や，リース期間が1年以内のリース取引についてはオペレーティング・リース取引の会計処理に準じて資産計上又は注記を省略することができる等の簡便的な取扱いが認められている（「公益法人会計基準に関する実務指針（その2）」Q15）。

4 国立大学法人及び独立行政法人におけるリース取引の会計処理

(1) 概　　要

国立大学法人及び独立行政法人においては，以前より，所有権移転外ファイナンス・リース取引の例外処理は認められておらず，ファイナンス・リース取引については，通常の売買取引に係る方法に準じて会計処理を行うこととなっていた（国立大学法人会計基準第29項，独立行政法人会計基準第33項）。これは，国立大学法人及び独立行政法人については，それぞれ公共性等共通の性格を持ち，また，それぞれ統一した制度の下に存在するものであって，その比較可能性を考慮した場合，「通常の賃貸借取引に係る方法に準じた会計処理」を選択的に認めることは適切ではないとの考えに基づいている。

よって，平成19年3月30日の企業会計における新会計基準の改正によって，企業会計と国立大学法人及び独立行政法人の処理は統一されたことになる。

(2) 国立大学法人及び独立行政法人におけるリース取引特有の検討事項

① 単年度契約方式

　国立大学法人及び独立行政法人では，民間企業で実施されているファイナンス・リース契約と実質的に同様のリース契約（例えばコンピュータ機器）が，単年度契約方式で，かつ契約解除等の制約条項も記載されていない形式をとっているケースがある。この場合においても，実質的な判断基準に基づいてファイナンス・リース取引に該当するかどうかを決めることになる。つまり，ファイナンス・リース取引とは，リース契約に基づくリース期間の中途において当該契約を解除することができないリース取引又はこれに準ずるリース取引で，借手が，当該契約に基づき使用する物件からもたらされる経済的便益を実質的に享受することができ，かつ，当該リース物件の使用に伴って生じるコストを実質的に負担することとなるリース取引（国立大学法人会計基準注解20第1項，独立行政法人会計基準注解28第1項）をいい，また，「これに準ずる取引」とは，法的形式上は解約可能であるとしても，解約に際し相当の違約金を支払わなければならない等の理由から事実上解約不能と認められるリース取引をいう。

② 運営費交付金の収益化と費用の計上

　国立大学法人や独立行政法人において運営費交付金を受領したときは，交付をもって直ちに収益を認識することはできず，相当額を運営費交付金債務として，業務の進行に応じて収益化を行うことになっている。ファイナンス・リースの場合には，通常の売買取引に係る方法に準じて会計処理を行う（会計基準第33項参照）のであるから，リース契約時に借方にリース資産，貸方にリース債務が計上される。毎年度におけるリース料の支払いは，会計上はリース債務の減少と支払利息を意味することになり，運営費交付金を財源としてリース料を支払う場合は，その額（自己収入等がある場合は運営費交付金に相当する額）が収益化されることになる。一方，会計上費用として認識されるのは，支払利息相当分

第Ⅳ編　特　殊　編

と当該資産の減価償却費であるので，当然に収益と費用に差が生じ，利益又は損失が発生することになる。

　ファイナンス・リース取引において，このような利益又は損失が国立大学法人又は独立行政法人の損益に重要な影響を与える場合には，当該取引が損益に与える影響等について損益計算書に注記することができる（「国立大学法人会計基準」及び「国立大学法人会計基準注解」に関する実務指針Q29－5－2参照）。

第3章

連結財務諸表

 連結財務諸表原則では,「同一環境下で行われた同一の性質の手続は,原則として統一しなければならない。」とされている。
 日本公認会計士協会は,連結財務諸表におけるリース取引につき,次のような委員会報告を公表している。
  1.「親子会社間の会計処理の統一に関する当面の監査上の取扱い」(監査委員会報告第56号,平成9年12月8日)
  2.「連結財務諸表におけるリース取引の会計処理に関する実務指針」(会計制度委員会報告第5号,平成20年3月25日)
 本書では,連結財務諸表におけるリース取引につき親子会社で会計処理が統一されていることを前提に,原則的会計処理を類型化し解説することとする。

1 売買処理

 読者の便宜を考えて,本来ダウンストリームとアップストリームの場合を想定して解説することになる。ここで,ダウンストリームとアップストリームの違いは,未実現利益の消去の考え方である。未実現利益は,親子会社間で取引をした場合に,売手が付した利益額のうち,買手が外部に売却していない部分の当該金額であり,リース取引の場合,貸手の購入価格と,借手の見積購入価格に相違がある場合に生じる。ただし,親子会社の場合,両者が相違する場合

第Ⅳ編　特　殊　編

は考えにくいことより，通常未実現利益は発生しない。

　また，一般的には，リースは子会社が貸手のリース会社となり，親会社その他の子会社が借手となるように企業集団が編成されるはずであるから，アップストリームの年次財務諸表（四半期財務諸表又は中間財務諸表でも応用可能）を対象とした連結財務諸表作成上の論点を解説することとする。

(1) アップストリーム（親会社；借手，子会社；貸手）

①　親子会社の会計処理（親会社；借手，子会社；貸手）

　事例は，「第Ⅱ編　借手編　第1章会計　7(3) 年度ごとに支払う場合」及び「第Ⅲ編　貸手編　第1章会計　4(3) 年度ごとに受け取る場合」を参照。

ⅰ　初年度（×1年4月1日～×2年3月31日）

	親会社（借手）		子会社（貸手）	
	借　方	貸　方	借　方	貸　方
1	リース資産　50,000	リース債務　50,000	リース投資資産　50,000	買　掛　金　50,000
2	リース債務　8,799 支払利息　3,201	現金預金　12,000	現金預金　12,000	リース売上高　12,000
3	減価償却費　10,000	減価償却累計額　10,000	リース売上原価　8,799	リース投資資産　8,799

ⅱ　第3年度年間（×3年4月1日～×4年3月31日）

	親会社（借手）		子会社（貸手）	
	借　方	貸　方	借　方	貸　方
1	リース債務　9,962 支払利息　2,038	現金預金　12,000	現金預金　12,000	リース売上高　12,000
2	減価償却費　10,000	減価償却累計額　10,000	リース売上原価　9,962	リース投資資産　9,962

③ 最終年度年間（×5年4月1日～×6年3月31日）

	親会社（借手）		子会社（貸手）	
	借　方	貸　方	借　方	貸　方
1	リース債務　11,278 支 払 利 息　　722	現 金 預 金 　　　　12,000	現 金 預 金 　　　　12,000	リース売上高 　　　　12,000
2	減価償却費 　　　　10,000	減価償却累計額 　　　　10,000	リース売上原価 　　　　11,278	リース投資資産 　　　　11,278
3	減価償却累計額 　　　　50,000	リース資産 　　　　50,000		

② 連結消去仕訳

① 初年度年間（×1年4月1日～×2年3月31日）

	借　方		貸　方	
1	リース債務	41,201	リース投資資産	41,201
2	リース売上高	12,000	リース売上原価 支 払 利 息	8,799 3,201

② 第3年度年間（×3年4月1日～×4年3月31日）

	借　方		貸　方	
1	リース債務	21,877	リース投資資産	21,877
2	リース売上高	12,000	リース売上原価 支 払 利 息	9,962 2,038

③ 最終年度年間（×5年4月1日～×6年3月31日）

	借　方		貸　方	
1	リース売上高	12,000	リース売上原価 支 払 利 息	11,278 722

第Ⅳ編　特殊編

③　連結精算表

①　初年度

	借手（親）		貸手（子）		連結消去仕訳		連結財務諸表	
	借方	貸方	借方	貸方	借方	貸方	借方	貸方
リース投資資産			50,000	8,799		41,201		
リース資産	50,000						50,000	
減価償却累計額		10,000						1,000
リース債務	8,799	50,000			41,201			
リース売上高				12,000	12,000			
リース売上原価			8,799			8,799		
減価償却費	10,000						1,000	
支払利息	3,201					3,201		

②　第3年度

	借手（親）		貸手（子）		連結消去仕訳		連結財務諸表	
	借方	貸方	借方	貸方	借方	貸方	借方	貸方
リース投資資産			50,000	28,123		21,877		
リース資産	50,000						50,000	
減価償却累計額		30,000						30,000
リース債務	28,123	50,000			21,877			
その他の剰余金	25,839			5,839			20,000	

第3章 連結財務諸表

	借方	貸方	借方	貸方	借方	貸方	借方	貸方
リース売上高					12,000	12,000		
リース売上原価			9,962				9,962	
減価償却費	10,000						10,000	
支払利息	3,201					2,038		

③ 最終年度

	借手（親）		貸手（子）		連結消去仕訳		連結財務諸表	
	借方	貸方	借方	貸方	借方	貸方	借方	貸方
リース投資資産			50,000	50,000				
リース資産	50,000						50,000	
減価償却累計額		30,000						30,000
リース債務	50,000	50,000			21,877			
その他の剰余金	49,278			9,278			40,000	
リース売上高				12,000	12,000			
リース売上原価			11,278				11,278	
減価償却費	10,000						10,000	
支払利息	722					722		

第Ⅳ編　特　殊　編

2　賃貸借処理

(1)　アップストリーム（親会社；借手，子会社；貸手）

①　親子会社の会計処理（親会社；借手，子会社；貸手）

事例は，「第Ⅱ編　借手編　第1章会計　7⑶年度ごとに支払う場合」及び「第Ⅲ編　貸手編　第1章会計　4⑶年度ごとに受け取る場合」において，仮に賃貸借処理を行った場合を想定。

① 初年度年間（×1年4月1日〜×2年3月31日）

	親会社（借手）		子会社（貸手）	
	借　方	貸　方	借　方	貸　方
1			リース資産　50,000	現預金　50,000
2	支払リース料　12,000	現預金　12,000	現預金　12,000	受取リース料　12,000
3			減価償却費　10,000	減価償却累計　10,000

② 第3年度年間（×3年4月1日〜×4年3月31日）

	親会社（借手）		子会社（貸手）	
	借　方	貸　方	借　方	貸　方
1	支払リース料　12,000	現預金　12,000	現預金　12,000	受取リース料　12,000
2			減価償却費　10,000	減価償却累計　10,000

③ 最終年度年間（×5年4月1日～×6年3月31日）

	親会社（借手）		子会社（貸手）	
	借　方	貸　方	借　方	貸　方
1	支払リース料　12,000	現　預　金　12,000	現　預　金　12,000	受取リース料　12,000
2			減価償却費　10,000	減価償却累計　10,000

② 連結消去仕訳

① 初年度年間（×1年4月1日～×2年3月31日）

借　方	貸　方
1　支払リース料　12,000	受取リース料　12,000

（注）　その他に，リース資産を自社用資産への振替えが必要。

② 第3年度年間（×3年4月1日～×4年3月31日）

借　方	貸　方
1　支払リース料　12,000	受取リース料　12,000

（注）　その他に，リース資産を自社用資産への振替えが必要。

③ 最終年度年間（×5年4月1日～×6年3月31日）

借　方	貸　方
1　支払リース料　12,000	受取リース料　12,000

（注）　その他に，リース資産を自社用資産への振替えが必要。

第Ⅳ編 特 殊 編

③ 連結精算表

① 初 年 度

	借手（親）		貸手（子）		連結消去仕訳		連結財務諸表	
	借方	貸方	借方	貸方	借方	貸方	借方	貸方
リース資産 （自社用資産）			50,000	8,799		41,201		
減価償却累計額		10,000						1,000
受取リース料				12,000	12,000			
支払リース料			8,799			8,799		
減価償却費	10,000						1,000	

② 第 3 年 度

	借手（親）		貸手（子）		連結消去仕訳		連結財務諸表	
	借方	貸方	借方	貸方	借方	貸方	借方	貸方
リース資産 （自社用資産）			50,000				50,000	
減価償却累計額				10,000				30,000
その他の剰余金	24,000			4,000			20,000	
受取リース料				12,000	12,000			
支払リース料	12,000					12,000		
減価償却費			10,000				10,000	

③ 最終年度

	借手（親）		貸手（子）		連結消去仕訳		連結財務諸表	
	借方	貸方	借方	貸方	借方	貸方	借方	貸方
リース資産 （自社用資産）			50,000				50,000	
減価償却累計額				10,000				50,000
その他の剰余金	48,000			8,000			40,000	
受取リース料				12,000	12,000			
支払リース料	12,000					12,000		
減価償却費			10,000				10,000	

第Ⅳ編　特　殊　編

第4章

海　外　基　準

1　国際会計基準とリース会計

　リース取引に関する国際会計基準は，国際会計基準第17号「リース」（International Accounting Standards, No.17, Leases）に定められている。
　国際会計基準における，リース取引に関する原則的会計処理は，我が国の「リース取引に係る会計基準」と大きな差異はないと考えてよい。

(1)　リース取引の分類

　国際会計基準も，リース取引の分類の基本的考え方は，すでに解説した「リスク・経済価値アプローチ」による。
　すなわち，資産の保有に伴うリスクと報酬が実質的に貸手から借手に移転するリース取引をファイナンス・リース取引とし，それ以外のリスクと報酬の実質的移転が伴わないリース取引はオペレーティング・リース取引とする（ＩＡＳ＃17, paragraph 2 ）。

(2) 借手の会計処理

① ファイナンス・リース取引

(i) リース資産と負債の認識

リース開始日のリース資産の公正価値又は最低支払リース料総額の現在価値のいずれか低い価額をもって，貸借対照表に資産及び負債を計上する（IAS#17, paragraph 44）。

(ii) 支払リース料

リース料は，金融費用と負債残高の返済部分に区分して処理する。なお，金融費用は，各期間の負債残高に対して一定の利子率となるようリース期間にわたって配分される（IAS#17, paragraph 45）。

(iii) 減価償却

減価償却は，自己所有減価償却資産と同じ方法で行わなければならない。減価償却計算は International Accounting Standards, No.16 の「有形固定資産」と同 No.38「無形固定資産」に準拠しなければならない（IAS#17, paragraph 46）。

② オペレーティング・リース取引

リース期間にわたって，支払リース料を定額法によって損益計算書上費用計上する（IAS#17, paragraph 47）。

(3) 貸手の会計処理

① ファイナンス・リース取引

(i) リース資産

正味リース投資未回収額で未収金を計上する。正味リース投資未回収額は次のように求められる。

> 正味リース投資回収額＝リース投資未回収総額－未獲得金融収益
> リース投資未回収総額＝最低リース料総額＋未収無保証残存価額
> 未獲得金融収益＝リース投資未回収総額－リース投資未回収総額の現在価値

リース投資未回収総額の現在価値は，リース投資未回収総額を計算利子率で割引いて算出される（ＩＡＳ#17, paragraph 48）。

(ⅱ) 金融収益

受取リース料は，元本の回収と報酬としての金融収益として処理される。この金融収益は，正味リース投資未回収額の残高に対して一定の収益率となるようにリース期間にわたって配分される（ＩＡＳ#17, paragraph 49）。

(ⅲ) 製造業者又は販売業者の処理

通常の販売条件で販売している場合と整合性や均質性を保つために，ファイナンス・リース取引を行った場合も同じ売上損益が計上されるよう処理されねばならない。計算利子率が異常に低ければ売上利益は過大に表示されるため，算出される売上利益は，通常の市場利子率を適用した場合に制限される（IAS#17, paragraph 50）。

② オペレーティング・リース取引

(ⅰ) リース資産

通常の資産の取得と同じ会計処理をする（ＩＡＳ#17, paragraph 51）。

(ⅱ) リース料収益

リース期間にわたって，定額法によって各期の収益として認識される（IAS#17, paragraph 52）。

(ⅲ) 減価償却

リース資産以外の有形固定資産や無形固定資産の減価償却方法により減価償却を行う。減価償却計算は, International Accounting Standards, No.16の「有形固定資産」と同 No.38「無形固定資産」に準拠しなければならない（IAS#17, paragraph 53)。

2 米国財務会計基準とリース会計

米国のリース取引に関する会計基準は,米国財務会計基準審議会 (Financial Accounting Standards Board: FASB) 基準書第13号 (Statement of Financial Accounting Standards No. 13, November 1976)「リース会計 (Accounting for Leases)」（以下 Sfas #13と略称）に規定されている。

以下,この会計基準の主要部分のみ解説しておく。

(1) リース取引の定義

リース取引とは,動産・不動産,施設,設備（土地又は償却資産及びその双方）を使用する権利を一定期間移転させる契約をいう。この定義によれば,天然資源を採掘する権利に関するリース契約や特許権,著作権等に関するライセンス契約は適用対象外とされている (Sfas #13, paragraph 1)。

(2) リース取引の分類

米国基準におけるリース取引の分類の基本的考え方は,すでに解説した「リスク・経済価値アプローチ」による。すなわち,所有に伴う便益とリスクのほとんどすべてが移転するリース取引については賃借人にとっては資産の取得及びこれに伴う負債の発生として処理し,賃貸人は売却または信用供与として処理し,これら以外のリース取引はオペレーティング・リース取引として賃貸借処理する。具体的に,借手と貸手の分類を示すと図表Ⅳ-4-1のようになる (Sfas #13, paragraph 6)。

第Ⅳ編　特　殊　編

① 借　　手
（ⅰ）キャピタル・リース（Capital Leases）
所有権移転基準，割安購入選択権，耐用年数基準，最低支払リース料現在価値90%基準のいずれか一つでも満足するリース取引をいう（Sfas #13, paragraph 7）。

（ⅱ）オペレーティング・リース（Operating Leases）
上記のキャピタル・リースの条件を充たすリース取引以外のリース取引をいう（Sfas #13, paragraph 6）。

② 貸　　手
上記，借手のキャピタル・リースに分類される基準の一つ以上を充足する必要があり，最低リース料の回収可能性の合理性さらに将来費用の発生の予測可能性という要件を満足するリース取引を次のように分類している（Sfas #13, paragraph 6, 42）。

（ⅰ）販売型リース（Sales-type Leases）
リース資産の時価が取得原価と異なり，貸手に損益が発生するリース取引

（ⅱ）直接金融リース（Direct financing Leases）
時価と取得原価が同じで損益が発生しないリース取引

（ⅲ）レバレッジド・リース（Leveraged Leases）
次のすべての基準を充たすリース取引
a．時価と取得原価が同じで損益が発生しない直接金融リース取引
b．リース取引に借手，貸手に加えて長期信用供与者の三者が介在する。
c．長期信用供与者は貸手に対し，遡及権を行使できず，リース資産とこれに付随する未収賃貸料についてのみ遡及可能である。
d．純投資額が投資後一時減少し，その後また増加する取引であること。

（ⅳ）オペレーティング・リース取引（Operating Leases）
上記以外のリース取引

図表Ⅳ－4－1　リース取引の分類

	借　　手	貸　　手
リスクと経済価値のほとんど全てが移転する取引	キャピタル・リース (Capital Leases)	1．販売型リース (Sales-type Leases) 2．直接金融リース (Direct financing Leases) 3．レバレッジド・リース (Leveraged Leases)
上記以外の取引	オペレーティング・リース (Operating Leases)	オペレーティング・リース (Operating Leases)

(3) 借手の会計処理

① キャピタル・リース

キャピタル・リースとして分類されたリース取引はリース取引開始時点の現在価値相当額により，リース資産を計上するとともに，リース料に支払総額を債務として計上する（Sfas #13, paragraph 10）。

減価償却については基本的には，借手の有形固定資産の減価償却方針に従うが，減価償却期間についてはリース期間による場合もある（Sfas #13, paragraph 11）。

支払リース料は，借入金の返済に準じて，元金部分と利息部分に区分するとともに，利息が債務残高に対して一定になるよう処理されなければならない（Sfas #13, paragraph 12）。

② オペレーティング・リース

リース期間にわたって，均等に費用処理される（Sfas #13, paragraph 15）。

(4) 貸手の会計処理

① 販売型リース

最低リース支払額（minimum lease payment）と無保証残存価額（unguaranteed residual value）の合計額を総投資額（gross investment）とし，この総投資額と当該リース資産の投資額の差額を未獲得利益（unearned income）として記帳する。この未獲得利益は，取崩額が，実質的な金利として総投資額から未獲得利益を控除した純投資額（net investment）に対し一定比率になるよう取り崩され，収益として認識される。

最低リース支払額の現在価値を売上高として計上し，（リース資産の製造原価または取得原価＋貸手の負担した初期費用－無保証残存価額の現在価値）を売上原価とする（Sfas #13, paragraph 17）。

② 直接金融リース

売上高と売上原価を計上しないだけで，上記①販売型リースに準じて処理される（Sfas #13, paragraph 18）。

③ レバレッジド・リース

遡及義務のない借入金はリース債権と相殺処理される（Sfas #13, paragraph 43）。

④ オペレーティング・リース

受取リース料総額をリース期間にわたって均等按分し，収益に計上する（Sfas #13, paragraph 19）。

第4章 海外基準

3 リース会計基準の今後の動向

(1) リース会計の国際比較

　企業会計基準委員会では，国際会計基準審議会との間で，会計基準のコンバージェンスに向けた共同プロジェクトを推進している。リース会計も検討項目であり，今回の基準改正によって，現状の国際会計基準第17号「リース」と平仄が合い，国際的な会計基準間のコンバージェンスに寄与することとなった。

　次項で解説するように，IASBとFASBはリース会計基準の国際的統一化をめざして，リース会計に関する基準の改定作業を開始しているが，読者の参考のために，現時点における，リースに関する代表的会計基準である国際会計基準と米国会計基準との比較表を用意した。

第Ⅳ編　特　殊　編

図表Ⅳ－4－2　比　較　表

	日本基準	国際会計基準	米国会計基準
リースの分類	1．ファイナンス・リース 2．オペレーティング・リース	1．ファイナンス・リース 2．オペレーティング・リース	1．キャピタル・リース 2．オペレーティング・リース
ファイナンス・リースの分類	1．所有権移転ファイナンス・リース 2．所有権移転外ファイナンス・リース	特に分類なし	1．借手 　キャピタル・リース 2．貸手 　①　直接金融リース 　②　販売型リース 　③　レバレッジド・リース
ファイナンス・リースの定義	解約不能で借手がリース物件から得られる経済的利益を実質的に享受し，かつリース物件の使用に伴うコストを実質的に負担するリース取引	資産の保有に伴うリスクと報酬が実質的に貸手から借手に移転するリース取引	所有権移転基準，割安購入選択権，耐用年数基準，最低支払リース料現在価値90％基準のいずれか一つでも満足するリース取引
ファイナンス・リースの借手の会計処理	①　貸手の購入価額を借手が知りうる場合： 　1）所有権移転； 　　当該価額 　2）所有権移転外； 　　リース料総額の現在価値と購入価額の低い方 ②　購入価額が分からない場合：リース料総額の現在価値と見積現金購入価額の低い方 をもって，貸借対照表に資産及び負債を計上する。	リース開始日のリース資産の公正価値又は最低支払リース料総額の現在価値のいずれか低い価額をもって，貸借対照表に資産及び負債を計上する。	同左

388

ファイナンス・リースの貸手の会計処理	① 所有権移転： リース物件の購入価額をもって「リース債権」を計上する。（リース料総額－リース債権計上額）が受取利息となり、利息法で各期に配分する。 ② 所有権移転外： 「リース債権」を「リース投資資産」と読み替える。	① リース資産 　正味リース投資未回収額（＝最低リース料総額＋未収無証残存価額－未獲得金融収益）で未収金を計上する。ただし、未獲得金融収益＝リース投資未回収総額－リース投資未回収総額の現在価値 ② 金融収益 　受取リース料は、元本の回収と報酬としての金融収益として処理される。この金融収益は、正味リース投資未回収額の残高に対して一定の収益率となるようにリース期間にわたって配分される。	① 販売型リース 　最低リース支払額と無保証残存価額の合計額を総投資額とし、この総投資額と当該リース資産の投資額の差額を未獲得利益として記帳する。 　最低リース支払額の現在価値を売上高として計上し、（リース資産の製造原価または取得原価＋貸手の負担した初期費用－無保証残存価額の現在価値）を売上原価とする。 ② 直接金融リース 　売上高と売上原価を計上しないだけで、上記①販売型リースに準じて処理される。

(2) 国際会計基準審議会（IASB）と米国財務会計基準審議会（FASB）の動向

　国際会計基準審議会では、平成18年7月に現状のリース会計に係る国際会計基準の改正を議題に加えている。そこでは、ファイナンス・リース取引とオペレーティング・リース取引の区別をすることなく、リース契約に係る使用権を資産計上していくことを基礎に検討がなされる予定である。これは、米国財務会計基準審議会との共同プロジェクトとされているが、平成21年3月現在、国際会計基準審議会（IASB）と米国財務会計基準審議会（FASB）は、リース会計に関するディスカッション・ペーパーを公表し、平成21年7月17日までコメントの募集を行った。

第Ⅳ編　特　殊　編

両審議会は，2010年の第2四半期に新しいリース会計基準の公開草案を公表予定である。

現在の計画では，最終的な基準は，平成23年（2011年）の第2四半期に公表予定である。

4　IASB予備的見解

以下，本ディスカッション・ペーパーの内容及び両ボードが達した予備的見解の要約（国際会計基準委員会財団（IASCF）訳）を転載しておく。

1．第1章は，両ボードがリース会計についてのプロジェクトを議題に加える決定をした理由を説明し，リース会計プロジェクトの経緯を述べている。
2．両ボードが提案している範囲についてのアプローチは，第2章で議論されている。両ボードは，提案している新たな基準の範囲は，リース会計に関する両者の現行基準の範囲に基づくべきであると暫定的に決定した。
3．第3章は，両ボードが提案している借手の会計処理に対する全体的なアプローチを説明している。単純なリースにおいて，借手は資産の定義を満たすリース物件の使用権を得，また，関連するリース料支払義務は負債の定義を満たすと両ボードは暫定的に決定した。したがって両ボードは，リースに関する新たな会計モデルを採用することを暫定的に決定し，その結果，借手は次を認識することとなる。
    (a)　リース期間にわたってリース物件を使用する権利を表す資産（「使用権」資産）
    (b)　リース料支払義務という負債
4．また両ボードは，リース契約の要素（更新オプション，購入オプション，変動リース契約又は残存価値保証）を別個に認識しないことを暫定的に決定した。代わりに両ボードは，借手が次に認識しなければならないことを暫定的に決定

した。
  (a) オプションによって取得する権利を含む単一の使用権資産
  (b) 変動リース契約及び残存価値保証から生ずる義務を含む単一のリース料支払義務
5．第4章及び第5章は，単純なリースで生じる借手の使用権資産及びリース料支払義務の測定に関する両ボードの予備的見解を説明している。
6．両ボードは，借手のリース料支払義務を，借手の追加借入利子率で割り引いた支払リース料総額の現在価値によって当初測定しなければならないと暫定的に決定した。事後測定は償却原価ベースとなる。
7．また両ボードは，借手の使用権資産は原価で当初測定されなければならないと暫定的に決定した。原価は借手の追加借入利子率で割り引いた支払リース料総額の現在価値に等しい。両ボードは，借手は使用権資産を，リース期間とリース物件の経済的耐用年数のいずれか短い期間にわたって償却しなければならないと暫定的に決定した。
8．第6章は，リースを延長したり，終了したり，あるいはリース物件を購入したりする権利を借手に与えるオプションが含まれたリースの会計処理方法について議論している。
9．両ボードは，借手によって認識される資産及び負債は最も発生可能性が高いリース期間に基づかなければならないと暫定的に決定した。例えば，5年間の延長オプションを含んだ10年リースでは，借手はリース期間が10年なのか15年なのかを決定しなければならない。リース料支払義務及び使用権資産の測定は，最も発生可能性の高いリース期間と整合することとなる。
10．両ボードは，各報告日におけるリース期間の再評価を求めることを暫定的に決定した。再評価により生じるリース料支払義務の変動は，使用権資産の簿価の修正として認識しなければならない。
11．両ボードは，購入オプションに関する定めは，リース期間の延長又は終了オプションと同様であるべきであると暫定的に決定した。したがって，
  (a) リース料支払義務の認識においては，借手は購入オプションが行使され

る可能性が高いのかどうかを判断しなければならない。購入オプションが行使される可能性が高いと借手が判断する場合，リース料支払義務は当該オプションの行使価格を含むことになる。この評価は，最も発生可能性の高い結果についての借手の判断に基づく。

(b) 購入オプションが行使されるかどうかは，各報告日に再評価される。再評価により生じるリース料支払義務の変動は，使用権資産の簿価の修正として認識しなければならない。

12. 第7章は，変動リース契約及び残存価値保証を含むリースの認識及び測定に関する両ボードの予備的見解を説明している。借手のリース料支払義務は，変動リース契約に基づき借手が負っている支払義務を反映しなければならないと両ボードは暫定的に決定した。

13. IASBは，借手のリース料支払義務の測定は，変動リース料の確率加重された予測値を含まなければならないと暫定的に決定した。リース料支払義務は，変動リース料の見積りの変化を反映させるため，各報告日に再測定されなければならない。再評価により生じるリース料支払義務の変動は，使用権資産の簿価の修正として認識しなければならない。

14. FASBは，借手は変動リースを最も発生可能性の高い支払リース料に基づいて測定しなければならないと暫定的に決定した。借手は，起こり得る結果の幅を考慮することによって，最も発生可能性の高い金額を決定することとなる。しかし，この測定値は起こり得る結果を確率加重した合計額とは必ずしも等しくはならないだろう。また，リースが消費者物価指数やプライム・レートのような指標あるいはレートの変動を条件としている場合，借手はリース料支払義務をリースの開始日における当該指標又はレートによって当初測定することをFASBは暫定的に決定した。指標の変動から生じる支払額の変動は，損益で認識されることとなる。変動リースの他の形態についても，変動リース料の見積りの変化を反映させるため，リース料支払義務は各報告日に再測定されなければならない。このような再評価から生じるリース料支払義務の変動も，損益で認識しなければならない。

15. 両ボードは，残存価値保証をリース料支払義務とは別個に認識しないことを暫定的に決定した。また両ボードは，残存価値保証を含むリースは，変動リース契約を含むリースと同じ基礎で測定しなければならないと暫定的に決定した。
16. 第8章は，リース契約から生じる資産，負債，費用及びキャッシュ・フローを，財務諸表にどのように表示すべきかについての両ボードの予備的見解を説明している。これらの予備的見解は，現行の表示規定に基づいている。財務諸表の表示に対する変更提案が両ボードの予備的見解に与え得る影響については，第8章の最後で議論している。
17. 第9章は，両ボードが予備的見解に達するほどには十分に議論できていない借手の会計処理に関するいくつかの問題について，簡単な概要を示している。両ボードは，公開草案を公表する前にこれらの問題を解決する必要がある。
18. 第10章は，貸手の会計処理に関して新たな基準が対処しなければならない問題の一部を説明している。

5　IASB／FASB公開草案－リース

　現在の国際会計基準は，リースをファイナンス・リース取引（米国財務会計基準ではキャピタル・リース）とオペレーティング・リース取引の二つに分類している。
　ファイナンス・リース取引と判定された場合には，貸借対照表に資産と負債が計上され，オペレーティング・リース取引と判定された場合には，貸借対照表には，資産と負債は計上されず，損益計算書上，リース量等の費用が計上されるのみである。このリース会計のもとでは，オペレーティング・リース取引の場合，借手の資産と負債は過小表示される。
　すなわち，類似の経済的取引に対し異なった会計処理が適用されており，投

資家は複数の企業間比較を行ったり，二つの異なるリースの経済的含意を比較するのが困難となっていた。

　この問題点を克服するために，2010年8月の公開草案では，リース契約が締結されると借手，貸手ともに資産と負債を計上する「使用権」会計モデルを提案している。資産と負債は支払リース料の現在価値で記帳される。これらは，結果的に原価基準法（cost based method）で測定される。

① 借　　　手

　借手は，資産を使用する権利を取得すると，その権利に対しリース料を払う。使用権資産とリース料支払債務が貸借対照表に計上される。この使用権資産は当初，支払リース料の現在価値で記帳される。リース資産の耐用年数にわたって償却され，減損のテストも行われる。使用権資産は，貸借対照表上有形固定資産に分類されるが，借手の保有資産とは区分表示される。

② 貸　　　手

　貸手は，資産に係るリスクまたは便益の影響を会計処理に反映させる。この方法として，次の二つが説明されている。

　（i）　認識中止アプローチ

　　　　資産に係る重要なリスクまたは便益が借手に移転する場合に適用される。

　（ii）　履行義務アプローチ

　　　　貸手が資産に係る重要なリスクまたは便益が保有する場合に適用される。

　これら二つのアプローチを採用した場合の財務諸表上の表示は，図表Ⅳ－5－1のように整理される。

図表Ⅳ-5-1　貸手の会計処理

士賛意係るリスクまたは便益の移転の有無	
有	無
認識中止アプローチ	履行義務アプローチ
貸借対照表	貸借対照表
残　存　資　産　　　××× リ　ー　ス　債　権　　×××	リース対象資産　　　××× リ　ー　ス　債　権　　××× リ　ー　ス　債　権　　××× 純リース資産／(負債)　×××
損　益　計　算　書	損　益　計　算　書
収　　　　　　入　　××× 売　上　原　価　　　××× 受　取　利　息　　　×××	リ　ー　ス　収　入　　××× 減　価　償　却　費　　××× 受　取　利　息　　　×××

あ と が き

　本書の執筆者である吉田博文，青山伸一，校正補助等をお願いした大石和礼と私安達は，早稲田大学大学院商学研究科で西澤脩先生（早稲田大学名誉教授）のご指導のもと管理会計を学んだ，いわゆる兄弟弟子の関係にある。

　リース取引の会計基準の変更については，吉田・青山等による共著「やさしく分かるリース会計」（税務経理協会）がすでに発刊されている。リース取引の会計基準の変更に合わせた租税法の改正を加味して実務にも使いやすい，いわば「やさしく分かるリース会計」の発展版を目指したのが本書である。3人による共著のため，それぞれの担当部分と他の執筆者部分との文意に齟齬がないように何度も会議を開き，打ち合わせを重ね，一冊の本としての整合性に心を砕いたつもりである。

　法人税の申告における利益の計算は一般に公正妥当と認められる会計処理の基準に従ったものを出発点とするから，まずリース取引に関する会計基準の変更を理解することが大切である。その後に，会計基準の変更と対照するかたちで法人税の取扱いを理解すべきと考える。そういう観点から，第2部，第3部において，「会計」の設例に合わせたかたちで「租税法」の設例を載せたのである。ただし，今回の法人税法の改正が会計処理基準の変更に合わせたものとはいえ，法人税法の改正がすべて会計基準の変更と一致しているわけではないので，租税法の部分も注意深く読んでいただきたい。

　リース取引をファイナンス・リース取引とオペレーティング・リース取引に分類し，さらにファイナンス・リース取引を所有権移転ファイナンス・リース取引と所有権移転外ファイナンス・リース取引に分類する。その分類の仕方で会計処理なり税務処理が決まる現行の方法はいずれ改正される方向のようである。

　というのは，国際会計基準審議会（IASB）と米国財務会計基準審議会（FASB）はリース取引に関する会計基準についてディスカッション・ペーパーをす

でに公表しており，今年8月に新しいリース会計基準の公開草案が公表された（第Ⅳ編参照）。したがって租税法の改正も，時期はともかく，必要となる。今後もリース取引に注視していく所存である。

安達　俊夫

索　引

【あ】

ＩＲＲ関数 …………………………134
ＩＡＳ ………………………………381
IASB予備的見解 …………………390
IASB／FASB公開草案－リース……397
圧縮記帳制度 ………………………225
アップストリーム …………………371

【い】

維持管理費用相当額 ………152, 212, 285
一時差異 ……………………………232
著しく有利な価額 …………………191
一括控除 ……………………………207

【う】

運営費交付金 ………………………369

【え】

役務提供相当額 ……………………152
Excel …………………………………134
ＮＰＶ関数 …………………………138

【お】

オフ・バランス ……………………332
オペレーティング・リース ………384
オペレーティング・リース取引
　……………………………29, 62, 95, 97, 384
オン・バランス ……………………332

【か】

外貨建取引 …………………………357
会計基準と租税法の異同点 ………88
会計基準のコンバージェンス ……387
外形標準課税 …………………87, 227

　

改正前の税法 ………………………220
解約不能 ……………………………28
解約不能のリース取引 ……………98
貸手の計算利子率 ………127, 241, 246
貸手の現金購入価額 ………………54
貸手の減損処理 ……………………336
貸手の購入価額（等）………109, 115, 126
学校会計 ……………………………362
学校法人 ……………………………360
学校法人のファイナンス・リース
　取引 ………………………………365
学校法人のリース取引 ……………362
割賦購入 ……………………………102
借手の減損処理 ……………………335
借手の見積現金購入価額………54, 109, 115
仮払消費税の計上次期 ……………86
仮払消費税の算出方法 ……………86
簡易課税 ……………………………208
簡便処理 ……………………………43
簡便的な方法 ………………………181
元本相当額 …………………………303

【き】

期間基準 ……………………………44
規定損害金 …………………………276
キャッシュ・フロー・ヘッジ ……357
キャピタル・リース ………………384
級数法 ………………………………61
旧リース会計基準 …………………90
金額基準 ……………………………44
金銭の貸借 …………………………196
金融資産消滅の認識 ………………346
金融収益 ……………………………382
金融商品 ……………………………242
金融商品会計基準 …………………340

399

【く】

繰延税金資産 …………………………228
繰延税金負債 …………………………228
繰延リース利益 ………………………257

【け】

経済的耐用年数 …………………………37
経済的耐用年数基準…………98, 247, 254
経済的耐用年数基準による判定 ………108
経常費補助金 …………………………366
契約違反 ………………………………327
現金販売価額 …………………………289
現在価値 ………………………………107
現在価値基準……………34, 37, 98, 254
現在価値基準による判定 ……………107
現在価値算定のための割引率 …………57
現在価値の算定 ………………………100
原則課税 ………………………………208
減損会計 ………………………………334
減損会計基準 …………………………336

【こ】

公益法人 ………………………………360
公益法人会計基準 ……………………367
公益法人におけるリース取引 ………367
公正価値ヘッジ ………………………357
国際会計基準 ……………………380, 388
国際会計基準審議会 …………………389
国立大学法人 …………………………361
国立大学法人会計基準 ………………368
固定資産の減損 ………………………334
個別資産基準 ……………………………42
個別リース資産基準 ……………………44

【さ】

財務構成要素アプローチ ……………341
財務的資源 ……………………………331
再リース期間 ……………………………37

再リースの額 …………………………198
再リース料 ………………………………34
残価保証 …………………………35, 145
残価保証額 ……………………………216
残価保証条約 …………………………326
残価保証の設例 ………………………147
残存価額 …………………………60, 61
残存耐用年数 …………………………337
残存リース料 ……………………213, 218

【し】

時価按分法 ……………………………339
識別困難資産 ……………………………85
資源戦略 ………………………………331
資源戦略論 ……………………………332
資産除却損等 …………………………158
資産の譲渡等の時期の特例 …………307
実際賃借料控除法 ……………………338
支払条件 ………………………………120
四半期財務諸表 …………………………82
資本的支出 ………………………199, 336
収益的支出 ……………………………337
重要性の原則 …………………………172
取得価格 …………………………………6
少額減価償却資産 ……………………225
少額リース資産 …………………46, 172
譲渡条件付リース取引 …………………84
消費税の計算 …………………………201
消費税の取扱い ………………………307
所有権移転外ファイナンス・リース
　取引 …………………………………95
所有権移転条項 …………………………37
所有権移転条項あり ……………………99
所有権移転ファイナンス・リース取引…95
申告調整 ………………………………201
新リース会計基準 …………………90, 96

【せ】

税効果会計………………………………90, 228

索　引

生産高比例法 …………………………………61
税法耐用年数 …………………………………37
税務上の減価償却計算 ………………………91
税務上のリース取引 …………………………84
セール・アンド・リースバック ……………29
セール・アンド・リースバック取引
　…………………………………166, 223, 325
専属的使用 ……………………………………345
戦略経営 ………………………………………331

【そ】

早期適用 …………………………………………10
総資産利益率 …………………………………332
租税回避行為 …………………………………195
租税特別措置法 ………………………………87
損金経理 ………………………………………225

【た】

代物弁済 ………………………………………213
耐用年数 …………………………………………60
ダウンストリーム …………………………371
短期のリース資産 ……………………………46
短期のリース取引 …………………………172
単年度契約方式 ………………………………369

【ち】

知的財産 ………………………………………343
中小企業者等 …………………………………225
中途解約 ………………………………………276
中途解約の会計処理 ………………………158
直接金融リース ……………………………384
貯蔵品 …………………………………………326
賃借料で処理 ………………………………206
賃貸借処理 ……………………………95, 206
賃貸借取引に係る方法 ………………………63
陳腐化による買換え ………………………328

【つ】

追加借入利子率活用法 ……………………339

通常の賃貸借取引 …………………………174
通常の保守 …………………………………152

【て】

定額法 …………………………………61, 200
定率法 …………………………………………199
適用初年度の取扱い …………………………80
転リース契約 …………………………………345
転リース取引 ……………………………210, 347
転リース料差益等 …………………………211

【と】

当該法定耐用年数 …………………………327
特定目的会社 ………………………………340
特別償却 ………………………………………226
特別仕様物件 ………………………38, 85, 99
特別目的会社 ……………………………81, 297
匿名組合出費 ………………………………351
匿名組合方式 ………………………………351
独立行政法人 ………………………………361
独立行政法人会計基準 ……………………368
特例計算の適用要件 ………………………306
土地・建物等一括リース取引 ……………338
土地の賃貸借 ………………………………189
土地リース取引 ……………………………338

【に】

日本基準 ………………………………………388
日本のリース取引 …………………………174
任意組合方式 ………………………………353

【の】

延払基準 ……………………………………91, 298
延払基準の特例計算 ………………………302
ノンキャンセラブル …………………………28

【は】

売買処理 ………………………………………95
販売型リース ………………………………384

401

【ひ】

非課税 …………………………… 224

【ふ】

ファイナンス・リース取引 ………… 27, 95
ファイナンス・リース取引借手関連
　判定基準 ………………………… 42
物的資源 ………………………… 331
物融 ……………………………… 6
不動産のリース取引 ……………… 337
不動産流動化 ……………… 340, 342
フル・ペイアウト ………………… 28
フルペイアウトのリース取引 ……… 98
分割控除 …………………… 207, 208

【へ】

米国会計基準 …………………… 388
米国財務会計基準審議会 …… 383, 389
ヘッジ会計 ……………………… 356
ヘッジ会計適用要件 ……………… 356
ヘッジ取引 ……………………… 355
返済スケジュール表 ……………… 111

【ほ】

法人税等調整額 ………………… 232
法人税におけるリース取引 ……… 187
法人税法上のリース取引 ………… 83
法定耐用年数未満リース期間 …… 85
補助金への影響 ………………… 366

【み】

未経過リース料 ………………… 64
見積現金購入価格 ……………… 101
見積残存価額 …………………… 6
見積賃借料控除法 ……………… 339

【む】

無形固定資産 …………………… 343

【め】

滅失・毀損 ……………………… 327

【も】

文部科学省通知 ………………… 363

【ゆ】

ユーザー ………………………… 4

【よ】

予定取引 ………………………… 357

【り】

リース会社 ……………………… 4
リース期間 ……………………… 7
リース期間定額法 …… 72, 198, 230, 244
リース債権の流動化 …………… 345
リース債務 ……………………… 65
リース債務の返済スケジュール … 105
リース資産 ……………………… 65
リース資産及びリース債務の
　計上価額 ……………………… 109
リース資産処分損失引当金 ……… 75
リース資産総額基準 ……………… 43
リース資産総額に重要性がない場合 … 174
リース資産の減価償却 …………… 59
リース資産の減価償却方法 ……… 230
リース資産の返還 ……………… 326
リース税額控除 ………………… 87
リース取引 ………………… 3, 23, 95
リース取引における消費税の取扱い … 85
リース取引に関する会計基準 …… 8
リース取引の判定フロー ………… 53
リース取引の分類 ……………… 95
リース比率 ……………………… 175
リース物件の所有 ……………… 5
リース物件の陳腐化 ………… 214, 215
リース物件の返還 ……………… 268

索　引

リース料……………………………… 8
リース料総額 …………………………144
リース料総額の現在価値………54, 109
リース料の前払い ……………………161
リスク・経済価値アプローチ …………380
利息相当額 ……………………175, 302
利息相当額定額配分法………………45
利息法 ……………………………56, 103
利息法で適用される利率………57, 104, 110

【れ】

レバレッジド・リース…………30, 350, 384
連結財務諸表原則 ……………………371

【わ】

割安購入選択権……………………38, 151
割安購入選択権あり……………………99
割安購入選択権付リース取引…………84

403

著 者 紹 介

吉田　博文（よしだ　ひろふみ）

　早稲田大学大学院経済学研究科修了。アーサーヤング公認会計士共同事務所，監査法人朝日新和会計社国際事業部，アーンストアンドヤングコンサルティング株式会社を経て，現在，公認会計士吉田博文事務所主宰。

　米国管理会計人協会日本支部（Institute of Management Accountants, Tokyo Chapter）常任理事，早稲田大学エクステンションセンター講師（平成13年度～18年度）。

　主要著訳書に，『連結会計の導入と実践』（共著，かんき出版），『粉飾決算の見抜き方』（共著，東洋経済新報社），『戦略医業経営の21章』（共著，医学通信社），『知的資産経営』（共著，同文舘出版），『紛争処理会計』（共著，税務経理協会），『企業戦略マニュアル』（共訳，ダイヤモンド社），『トータル・コスト・マネジメント』（共訳，中央経済社）他多数。

安達　俊夫（あだち　としお）

　早稲田大学大学院経済学研究科修了。安達俊夫税理士事務所主宰。

　早稲田大学エクステンションセンター講師（平成13年度～18年度）。現在，東京税理士会京橋支部副支部長，米国管理会計人協会日本支部監事，千葉大学大学院人文社会科学研究科非常勤講師。

　主要著書に，『人件費の会計と管理』（共著，白桃書房），『粉飾決算の見抜き方』（共著，東洋経済新報社），『戦略医業経営の21章』（共著，医学通信社）がある。

青山　伸一（あおやま　しんいち）

　早稲田大学大学院商学研究科修了。みすず監査法人を経て，青山公認会計士事務所主宰。秋田県包括外部監査人（平成20年度，21年度），外務省独立行政法人評価委員会委員（平成20年10月～現在），外務省予算監視・効率化チーム及び行政事業レビューメンバー（平成22年４月－現在）日本公認会計士協会公会計委員会独立行政法人監査専門部会　専門委員（平成14年８月～平成18年７月），早稲田大学エクステンションセンター講師（平成16年度～平成18年度），米国管理会計人協会日本支部幹事など。

　主要著書に，『独立行政法人会計基準の完全解説』（中央青山監査法人編，中央経済社），『戦略医業経営の21章』（共著，医学通信社），『やさしくわかるリース会計』（共著，税務経理協会），『すぐに役立つ公会計情報の使い方』（共著，ぎょうせい）などがある。

●編集協力者　**大石　和礼**

　早稲田大学大学院商学研究科修了
　大石和礼税理士事務所主宰
　早稲田大学エクステンションセンター講師（平成16年度～平成18年度）
　米国管理会計人協会日本支部幹事

著者との契約により検印省略

平成22年10月1日　初版第1刷発行

リースの会計と税務

著　者		吉　田　博　文 安　達　俊　夫 青　山　伸　一
発行者		大　坪　嘉　春
印刷所		税経印刷株式会社
製本所		牧製本印刷株式会社

発行所　東京都新宿区下落合2丁目5番13号　株式会社　税務経理協会
郵便番号　161-0033　振替　00190-2-187408　電話(03)3953-3301(編集部)
FAX(03)3565-3391　(03)3953-3325(営業部)
URL http://www.zeikei.co.jp
乱丁・落丁の場合はお取替えいたします。

© 吉田博文・安達俊夫・青山伸一 2010　　Printed in Japan

本書を無断で複写複製（コピー）することは、著作権法上の例外を除き、禁じられています。本書をコピーされる場合は、事前に日本複写権センター（JRRC）の許諾を受けてください。
JRRC(http://www.jrrc.or.jp　eメール:info@jrrc.or.jp　電話:03-3401-2382)

ISBN978-4-419-05513-4　C2063